ANDRE

Iubim sau ne mințim?

Secretele **cuplurilor inteligente**

Descrierea CIP a Bibliotecii Naţionale a României
VULPESCU, ANDREI
Iubim sau ne minţim? / Andrei Vulpescu. - Bucureşti : Bookzone, 2023
ISBN 978-630-305-099-7
821.135.1

Grafician copertă: **Teodora Savu**
Redactor: **Irina Rotaru**
Tehnoredactor: **Anca Marisac**

Editura Bookzone
Şoseaua Berceni nr. 104, sector 4, Bucureşti
Comenzi şi informaţii:
Telefon: +40 774 091.579; +40 770 584.429
E-mail: office@bookzone.ro
www.bookzone.ro

Andrei Vulpescu

Iubim sau ne mințim?

Secretele **cuplurilor inteligente**

Bookzone
BUCUREŞTI, 2023

Introducere

— *Cum ați reușit, stimate domn, să „duceți" 50 de ani de căsnicie?*

— *Dom'le, sincer?*

— *Vă rog să mă credeți, dacă voiam să mă mințiți, vă întrebam câte amante ați avut în 50 de ani de căsnicie. Era mai simplu.* ☺ *Serios, chiar mă interesează să aflu ce ați făcut, cum a fost viața dumneavoastră în căsnicie...*

A fost momentul în care domnul din fața mea și-a împreunat mâinile, a coborât privirea spre podea, a tăcut câteva secunde, căutând parcă resursa numită „curajul de a spune adevărul", de a se deschide, de a fi vulnerabil în fața unei persoane pe care a cunoscut-o de câteva minute (aici intră și psihologul, sau mai ales el), după care a spus:

— *Sincer să vă spun, nici eu nu știu. Un lucru este cert...*

— *Care să fie acela?* am întrebat eu, cu o curiozitate care m-a luat prin surprindere.

— *Că am vrut să plec din prima clipă din relație! Însă n-am făcut-o și, după aceea, știți cum e... apare primul copil, apoi al doilea și te trezești în horă. Am simțit de la bun început că nu e ce trebuie.*

Parcă m-a lovit cu o bâtă de baseball în moalele capului.

Efectiv m-am simțit amețit, buimăcit.

Mă uitam la acest domn octogenar și nu știam ce să spun.

Eram mut!

Am reușit doar să îngân în minte, semianesteziat:

Acum înţeleg de ce nu-mi plac horele.

Ştiu, sună cinic, prăpăstios, negativist, însă este un peisaj care există şi ar fi bine să nu îl ocolim, dar nici să nu ne grăbim să îl condamnăm.

Te rog să mă crezi, sunt un bărbat care crede în relaţii sănătoase şi care încearcă, atât cât poate, cu maturitatea şi, sper eu, înţelepciunea, dobândite în cei 46 de ani de viaţă, să îşi cultive relaţia de cuplu, astfel încât nivelul de satisfacţie al amândurora să fie unul cel puţin decent, dacă nu ridicat.

Aş pune accent pe „al amândurora"!

Asta înseamnă cuplu: DOI!

Sau, dacă vrei, NOI!

Nu e uşor, însă muncesc zi de zi la relaţia mea.

Muncesc, nu lupt. Este necesar de subliniat această tuşă.

Revenind la discuţia avută cu clientul care mi-a trecut pragul, aş spune că domnia sa reprezintă un trend sociocultural care nu ştiu în ce măsură se mai regăseşte în vremurile actuale, spre exemplu, în zona tinerilor de 20-25 de ani.

Să ne gândim puţin – vorbim despre un domn de 80 de ani, da?

Acum 50-55 de ani, deci undeva pe la începutul anilor 1970, poate chiar mai devreme, în societatea românească nu se vorbea despre iubire, relaţii sănătoase, abuz, angajamente, ataşamente, fericire etc... aşa cum se întâmplă azi şi nici psihologia sau psihoterapia, nu erau nişte ramuri bine dezvoltate (abia făceau ochi, cum s-ar spune).

Drept urmare, putem spune că, în cazul domnului cu pricina, a fost iubire, însă nu o iubire romantică, între doi tineri, ca în filmele de pe Netflix, nu flama aia care ne ia pe sus, ci mai degrabă iubirea pentru o idee, acea idee de familie, care însemna împlinirea absolută în contextul social de atunci.

Pe scurt, pare să fi fost ceva mai presus de individ.

De aceea spun că, dintr-un anumit punct de vedere, social, evident, omul și-a făcut treaba: a construit o familie, a avut copii, și-a făcut datoria de tată, însă în plan personal a fost nefericit.

Acum, după 50 de ani de căsnicie, probabil că va fi invitat să serbeze Nunta de aur, o altă chestiune care îmi lasă un gust amar.

Să-ți explic și de ce – când te gândești la această formulare, „nuntă de aur", automat te raportezi la un succes, la ceva grandios, la ceva strălucitor, la ceva ce-ți dorești să atingi în viață.

Corect?

La acel „au trăit fericiți până la adânci bătrâneți", de poveste.

Or, dacă elimini acel TREBUIE social – căsătoria, familia, copiii – și te uiți la persoană, atunci găsești multă tristețe și nemulțumire.

Sesizezi care este diferența de vremuri?

Împlinirea de atunci însemna familia, ideea, nu individul!

Intrai în construcția asta și stăteai acolo, încercând să trimiți în societate niște oameni care să încerce să te depășească.

Este un tipar? Este.

A fost? A fost.

Ar fi de condamnat? Nu!

Este un tipar care avea sens 100% în vremurile de atunci.

Țin minte că, în copilărie, înainte de evenimentele din decembrie 1989 și la mine în familie circulau următoarele scenarii: „trebuie să faci o facultate, să ai un rost în viață",

„la un moment dat o să te căsătorești și vei avea copii, casa ta" etc.

Cred că și la tine în casă ai auzit cam același lucru.

Era tiparul acelor vremuri.

„Cartea" era drumul, era sensul spre starea de bine.

Ca paranteză, aș spune că, cel puțin din punctul meu de vedere, lucrurile ar trebui să stea la fel și azi. „Cartea" nu are voie să-și piardă sensul.

Aș putea să fac pariu că ai auzit ceva similar, mai ales dacă ești parte a segmentului 40+.

Or, în ziua de azi, lucrurile s-au schimbat pe ici, pe colo, în părțile esențiale.

Nu știu dacă e bine sau nu.

Nu sunt eu cel care trebuie să emită aceste judecăți.

În zona relațiilor, cifele nu arată tocmai bine: vârsta căsătoriei s-a împins tot mai sus, spre 35-40 de ani, lăsând o gaură uriașă în zona accesului la sexul opus în rândul tinerilor (18-30 de ani), declinul demografic este evident, mai ales în ceea ce numim lume civilizată, iar eliberarea sexuală a femeilor pare să-i fi avantajat tot pe... bărbați.

Este adevărat, în același timp, că parentingul s-a schimbat, lumea pare că s-a deschis mai mult – ca dovadă că poți munci din România pentru o companie străină, fără să fie nevoie să ajungi vreodată la birou, sau să pleci din țară – lucru care, pe vremea interlocutorului meu, era imposibil, iar modul în care privim lumea, iubirea, relațiile, abuzul, copiii este diferit.

Și e normal să fie așa.

Din punctul meu de vedere, se numește evoluție!

De aceea am ales să încep cartea cu această discuție, cu această poveste, pentru a prezenta un tipar de funcționare al relațiilor care, cândva, era normă.

Deci tipar unic! Oligatoriu, de altfel.

Atenție!

Nu înseamnă că nu au existat / există căsnicii fericite, oameni care azi sărbătoresc pe bune 50 de ani de căsnicie!

Sigur că există.

De altfel, în primele zile de la debutul procesului de construcţie / scriere a acestei cărţi, i-am trimis pasajul de început unei prietene.

Ce mi-a răspuns?

Nu ştiu dacă este o realitate. Părinţii mei sunt de 50 de ani împreună şi nu am văzut la ei aşa ceva.

Bingo! Deci există!

Deşi este posibil să mă consideri un idealist, îţi spun că asta îmi doresc să văd mai des – relaţii fericite, indiferent că durează 1, 5, 10, 20 sau 50 de ani.

Şi nu doar relaţii de cuplu, ci relaţii, în general, mai ales în vremurile postpandemie.

Este principalul motiv pentru care scriu această carte: dorinţa mea de a construi, împreună, relaţii sănătoase, iubiri cu sens, bucurie... BINE!

Al doilea ar fi, evident, pasiunea mea pentru scris, pasiunea mea de a împărtăşi experienţe şi idei, provocări şi curiozităţi.

Asta reprezintă această carte, o invitaţie la construcţie, o invitaţie la joacă, la curiozitate, la explorare, la flexibilitate.

Eu aduc un puzzle, relaţiile, şi te invit să îl înţelegem, în toată complexitatea lui şi, eventual, să îi dăm de cap.

Ce zici?

Ţi se pare interesant?

Dacă da, atunci îţi mulţumesc pentru accept şi sper ca şi această călătorie să fie una frumoasă, plină de informaţii utile şi importante, informaţii completate şi de experienţa celor aprope 3 ani de practică în calitate de consilier de dezvoltare personală, psiholog şi viitor psihoterapeut.

Nu vei citi doar simple teorii – mi se pare plictisitor să-ţi scriu despre ce au descoperit unii sau alţii – sunt informații pe care le poți găsi și singur/ă pe internet; ci vei cunoaște atât povești reale, situații diverse de viață, lucruri pe care le-am întâlnit în lucrul 1-1 cu clienții mei, cât și trăiri, emoții, situații și conjuncturi, trăite pe propria piele în perioada postpandemie.

În plus, îți voi propune și o serie de exerciții pentru depășirea anumitor zone de criză sau impas pe care le poți întâmpina în viața / relația ta.

Sper să reușesc și de data aceasta să-ți ofer o carte numai bună de citit cu pixul în mână.

Acestea fiind spuse, ești gata să începem?

Excelent!

CAPITOLUL 1

Cât de bine crezi că te cunoști?

Urmează să-ți spun ceva și te rog să nu arunci cartea:

IUBIREA ÎNCEPE CU TINE!

Mă refer atât la relația de cuplu, cât și la relația cu tine și, de ce nu, cu lumea, în general.

Iubirea este despre tine!

Fie că vrei, fie că nu, o relație de cuplu este un exercițiu de a fi tu!

Suntem ființe care se dezvoltă, cresc, evoluează în relații, așa că data viitoare când spui: „iar să o iau de la capăt?", n-ar fi rău să te gândești la următoarea idee:

SUNTEM FIINȚE CARE SE DEZVOLTĂ (CRESC) ÎN RELAȚII!

Și îți spune asta un „morocănos" notoriu. Știu, așa mă văd mulți, deși sunt un tip căruia îi place să râdă foarte mult.

În fine, dacă ar fi să mă uit în trecutul meu, pot spune că vorba asta chiar este adevărată – la 17 ani plângeam în hohote pentru că prima mea iubită mă înșelase.

Credeam că este despre mine. Nu era!

Cum ar fi putut să fie despre mine, din moment ce nu eram prezent?. ☺

Dacă aș fi avut atunci înțelepciunea de azi, aș fi înțeles un adevăr fundamental, dovedit de mai multe ori pe parcursul vieții, atât la mine, cât și la persoanele care mi-au trecut prin „bătătură":

„ORICE OM ARE CAPACITATEA DE A MINȚI ȘI DE A ÎNȘELA!

Este nevoie de două lucruri: un motiv bun și o zi proastă." ☺

Am văzut replica asta într-un serial de pe Netflix și mi s-a părut excelentă, ba chiar dureros de adevărată.

Așa că mi-am zis să o reinterpretez puțin.

Însă am stat și mi-am analizat viața, ceea ce am făcut și ceea ce mi s-a întâmplat, și concluzia este: clar, vorba asta se justifică în ambele sensuri.

Azi, la 46 de ani, mă bucur de relația mea, chiar dacă ultimul an nu a fost tocmai ușor.

Și, dacă tot am ajuns aici, în primul capitol al călătoriei noastre, dă-mi voie să-ți vorbesc puțin despre acest an care a trecut peste mine și relația mea / noastră.

De ce spun că nu a fost tocmai ușor?

Pentru că anumite conjuncturi / decizii (luate împreună, firește) au făcut în așa fel încât, după 8 ani de conviețuire zi de zi, să ne distanțăm.

Iubita mea a obținut un post într-o țară situată la câteva mii de km distanță, într-o zonă de risc, deci fără posibilitate de vizită din partea mea.

Astfel, la fiecare 3 luni și jumătate, ne-am văzut câte două săptămâni.

Și acum, de altfel, când scriu aceste rânduri (ne aflăm în noiembrie 2022, *n.a.*), suntem tot la distanță.

Crezi că este simplu?

Deloc.

Este, de departe, cel mai greu episod din viața mea, cea mai grea încercare, cel mai serios test de anduranță.

Știi când a fost cel mai greu? În primele zile!

Și pot să-ți spun că am simțit cum obiceiurile sudate în ani și ani de conviețuire, zi de zi, și-au făcut de cap destul de clar.

De fapt, ca să fiu mai exact, absența lor și-a făcut de cap, (între)ruperea lor...

Ştiu, poate vei râde, însă îmi asum tot ceea ce îţi voi povesti.

A doua zi de dimineață, după plecarea iubitei mele, m-am trezit, mi-am făcut cafeaua, am pornit televizorul (pe muzică) şi am început să-mi gândesc ziua.

Ce am făcut de 3-4 ori?

Am privit spre baie, aşteptând să o văd, ieşind goală, privindu-se în oglindă şi pregătindu-se să îşi usuce părul.

N-a ieşit!

A fost primul moment în care am spus: *Stai aşa, a plecat!*

Brusc, mi-am dat seama că nici cafeaua parcă nu mai are acelaşi gust fără ea. Hmmm, deja îmi era dor...

Vezi ce înseamnă obiceiurile?

Se numeşte separare şi o simţi în fiecare celulă.

Ca atare, este firesc să apară şi gânduri precum: „oare cum o să fie?", „oare va rezista relaţia noastră?", „oare voi reuşi să menţin o atmosferă benefică relaţiei?" etc.

Nu mai spun că noaptea am întins mâna să o ating.

S-a întâmplat şi asta.

Mai mult, seara, după ce am ieşit de la cabinet, am fost pe punctul să o sun, să o întreb ce să cumpăr pentru acasă.

Citind acum, zâmbesc, însă aşa s-a întâmplat.

Repet, 8 ani am stat nonstop împreună.

8 ani, ceea ce înseamnă nişte obiceiuri de relaţionare clare.

Betonate, cum s-ar spune.

Aşa se întâmplă în orice relaţie.

Iar acum, brusc, aceste obiceiuri s-au rupt. Cel puţin fizic. La revedere atingeri, la revedere coreglare.

La nivelul comunicării, lucrurile s-au rescris, s-au repoziţionat.

Înţelegi acum de ce doare despărţirea?

Eu înţeleg, chiar dacă vei spune că nu e acelaşi lucru.

Așa este, însă spune-le asta obiceiurilor, spune-i asta corpului care rămâne neatins. ☺

Obiceiurile de zi cu zi se rup primele!

Psiholog fiind, știam că e nevoie de adaptare – și voi insista pe tema asta ceva mai târziu –, însă, chiar și așa, nu a fost simplu.

Să nu mă înțelegi greșit, nu m-a apucat un dor de ăla dureros, depresiv.

Au fost, pur și simplu, câteva zile de adaptare la altceva, la această nouă etapă a relației noastre.

Iar aici pot spune că am aplicat un exercițiu de dezvoltare personală extrem de util. Este vorba despre exercițiul rolurilor pe care le avem în viețile noastre.

Exercițiul arată cam așa: iei o foaie de hârtie și scrii care crezi că sunt rolurile pe care le ai / exerciți în viața ta.

Eu am scris așa: eu, iubit, tată, consilier de dezvoltare personală / psiholog / psihoterapeut, student (la Master), prieten, scriitor (după cum vezi, nu am scris persoană publică, deși poate ar fi avut sens).

OK, ce roluri au fost prioritare în viața mea înainte de plecarea ei?

Cel de iubit a fost, în mod cert, cel principal, cel care ocupa cel mai mult timp din viața mea.

Or, după plecarea ei, rolul ăsta a trecut în plan terțiar.

Ce am făcut?

Am reașezat rolurile din viața mea, astfel încât să mă adaptez, cu calm și liniște, pe cât posibil, acestor noi condiții.

Asta nu înseamnă că mi-am neglijat relația sau că nu am trecut prin tot felul de situații emoționale, însă comunicarea s-a mutat pe WhatsApp, fie audio, fie video, sau prin mesaje.

Video ne-am văzut mai rar, ținând cont de calitatea netului din țara respectivă. Așadar, am prioritizat profesia, care îmi ocupă acum cel mai mult timp, rolul de tată și de prieten, şi evident, rolul de „eu", de om – adică acele activităţi care-mi aduc satisfacţie mie, omului Vulpescu.

Apropo, te-ai gândit vreodată cine eşti tu, în afara relaţiei?

Te-ai gândit vreodată care este viziunea ta despre viaţă? Direcţia?

Eu am profitat de perioada asta pentru a realiza că misiunea mea şi viziunea mea despre viaţă depăşesc relaţia de cuplu.

Relaţia este doar o parte a vieţii mele.

Ea poate fi, sau nu, însă nu este tot.

Sigur că dau tot ce pot pentru ca relaţia să meargă, însă relaţia este una, viziunea despre viaţa mea este altceva.

Ele merg împreună, însă, dacă se întâmplă ca relaţia să se încheie, eu am la ce să mă conectez, deci nu-mi dau voie să cad.

Dacă, în schimb, relaţia ar reprezenta viziunea despre viaţă, atunci dacă s-ar încheia, căderea ar fi garantată.

Are sens? Eu cred că are.

Reflectează la perspectiva asta.

Revenind la relaţie, am încercat zilnic ca lucrurile să fie bune, dialogul să fie pozitiv, atmosfera să fie una sănătoasă.

De ce?

Pentru că am învăţat să aplic un principiu extrem de important după care îmi ghidez relaţia:

ESTE ÎN INTERESUL MEU CA RELAȚIA SĂ MEARGĂ!

Vei vedea, pe parcursul acestei cărţi, ce înseamnă sensul acestei vorbe şi cât este de importantă o asemenea lege, obiectiv, viziune, mantră, sau cum vrei să o numeşti.

Într-o asemenea situaţie specială, unii ar fi devenit geloşi şi, te rog să mă crezi, am avut şi eu o ieşire, două, destul de consistente, deşi nu sunt nici pe departe un bărbat gelos.

Însă atunci când ceva nu mi s-a părut în ordine, am spus, am rezolvat şi aia a fost.

Au fost şi momente dificile?

Au fost!

Au fost şi momente de criză?

Au fost!

Însă legea enunţată mai sus m-a ajutat enorm.

De aceea tot repet că ar fi bine să înţelegem faptul că, pe parcursul unei relaţii, se pot întâmpla tot felul de situaţii, inclusiv cea care mi s-a întâmplat mie.

Aviz celor care se aşteaptă ca după ani şi ani de relaţie lucrurile să fie cum au fost la început.

Nu mai sunt, din motive diverse.

Nici tu nu mai eşti la fel (sper).

Aşa că ar fi bine să înţelegi faptul că o relaţie este un organism viu, aflat tot timpul în mişcare.

Acum, te rog să-mi dai voie să vorbesc puţin despre influenţa mediului.

Şi aici mă refer la cercul de prieteni.

Să nu crezi că sunt de mare ajutor în astfel de situaţii, cu totul speciale. ☺

Şi aici mă duc cu gândul la cartea lui Gabor Mate, *Mitul normalităţii*.

Prietenii fac parte din aceeaşi societate pe care o evocă specialistul canadian.

Aşa că nu te aştepta ca, într-o astfel de situaţie, să nu vezi reacţii care mai de care mai... bizare! Şi cât se poate de variate / diverse.

Cineva, o persoană apropiată, mi-a spus, la un moment dat, că aş fi în depresie, doar pentru simplul fapt că, într-una dintre seri, la mare, nu am vrut să ies la club. ☺

Deşi i-am explicat faptul că am ieşit cu o seară înainte şi am stat până la ora 4.00, iar vârsta nu prea mă mai ajută să ard două nopţi la rând, pare-se că explicaţia mea a fost ca o adiere banală de vânt.

Ca briza aia care te duce timid cu gândul la o haină în plus.

Concluzia ei a fost fermă: eram depresiv, nu mahmur. ☺

Normal, iubita plecase, iar eu n-aveam altceva de făcut. ☺

Am auzit şi faptul că ne vom despărţi!

O altă proiecţie.

Ce înseamnă proiecţie? Că dacă emitentul spune asta, înseamnă că aşa ar gândi dacă i s-ar întâmpla o situaţie similară.

Teamă, anxietate, stres, proiectate asupra unei persoane aflate în situaţia cu pricina.

Nu e tare?

Lucrurile acestea nu te ajută în mod real, ci mai degrabă te sperie, îţi produc aşteptări negative, anxietate suplimentară, dubii, întrebări care nu-şi au rostul în niciun context dat.

Cumva mă încântă să văd cum proiectează alţii asupra mea propriile lor gânduri şi trăiri. Nu glumesc, ci analizez şi iau din asta ce am nevoie.

Mă încântă pentru că:

1. Nu pot să mă plictisesc şi

2. Învăţ nonstop de la ei.

Ca să revin, pot spune că în lunile de relaţie altfel am auzit multe. Şi nu tocmai încurajări.

Bine, sunt gata să pariez că vei spune că nu îmi sunt prieteni dacă fac asta.

Ba sunt. Să lăsăm puţin morala, pentru că nu îşi are rostul aici.

Am auzit și caterincă, am auzit de toate. Uneori am râs, alteori am mocnit ca un vulcan activat...

Timp în care, repet, m-am trezit singur după 8 ani de conviețuire, cu o nouă hartă a relației noastre, cu un nou GPS, cu care nu eram confortabil.

Era ceva complet nou.

Nu sunt copil, însă consider că e important să scriu despre asta, tocmai ca să realizezi că există anumite situații care ne pot prinde în offside, oricât de bine credem că le-am discutat la momentul T0.

Până când nu se întâmplă, nu știi exact dacă ai, sau nu, capacitatea de a răspunde adecvat, adică de a funcționa sănătos.

În concluzie, aș spune că și noi, psihologii, suntem oameni, deci nu suntem de tablă. ☺

Ce a mai fost ciudat?

Să plec în vacanță fără ea! Și am fost în vreo 5.

În tot timpul acesta am primit câteva mesaje, în privat, pe Facebook, în care am fost întrebat:

— *Ești OK?*

— *Absolut. De ce? N-ar trebui?*

— *Păi văd că ești fără Alina. V-ați despărțit?*

— *Nu! Trebuia?*

Aici cred că intervine ideea de persoană publică. Atunci când ești expus și oamenii care te urmăresc au obiceiul de a te vedea constant în compania iubitei, dacă tiparul de funcționare suferă modificări, este firesc să se ajungă la presupuneri și întrebări. Asta s-a întâmplat pe parcursul acestor 10-11 luni.

Și la mare am fost fără ea. De câteva ori.

Și n-a fost simplu, chiar deloc.

Uneori, a fost amuzant, alteori, jenant.

Recunosc, sunt și eu „vinovat", deoarece știu că sunt un om care face adesea contact vizual, care provoacă.

Bizar, nu? Ai senzația că în vremurile actuale este ceva nașpa să faci contact vizual. Pe vremuri se numea sistem social de angajament, azi pare-se că se numește agățat. ☺

Azi, adică după nebunia asta cu pandemia.

Uneori, am senzația că nu mai e nevoie să cucerești o femeie, să te porți într-un anumit fel, așa cum se întâmpla în tinerețe, când nu aveam bani și mașini, deci eram obligat să învăț alte tehnici de curtare, mult mai rafinate. ☺

Azi, pe repede înainte, e suficient să o privești, să îi acorzi atenție. Simplu...

Bine am venit cu toții în noua lume a (de)conectării. ☺

Serios, să nu crezi că e simplu să vezi că ți se trimit bezele și tu să nu faci nimic. Mi-am asumat, deci, inclusiv faptul că anumite persoane (doamne și domnișoare) au crezut că sunt un pămpălău. ☺

Mi-am onorat relația, așa că sunt OK!

Am eu o vorbă care spune așa: ca să poți să spui NU, trebuie să-ți fie clar la ce ai spus DA!

Repet:

CA SĂ POȚI SĂ SPUI „NU”, TREBUIE SĂ-ȚI FIE CLAR LA CE AI SPUS „DA”!

Așa și aici.

Știu exact la ce am spus „DA”, drept urmare n-am nicio urmă de regret că, deși am avut ocazii, am spus „PAS”!

Am antrenament, recunosc. ☺

Și scriu aceste chestiuni cu riscul de a fi ridiculizat de alți bărbați.

Sunt convins că destui bărbați ar fi profitat din plin de o asemenea ocazie, pentru a-și testa validitatea de pe piață. ☺

Lucrez cu bărbați, deci aud destule povești ce implică tentații, uneori finalizate, alteori nu.

Și chiar îi înțeleg. Sunt bărbat și îi înțeleg.

Nu e deloc simplu să alegi, așa că n-ar fi rău să avem grijă atunci când avem așteptări nerealiste, sau exagerate.

Suntem oameni, suntem diferiţi, aşa că dacă unul reuşeşte să spună NU unor tentaţii, nu este obligatoriu ca tuturor celorlalţi să le fie la-ndemână această decizie.

Şi nu, nu sunt un bărbat perfect. Nici pe departe.

Pur şi simplu am învăţat să aleg ceea ce îmi este potrivit, ce îmi este / face bine. Iar acest bine, uneori, îmbracă forma unui refuz.

Nu am scris prea mult despre această perioadă, însă realizezi câte situaţii, trăiri, conjuncturi, am cuprins aici?

Gândeşte-te câte se întâmplă sau apar într-o relaţie de 9-10 ani.

Multe! Extraordinar de multe.

De aceea este cât se poate de important să învăţăm să funcţionăm sănătos. Să putem să ne adaptăm anumitor situaţii care apar în viaţa noastră, să nu ne dezechilibrăm, să ne putem accesa alte roluri pe care să le exercităm, la nevoie, astfel încât să putem funcţiona cu rezultate pozitive.

Funcţional vs toxic

Nu mă voi apuca să vorbesc despre normal / anormal, pentru că fiecare om are normalitatea lui şi nu sunt eu în măsură să dau verdicte sau să impun ceva.

Aş prefera să vorbesc despre *funcţional / sănătos vs disfuncţional / toxic.*

Din punct de vedere psihologic, evident.

Dacă ar fi să fac o descriere scurtă, aş spune aşa: *rezolvare de probleme vs dramă.*

Asta înseamnă sănătos vs „toxic" care, de fapt, este disfuncţional...

Mi se pare important să facem această distincţie.

Dacă spui: „mă aflu într-o relaţie toxică", rar te plasezi pe tine în rol „toxic", de abuzator.

De cele mai multe ori, te prezinţi ca o victimă, deci totul este despre celălalt, nu despre tine. Tu nu participi, ci doar „ţi-o iei”.

În momentul în care înlocuieşti acest „toxic” cu „disfuncţional”, discursul se schimbă în „am o relaţie care nu merge”, deci eşti parte vie, activă, din poveste, nu eşti pasiv, ci participant.

Înţelegi de ce e importantă distincţia asta?

În primul caz, dai vina pe celălalt, tu neobservând cum participi, ce faci tu în interacţiune; iar în cel de-al doilea, îţi sufleci mânecile şi te implici în soluţionare, indiferent ce înseamnă acest lucru.

Revenind la relația mea, eu m-am axat pe rezolvarea de probleme: *OK, iubita mea a plecat, eu am rămas, e clar că trebuie să mă adaptez la contextul acestui trai solo, cel puţin din punct de vedere fizic, aşa că hai să văd ce am de făcut!*

Fix aşa.

Şi am rezolvat, rând pe rând, problemele apărute.

Asta nu înseamnă că elimin din start celelalte două strategii de *coping* la stres: reacţia emoţională (este întâlnită mai des la femei, de aceea am pus accent pe rezolvarea de probleme), sau evitarea (distragerea socială).

Au fost situaţii în care toate cele trei au funcţionat, s-au activat.

Uneori, reacţia emoţională a fost una dintre variantele care m-au ajutat să rezolv o situaţie, adică să stau în starea aia, să accept emoţiile şi stările şi să mă ajut să-mi revin.

Cu evitarea a fost simplu: vrei să nu cedezi tentaţiilor?

Te expui cât mai puţin sau deloc.

Acum, pe bune, nici să ne închidem în casă nu e o variantă. ☺

Eu m-am expus suficient, dar nu cu excese.

Privind restrospectiv, pot spune că lucrurile au mers de minune.

N-au fost prea mari probleme...

Nu mi-e ruşine să spun că le pot activa pe toate trei.

Ba chiar sunt bucuros că fac asta.

De altfel, toate cele trei modalităţi de a răspunde la stres fac parte din ceea ce se numeşte sănătate psihologică.

Ce s-ar fi întâmplat dacă aş fi alunecat spre dramă?

Oho, o grămadă de probleme.

Şi nu multe, ci muuuuulte emoţii greu de gestionat.

Aici mă refer, evident, la emoţiile negative.

Aş fi putut accesa oricare dintre cele 3 roluri din triunghiul dramatic şi nu ar fi fost bine. Absolut deloc. Ar fi fost dezastru, s-ar fi produs un tsunami de trăiri.

Nici pentru mine, nici pentru iubita mea, nici pentru relaţie, nu ar fi fost bine.

Aş fi putut fi victimă, deci să o investesc pe ea cu rol de abuzator, sau salvator.

Ce s-ar fi întâmplat?

Dacă aş fi investit-o cu rolul de abuzator („m-ai abandonat", „nu-ţi pasă de mine" etc.), ea s-ar fi simţit prost pentru că nu este lângă mine!

Ce ar fi însemnat asta? Ce ar fi spus acest gen de comportament despre mine?

Că nu-mi pasă că e acolo şi că totul se rezumă la mine, deci nu o înţeleg. Nasol! Ar fi putut să fie salvator în vreun fel?

Nu!

Ar fi însemnat ca eu să fiu victimă şi nu am fost nicio clipă.

Doar dacă ar fi abandonat contractul, ceea ce ar fi fost o eroare fantastică şi, probabil, ar fi dus la încheierea relaţiei noastre, sau la un munte de resentimente, care ar fi zguduit serios relaţia, ar fi putut fi salvator.

Tot un drac!

Slavă cerului că nu funcţionez în dramă!

Ce aş mai fi putut să fac?

Să fiu gelos din cale afară.

„Lasă că ştiu eu că vrei să te desparţi de mine”, „lasă că știu eu ce faci acolo” etc.

Ce s-ar fi întâmplat? Aş fi anulat-o!

Şi pe ea, şi tot ceea ce am stabilit înainte.

Aş fi sufocat-o cu zeci de mesaje, zilnic, cu gelozii idioate, cu solicitări de accept video şi cu toate modalităţile de control pe care le aud destul de des în discuţiile cu clienţii mei.

Iar aici lucrurile pot merge până la: spartul conturilor de social media, tracking pe WhatsApp etc.

Iar lista poate continua!

Doamne fereşte!

Ar fi fost din nou despre mine, aş fi anulat-o total și ar fi avut toate motivele să încheie relaţia cu mine.

I-aş fi transmis că eu, de fapt, nu am încredere în ea.

Or, în asemenea condiţii, cum poţi să ai pretenţii ca relaţia să meargă?

Slavă cerului că nu funcţionez aşa.

M-aş bucura enorm să înţelegi că ceea ce scriu aici nu reprezintă ceea ce numim iubire, ci forme de control, adică ucigaşi ai oricărei relaţii.

Aşa se întâmplă în dramă, se produc și mai multe probleme.

De ce?

Pentru că drama este formată din două componente mari şi late:

1. Confuzie / ambiguitate și

2. Nerespectarea angajamentelor

Or, dacă eu aş fi îmbrăcat oricare dintre rolurile descrise mai sus, aş fi fost cel care n-ar fi respectat angajamentele luate ÎMPREUNĂ.

Deci eu aş fi fost cel toxic, nefuncţional.

Iar răspunsul ei ar fi fost în concordanţă cu toxicitatea mea.

Înţelegi cum stau lucrurile cu drama?

Rezolvarea de probleme are, la rândul ei, două componente extrem de importante: claritate (să ştii exact de ce, încotro) şi respectarea angajamentelor luate.

Asta înseamnă relaţie sănătoasă – ca atunci când apare o situaţie, cum ar fi cea apărută în relaţia mea, să accesezi cele două componente:

1. *Să-ţi fie clar de ce alege celălalt postul şi*
2. *Care sunt căile prin care vom întreţine relaţia pe toată perioada separării.*

Noi am ales funcţionarea sănătoasă!

Este o alegere, chiar dacă nu este una simplă.

Societatea noastră nu are, din păcate, o cultură în acest sens.

Este o alegere care are în spate mulţi ani de dezvoltare personală şi de înţelegere de sine, plus alţi ani de construire a încrederii reciproce.

Şi spun acest lucru deoarece şi ea ar fi putut să îmbrace aceste roluri dramatice, ţinând cont de faptul că eu am rămas acasă, adică „liber".

Voi dezbate chestiunea aceasta cu încrederea ceva mai târziu.

S-a întâmplat acest lucru din partea ei?

Nici măcar o secundă şi îi apreciez din suflet maturitatea.

Nu i-a fost deloc simplu. 100%!

Ca să revin, hai să-ţi spun de ce anume ai nevoie pentru a funcţiona sănătos într-o relaţie.

Înainte de orice, de o personalitate normală din punct de vedere psihologic, adică de un set de trăsături care te ajută să te descurci în tot felul de situaţii (cam ce am scris mai sus).

Ce înseamnă aceste trăsături?

Un mix de gânduri, sentimente şi comportamente!

Are sens?

Eu aş mai pune principii şi valori. Ele pot oferi o viziune despre viitor, despre viaţă.

Ei bine, în construcţia acestei personalităţi normale intră mai multe trăsături diferite / diverse / variate, care te ajută să fii flexibil, adaptabil şi să-ţi ajustezi, sau să-ţi modelezi / moderezi răspunsurile, astfel încât să obţii mai mult efecte pozitive, decât negative, în diferitele situaţii care apar în viaţa ta.

Şi aici nu mă refer doar la viaţa de cuplu, ci la viaţă, în general, în toate sferele ei.

Uite, să-ţi dau un exemplu: să presupunem că ai câteva kilograme în plus şi starea ta este una de nemulţumire de sine!

Li se întâmplă multor persoane, inclusiv mie, uneori.

Ce înseamnă să rezolvi problema?

Să vezi ce poţi să faci, astfel încât să schimbi imaginea asta de sine.

Şi să vezi ce variante sunt, ce strategii poţi să aplici.

Pe scurt, îţi spun aşa: mai puţină mâncare, sală, mers pe jos, dans, dezvoltare intelectuală / spirituală, conexiuni sociale de calitate, grijă mare la gânduri şi la somn.

Aplici şi analizezi rezultatele. Aplici şi analizezi rezultatele. Fix aşa! Zi de zi!

Ce înseamnă să analizezi rezultatele?

Înseamnă inclusiv să vezi cum te simţi cu aceste rezultate.

Cum te simţi, nu doar ce crezi! Mi se pare important să mergem în profunzime, să nu rămânem doar „pe cap".

Sper că eşti de acord cu mine că, atunci când vezi că rezultatele apar şi sunt palpabile / vizibile, starea ta se modifică în bine.

Mai dificil este atunci când rezultatele nu apar.

Din acest punct de vedere, te invit să faci o pauză şi să-ţi notezi pe foaie, să te gândeşti aşa: ce fac prea mult şi ce fac prea puţin în legătură cu propria imagine de sine?

Exces vs deficiență!

Este un exercițiu simplu, dar care îți poate oferi multe informații cu privire la alegerile tale sau, de ce nu, la modul în care te minți sau găsești scuze pentru anumite acțiuni, comportamente sau gânduri, despre care știi că nu sunt generatoare de rezultate pozitive.

Ce înseamnă dramă aici?

Să te plângi că ai kilograme în plus, să fugi de oglindă, dar cu un dublu-cheeseburger în mâna stângă, cu o găleată de nuggets în mâna dreaptă și cu o urmă „generoasă" de maioneză în colțul gurii.

Aia e dramă!

De ce e dramă?

Pentru că produci și mai multe probleme, adică și mai multe kilograme în plus, și, implicit, o imagine și mai proastă de sine.

Nu mai spun că îi plictisești și pe cei din jur cu lamentările tale.

Sănătos înseamnă, ține minte:

CLARITATE ȘI RESPECTAREA ANGAJAMENTELOR!

Sănătos înseamnă rezolvare de probleme!

Iar rezolvarea de probleme nu se referă doar la zona rațională, la zona de cortex prefrontal (după cum vezi, evit să-ți vorbesc despre elefanți, deoarece i-am urmărit în savană și erau bine mersi, nu îi călărea nimeni), ci și la emoții.

Ce mai are această personalitate normală?

Capacitatea de automonitorizare și de autocorectare, cu scopul de a obține rezultate pozitive.

Sunt sigur că ai întâlnit persoane care dădeau sau dau vina pe alții, fără să pară că se uitau vreo secundă la ceea ce fac (sper să nu ai un asemenea partener).

Ei bine, acele persoane au o deficiență în zona automonitorizării și autocorectării. Cum s-ar explica acest lucru?

Prin faptul că, în contact cu o asemenea persoană, vei avea parte de dramă la greu, sau că vei îngroșa lista vinovaților din viața lui / ei.

Acum, te invit să disecăm puțin drama.

Din ce aluat este formată?

Din confuzie / ambiguitate și din încălcarea angajamentelor luate.

Ia-ți un minut și gândește-te: eu cum funcționez?

Aplic rezolvarea de probleme sau generez și mai multe?

Atunci când îmi stabilesc un obiectiv, mă țin de el, sau găsesc tot felul de scuze pentru a abandona?

Ce mai este specific dramei?

Faptul că protejează și validează o identitate fragilă, dar și că justifică anumite comportamente inadecvate.

„Așa sunt eu, altul/a mama nu mai face" – îți sună cunoscut?

În traducere: „așa sunt eu, arogant, mârlan, misogin, superior și impulsiv, iar altul mama nu mai face".

„Așa sunt eu – superioară, misandră, etern nemulțumită, geloasă și impulsivă –, iar alta mama nu mai face."

Slavă Domnului! ☺

În concluzie, aș spune că drama nu rezolvă probleme, ci generează și mai multe și mai are și prostul obicei de a atrage în ea mai multe persoane!

Apropo, să-ți dau un exemplu: ți s-a întâmplat vreodată să ți se spună: „dacă nu faci x lucru, atunci nu-ți pasă?"

Știi ce a însemnat acest lucru, de fapt?

Un atac la sistemul tău de limite sănătoase (este o zonă importantă despre care voi vorbi pe larg mai târziu).

Iar dacă te-a mâncat undeva să cedezi, e clar că ai ajuns în dramă.

Mai departe ştii tu cum a fost.

Sunt convins că a fost palpitant☺ (crede-mă, mă gândesc la palpitaţii pe bune). Încă un exemplu, mai ales pentru tine, doamnă: ţi s-a întâmplat să ieşi la o cafea cu un bărbat care nu a ezitat să-ţi spună ce victimă a fost el în relaţiile anterioare? Dacă răspunsul este „DA", sunt curios ce ai simţit: dorinţa de a pleca acasă sau dorinţa de a îmbrăca halatul de salvator?

Dacă ai ales varianta A, te felicit, n-ai pierdut nimic!

Dacă ai ales varianta B, ai acceptat invitaţia în drama lui şi sunt tare curios să-mi spui şi mie cum au continuat lucrurile.

Sper că eşti bine acum... şi nu ai antidepresive în geantă!

Atenţie mare!!!

Nu vă jucaţi cu drama.

Ascultaţi cu atenţie mesajele, fiţi cu mare băgare de seamă.

Drama este o chestiune extrem de perversă.

Uneori este un soi de „pis, pis, pis", ca atunci când încerci să ademeneşti o pisică. Şi cred că ştii ce se întâmplă atunci când pisica se plictiseşte – te zgârie până te trec toate transpiraţiile.

La oameni e diferit: ei te zgârie în interior, pe suflet, şi doare mai rău.

În anii aceştia de practică, am întâlnit anumite „victime" care nu erau ceea ce păreau. De fapt, ca să o spun direct, nu erau victime.

Nu mai spun că acest rol îl îndreptăţeşte pe acel individ să îşi exercite anumite comportamente profund inadecvate (jigniri, ameninţări, şantaje etc).

„Tu eşti de vină, aşa că am tot dreptul să te calc pe cap."

Nu prea sună a victimă, nu-i aşa?

„La câte mi-a făcut, trebuie să tacă din gură şi să suporte orice."

Asta da dramă!

Vestea proastă este că niciunul dintre cele trei roluri ale dramei nu are ceva nobil în el. Fiecare rol este generator de noi şi noi probleme.

Vrei să salvezi un suflet?

Salvează un câine sau alege activităţi de voluntariat la un azil de bătrâni, la Servicul de Ambulanţă sau la un orfelinat. Vei obţine un nivel considerabil de fericire.

Observi. Definești. Cum participi?

Iată că a sosit momentul pentru încă un exerciţiu, cred eu, extrem de util.

El se prezintă cam aşa: *Observă – Defineşte – Participă* (sau cum participi)

Să presupunem că ai fost părăsit/ă (doar copiii sunt abandonaţi), iar starea ta este una tristă.

Pasul 1 – observ cum sunt, ce simt –: faţa căzută, plâng mult, privesc mult în gol, simt o stare de vid interior, o durere puternică sau o agitație pe care nu o pot descrie concret.

Pasul 2 – definesc – Sunt trist/ă!

Pasul 3 – şi cel mai important –: Cum particip eu la starea mea?

Aici e aici.

Această analiză poate cuprinde câteva zone:

a) gândurile:

„A plecat, iar eu cred că a făcut-o din cauza mea", „sigur am greşit eu ceva" etc. Rezultatul? Sunt şi mai trist/ă!

„Nu sunt bun/ă de nimic".

Cum particip la starea mea? O escaladez!

E doar un exemplu.

Lista poate continua preţ de vreo 200 de pagini, crede-mă.

Nu ai idee ce reprezentări au oamenii care ajung în starea de cădere.

Percepţia lor despre ei înşişi, despre evenimentul întâmplat sau despre lume, în general, este total distorsionată, viaţa lor are doar nuanţe de gri, nu mai există speranţă etc. HOP, DEPRESIE!

b) comportamentele:

— Începi să nu mai dai randament la birou, eviţi contactele cu prietenii sau cu persoanele dragi, te izolezi. Pe scurt, alegi să stai singur/ă, cu gândurile tale, între 4 pereţi şi te mai şi iei în serios. BAM! DEPRESIE!

— Devii agresiv/ă şi îţi verşi oful pe alte persoane care n-au nicio treabă cu situaţia ta. Rezultatul? Ceilalţi te vor ocoli sau îţi vor răspunde cu aceeaşi monedă.

Rezultatul anexat primului? O întărire a profeţiei – nu eşti bun/ă de nimic, iar ceilalţi nu te vor în proximitatea lor. Deci şi mai multă tristeţe! Singurătate garantată!

Are rost să mai vorbim şi despre emoţii?

Atunci când îţi tot repeţi că nu eşti bun de nimic, că eşti vinovat de tot ce ţi s-a întâmplat, că nu merită etc., creierul tău intră într-o stare similară unei situaţii de război.

Da, chiar îl ţii în condiţii de front.

Rezultatul? Te las pe tine să-l intuieşti.

La ce este bun acest exerciţiu de mindfulness?

Te ajută să vezi cu adevărat cum participi la propria stare.

Accesează capacitatea de autoobservare şi te ajută să înţelegi mai bine că ceea ce faci nu este un răspuns sănătos şi nici adecvat.

Ce ai de făcut?

Bingo!

Aplici rezolvarea de probleme!

Am o problemă: am fost părăsit/ă!

Pot să fac ceva în direcţia asta?

Nu! Atunci de ce sufăr?

Nu mă aşteptam să mi se întâmple!

Păi de unde şi până unde siguranţa şi grandiozitatea asta?

Ghici ce, te-a prins nepregătit/ă în zona abilităţilor de adaptare.

Aşa că, în loc să îţi construieşti cu migală propria depresie, nu mai bine pui mâna pe telefon şi ceri ajutor specializat?

Crede-mă, depresia nu este ceva care te caracterizează, ci doar un musafir în viaţa ta, un musafir care va pleca, dacă vei decide asta.

Vrei să afli cum îţi dai seama rapid?

Spune-ţi aşa: „Sunt depresiv/ă!"

Acum, te invit să adaugi ceva la formulare: „Simt că sunt depresiv/ă."

Sesizezi schimbarea?

Prima formulare este ca o ştampilă, ca o carte de vizită, ca un prenume, dacă vrei. Depresia e lipită de tine, te descrie, este parte din tine.

La a doua formulare, ea este deja ceva mai departe de tine.

Nu mai este parte din identitatea ta.

Începi să poţi să o priveşti.

Ei bine, mai există un pas: „observ că simt că sunt depresiv/ă".

Deja depresia este în afara ta.

Joacă-te cu formulările astea şi vezi cum te simţi.

Vorbim şi despre depresie ceva mai târziu.

Până atunci, dă-mi voie să-ţi spun ceva important:

EMOŢIILE SUNT INFORMAŢII, NU SENTINŢE!

Poţi să pictezi acest citat pe un perete. ☺, fie el şi de Facebook sau Instagram.

Emoţiile îţi oferă informaţii importante despre funcţionalitatea ta.

Să-ţi dau câteva exemple:

— *tristeţea este asociată cu retragerea;*

— *iubirea este asociată cu apropierea;*

— *ruşinea este asociată cu ideea de a te ascunde;*

— *furia este asociată cu atacul;*

— *bucuria este asociată cu a fi activ;*

— *frica este asociată cu dorinţa de a fugi etc.*

Apropo, ştiai că există chiar şi un termometru pentru emoţii?

Da, ai citit bine. Nu e cazul să crezi că ai vedenii. ☺

Un astfel de termometru te ajută să-ţi dai seama ce se întâmplă cu stările şi emoţiile tale şi cam ce poţi să faci.

Spre exemplu, atunci când există stare de calm, fericire şi bucurie, poţi cu uşurinţă să ajuţi alte persoane, să te bucuri de starea ta pozitivă şi să te angajezi în activităţi pozitive, atractive.

Aici poţi găsi, după cum susţine Dr. Kate Truitt, 3 tipuri de mesaj:

1. Mă simt calm/ă

2. Sunt prezent/ă şi conştient/ă

3. Sunt atent/ă, ştiu că ceva se întâmplă.

După cum vezi, există un soi de crescendo spre anxietate / furie.

Un alt exemplu: în starea de anxietate, îngrijorare şi nelinişte, poţi să eviţi interacţiunea cu cineva sau chiar să încerci să te agăţi de cineva.

Iar mesajul este: „sentimentele mele îmi controlează gândurile şi comportamentele şi nu îmi place deloc acest lucru".

Ei bine, în vârf, pe roşu, cum se spune, unde manifeşti furie, supărare, explozie, fie ţipi, fie eşti violent fizic sau verbal, fie simţi că iei foc.

Aici, regăsim două mesaje, în creştere, la rândul lor:

1. *Devin disperat/ă şi nu ştiu ce să fac.*
2. *Simt că pierd controlul, nu pot să respir, este greu de suportat.*

Acum, că am parcurs deja câteva pagini din acest capitol, te invit să te aşezi comod, să respiri adânc – poţi aplica tehnica 5-5-5, adică inspiri cât timp numeri până la 5, ţii aerul în piept, numărând până la 5, şi expiri, numărând până la 5 – şi să te gândeşti la întrebarea: **cât de bine cred că mă cunosc?**

Rămâi câteva minute în starea asta. Nu te grăbi.

Stai acolo.

Gândește-te la ceea ce ai citit până acum.

Cum s-au întâmplat lucrurile în viaţa ta?

Mai degrabă în direcţia rezolvării de probleme sau în direcţia dramei?

Nu-i aşa că este complicată treaba asta cu autocunoaşterea?

Este. Însă, dacă mă întrebi, drumul este unul superb, o călătorie care te ajută să te înțelegi mai bine, să te poţi prezenta în relaţii cu un set de abilităţi suficient de consistente, astfel încât să ai parte de o relaţie frumoasă, nu de un chin.

Bine, am înțeles, dar ce se întâmplă dacă eu mă învăț, mă cunosc, aflu cum funcționez și e degeaba? mă va întreba cineva.

Tocmai asta e.

Chiar nu e degeaba.

Niciodată nu e degeaba. E pentru tine. Tu urci ca om. Te urci ca om.

Atunci când te cunoşti bine, atunci când ai claritate şi un set de angajamente pe care ţi le poţi lua şi le poţi respecta, vei putea să identifici mai uşor cine ţi se potriveşte şi cine nu!

În orice context al vieţii.

Înţelegi?

Mi se pare super important. Chiar nu e degeaba.

Un om care este/devine maestru în propria persoană, un om care se cunoaşte temeinic nu lasă să îi intre în viaţă oricine şi nici nu acceptă orice invitaţie la scandal care îi este adresată.

Putem numi asta igienă emoţională?

Stare de bine?

Echilibru?

Cred că putem.

Ideal sau potrivit?

O persoană care se cunoaşte foarte bine nu-şi va dori povestea ideală de iubire, ci povestea potrivită de iubire.

Potrivită momentului vieţii sale.

Momentului prezent!

Nu mă crezi?

Atunci cum îţi explici faptul că toate persoanele anxioase şi care prezentau teamă de abandon puternic instalată, cu care am intrat în contact, au spus că îşi doresc povestea ideală de iubire?

Un răspuns posibil ar fi: pentru că nu ştiau ce este potrivit şi, mai mult, pentru că ele însele nu îşi erau potrivite.

Adică relaţia sine-sine, „eu cu mine", era una disfuncţională, deloc sigură.

Cum poate arăta o poveste ideală de iubire pentru o persoană care aşteaptă ca ceva rău să se întâmple?

Adică o persoană anxioasă? (aşa se defineşte anxietatea – aşteptarea ca ceva rău să se întâmple)

Nu ți se pare că ceva nu sună bine în construcția asta?

O persoană care se teme se află într-o continuă stare de defensivă!

Ce va construi ea? Nimic.

De ce? Pentru că nu are starea necesară pentru a construi ceva.

Construcție înseamnă acțiune, iar asta necesită o stare diferită anxietății.

O stare de conectare, o stare pozitivă.

În momentul în care stă, zi de zi, minut de minut, în starea asta de teamă, nu se implică, ci se ferește.

Am scris puțin mai devreme: frica este asociată cu dorința de a fugi...

Deci, care iubire? Care ideal?

La fel și cu abandonul!

Acolo unde există teamă de abandon, există și autosabotaj și agățare de celălalt, sau de respingere a celuilalt.

Pe principiul: „nu te vreau, dar rămâi cu mine."

Din nou: care poveste ideală?

Nu ți se pare că totul este confuz? Că nu există o direcție, ceva clar?

Nu ți se pare că există șanse mari pentru dramă?

O persoană care prezintă un nivel ridicat de anxietate este o persoană rănită, vulnerabilă, o persoană care stă în permanență în hiperexcitare (dezvolt pe larg, ai puțintică răbdare), adică în încordare, irascibilitate etc.

Cum poți să construiești ceva din starea asta?

Îți spun eu – nu poți!

Drept urmare, pentru a afla ce este potrivit, ai nevoie să lucrezi la anxietatea ta sau la teama de abandon – repet: adulții sunt părăsiți, nu abandonați – și apoi mai vedem.

ADULȚII SUNT PĂRĂSIȚI, NU ABANDONAȚI.

DOAR COPIII SUNT ABANDONAȚI.

Aşa, „îmi doresc povestea ideală de iubire" se traduce prin: „vreau ceva ce habar n-am cum arată, dar cred că am văzut la TV sau am citit în cărţi".

Nu e de râs, ci de înţeles.

Nu e de condamnat, ci de privit cu multă compasiune.

Sunt persoane care au nişte stări – uneori, n-au capacitatea de a se relaxa, alteori, chiar nu este despre ei, de aceea ar fi excelent să privim cu blândeţe.

Atunci când explorăm puţin rădăcina anxietăţii sau a fricii de abandon, vedem copii vulnerabili, vedem conflicte interioare nerezolvate la timp, vedem medii invalidante, vedem fracturi în procesul de dezvoltare emoţională, vedem medii de război, în care aceşti oameni au trăit şi, de ce nu, putem vedea multă neglijenţă, deci o deficienţă în zona abilităţilor de a fi adaptabili şi flexibili.

Şi mai vedem ceva – careul de aşi format din: ruşine (adică „sunt o persoană naşpa"), vină („am făcut ceva naşpa"), nu sunt suficient de bun/ă („nu merit") şi teama de eşec (singurătate)!

Un careu de aşi absolut devastator, pe care îl văd zi de zi în lucrul cu clienţii mei. Un careu de aşi care o ţine pe acea persoană într-o stare continuă de hiperexcitare, combinată, uneori, cu episoade de hipoexcitare.

Fereastră de toleranţă? Nu prea.

Uneori, este fix cât o gaură... a cheii.

Şi, din păcate, fereastra de toleranţă este singura zonă în care putem simţi şi gândi în acelaşi timp, în care putem rezolva probleme, în care putem comunica eficient, în care putem iubi cu adevărat etc.

Însă această fereastră de toleranţă, aşa cum îi spune Dan Siegel, sau fereastră optimă de funcţionare, cum o numeşte Pat Ogden, are nevoie, în primul rând, de starea de calm.

Aici nu mai vorbim despre palpabil, ci despre profund.

Despre zona aia în care vedem efectele, însă nu prea ştim foarte bine să punem degetul pe cauză. Or, din acest punct de vedere, cauza poate fi bine ascunsă în corp.

Pur şi simplu nu este obligatoriu să existe amintire conştientă (memorie explicită). Poate fi, pur şi simplu, o amprentă pe care corpul o are (memorie implicită), posibil din perioada preverbală.

De aceea mi se pare extraordinar de important să ne cunoaştem temeinic, să ştim exact ce anume ne tulbură, ce anume ne declanşează anumite reacţii, ce anume ne face să ne simţim în siguranţă etc.

Şi, pentru a nu rămâne la tine, îţi propun să facem împreună o mică extensie şi să vezi din ce aluat eşti plămădit/ă.

Cine sunt înaintaşii tăi, în ce mediu ai crescut, ce ai văzut şi auzit în casă şi în familie, ce nivel de educaţie a existat în mediul tău imediat, ce obiceiuri şi tradiţii, limite şi restricţii ai avut în preajmă, cum ai fost educat/disciplinat etc.

Tu eşti un amalgam de alţii care şi-au pus amprenta în şlefuirea a ceea eşti TU.

Cine ţi-a oferit conectare şi protecţie?

Este un alt aspect important.

În cazul nostru, al oamenilor, există această nevoie de conectare.

Este o nevoie fundamentală. Ea stă la baza unei funcţionări sănătoase.

Nu ideea de a domina alţi oameni, de a-i exploata pe alţii, de a acumula resurse/putere.

Cooperare, coreglare și CONECTARE cu alții!

De aceste ingrediente avem nevoie pentru a fi sănătoşi din toate punctele de vedere. Chiar nu suntem fiinţe capabile să se regleze singure.

Ştiu, vor apărea voci care vor spune: „Ce vorbeşti? Eu nu am nevoie de nimeni, mă pot regla singur/ă fără probleme."

Așa este! Ai dreptate.

Însă acest fapt nu are legătură cu ceea ce se numește imperativ biologic, deci cu conectarea (coreglarea), ci este un mecanism dobândit în urma unui scurtcircuit al ciclului firesc și sănătos de dezvoltare.

Din păcate, modelele de familie nu sunt întotdeauna sănătoase sau funcționale.

Iar acest lucru se poate testa destul de simplu: intri pe site-ul dianepooleheller.com și vezi că în colțul din dreapta (sus) scrie *free quiz*.

Încearcă să completezi acel test – nu durează mult.

Vei primi un e-mail cu rezultatul stilurilor tale de atașament, un rezultat care-ți va da indicații prețioase atât despre mediul în care te-ai dezvoltat, cât și despre modul în care iubești sau ești iubit/ă.

Pășește în cerc!

Că tot veni vorba, știi ce înseamnă iubire?

Modul în care ne apropiem și credem în cineva.

Știu că sună a slogan al Poliției Române, însă iubirea înseamnă siguranță și încredere! La modul cel mai serios.

Ce înseamnă siguranță?

Atașament de siguranță, adică funcționare sănătoasă.

Vorbim aici despre un copil care se poate regla și singur, însă nu ezită să caute interacțiunea și nici nu o evită. Mai pe românește spus, copilul caută și căldura și iubirea mamei, dar nu are o problemă dacă mama nu este lângă el.

Așa cum vei citi și în e-mailul pe care îl vei primi în același timp cu rezultatele testului, acest stil de atașament sigur este un teren fertil pentru funcționare sănătoasă în relațiile adulte.

În cazul celorlalte trei stiluri de atașament, vorbim despre tot felul de scurtcircuite survenite în lanțul reglării stărilor interioare ale copilului.

Astfel, copilul anxios va căuta agitat proximitatea părintelui, pentru că nu se poate regla fără prezenţa acestuia, dar nici nu se calmează la revenire; iar evitantul este izolat, preferând autoreglarea, decât interacţiunea cu părintele, pe care o consideră nesigură.

Stilul de ataşament dezorganizat, care este un mix dintre anxios şi evitant, este adesea asociat cu trauma, ceea ce înseamnă că vorbim despre un copil care are probleme în a se regla atât cu altcineva, cât şi cu sine.

Lucrurile acestea par greoaie însă, crede-mă, îţi oferă multe informaţii importante despre tine.

Nu ţi se pare OK să înţelegi de ce eşti într-un anumit fel în relaţii? Mie mi se pare fantastic să putem cunoaşte toate lucrurile astea.

Şi îţi spun şi de ce!

Deşi trăim într-o lume în care se vorbeşte enorm despre iubire, suflet, înţelegere, încredere, respect, există foarte mulţi oameni care nu au avut contextul, softul de bază, sau cum vrei să-i spui, pentru iubire.

Am testat acest lucru şi trebuie să-ţi spun că nu mă aşteptam la rezultatele obţinute, deh, sunt un optimist (chiar dacă nu pare).

Inspirat de un workshop despre traumă, al lui Gabor Mate, am făcut un exerciţiu / experiment, consider eu interesant, în comunitatea mea.

Exerciţiul se numeşte: Step Inside the Circle (păşeşte în cerc), s-a filmat în februarie 2020 şi îl poţi vedea pe YouTube.

Totul se petrece într-un penitenciar de maximă securitate din California, Statele Unite.

Scopul? Testarea nivelului de abuz / traumă prin care au trecut deţinuţii respectivi.

Un adevărat cerc al compasiunii faţă de traumă, cum spune Fritzi Horstman, iniţiatoarea proiectului.

Sunteţi gata să vă întâlniţi cu trecutul vostru cu compasiune? îi întreabă ea pe deţinuţi.

După care urmează întrebările:

Dacă în primii 18 ani de viață, un părinte sau adult din casa ta, des sau foarte des, te-a înjurat, te-a insultat, te-a devalorizat, fă un pas în cerc.

Urmează o pauză în care deținuții care s-au identificat cu acest tip de abuz au făcut un pas în față.

... un părinte, sau alt adult din casă, des sau foarte des, te-a împins, te-a înșfăcat, te-a pălmuit, sau a aruncat cu ceva după tine, fă un pas în cerc.

...un părinte, sau alt adult din casă, des sau foarte des, te-a lovit atât de rău, încât ai rămas cu urme, sau răni adânci, fă un pas în cerc.

Dacă adesea ai simțit că nimeni din familie nu te-a iubit, sau nu te-a tratat ca pe o persoană importantă, sau specială, fă un pas în cerc.

Dacă familia ta a trăit în sărăcie extremă, fă un pas în cerc.

La final, se spune așa: „În pușcării avem cei mai traumatizați oameni din societate" – Gabor Mate.

Bine, bine, mi-am spus eu, *dar afară cum e?*

Ce fel de oameni sunt?

Curios din fire, am zis să iau întrebările din acest exercițiu și să le aduc în comunitatea mea, acolo unde există oameni, ca mine și ca tine, oameni care au familii, copii, joburi, cerc de prieteni și care, cel puțin aparent, sunt liberi.

I-am rugat pe cei care răspund să dea like, dacă au trecut măcar printr-unul dintre abuzurile enunțate, sau să comenteze cu NU dacă nu au trecut.

Care crezi că a fost rezultatul: abuz vs normalitate?

6-1!

6 persoane care au trecut măcar printr-o formă de abuz în primii 18 ani de viață și una care nu a trecut.

Acum înțelegi de ce spun că avem nevoie să învățăm să fim bine?

Şi o tot spun de cinci cărţi încoace! Calm, nu am obosit. ☺

Privind răspunsurile, putem spune că toţi suntem uşor ciupiţi, nu-i aşa?

OK, să zicem că suntem, însă studiile arată faptul că nu toate persoanele care au trecut prin diferite forme de abuz dezvoltă boli psihice sau tulburări de personalitate.

Iar asta este vestea excelentă!

Vestea proastă este aceea că absenţa bolilor psihice sau a tulburărilor de personalitate nu exclude disfuncţionalitatea în relaţii.

Dacă intrăm în zona relaţiilor, este dificil să avem aşteptări de funcţionalitate, câtă vreme cifrele arată aşa, din păcate.

Asta nu înseamnă că nu putem lucra împreună pentru a încerca să îmbunătăţim această realitate. Tristă, de altfel.

Sigur, se poate spune că ceea ce am făcut eu nu este ştiinţă şi nici nu am pretenţia asta. Însă, câtă vreme au existat peste 700 de răspunsuri de la oameni ca mine şi ca tine, mi se pare semnificativ, un sondaj bun.

Cum spuneam mai devreme, un test de ataşament este un prim pas util spre cunoaşterea de sine.

Te vei înţelege mai bine şi, sper eu, te vei deschide suficient spre a afla şi mai multe despre stilurile tale predominante.

Uite, hai să-ţi prezint o perspectivă tare de tot.

Imaginează-ţi că interiorul tău, sistemul tău nervos, este ca un semafor!

Ai văzut că semaforul are 3 culori, da?

Să începem cu galben.

Ce înseamnă culoarea galbenă?

Că poţi trece, în anumite situaţii, însă cu precauţie.

Există un pericol, însă nu este un pericol care să-ţi ameninţe în mod fundamental viaţa.

Este ca momentul ăla când te afli într-o încăpere, dar simţi că mai există ceva – şi nu o pisică, ci un leu – doar că nu prea ai idee unde anume se află. ☺

Jur că mi-a venit în minte leul din Tom şi Jerry. ☺

Starea din galben produce două răspunsuri automate la stres – fugă şi luptă.

Starea asta se numeşte hiperexcitare.

Aici găsim anxietatea, hipervigilenţa, încordarea, panica, impulsivitatea, irascibilitatea, agresivitatea, furia, evitarea etc.

Pe scurt, este o stare de nesiguranţă! Aştepţi ca ceva naşpa să se întâmple!

Din nefericire, în această stare nu prea poţi rezolva probleme şi nici nu te poţi conecta în mod autentic / profund cu o altă persoană.

Este o stare profund ofensiv-defensivă.

Este ca aşteptarea ca iubitul/a – soţul/ia să te înşele.

Ia să ne gândim puţin, ce se întâmplă atunci?

Simţi cum gândurile îţi macină creierul, nu?

Simţi o agitaţie în tot corpul, simţi nevoia să te uiţi în telefonul lui/ei, să cauţi dovezi... deşi ai aproape certitudinea că nu eşti neapărat pregătit/ă să găseşti ceva. ☺

Unde se simte, în principal, agitaţia asta?

Sub diafragm, adică în zona abdominală.

În general, acolo se simt emoţiile negative.

Iată o primă culoare a semaforului interioarelor tale.

Crede-mă, am întâlnit multe persoane anxioase.

Şi, la modul general, chiar nu e ceva în neregulă.

Este firesc să avem un anumit nivel de anxietate, spre exemplu, înainte de un examen, însă ar fi normal şi firesc să ne calmăm după examen.

Dacă nu se întâmplă asta, ar fi de văzut care e treaba şi de ce nu există o fereastră de toleranţă suficient de bine dezvoltată.

Ei bine, culoarea asta se leagă perfect cu testul de ataşament recomandat mai devreme.

Cum era? Conectezi şi observi, conectezi şi observi... şi tot aşa... toată viaţa. ☺

Apropo, hai să te întreb ceva: te identifici cu această culoare?

Dacă da, atunci cum au fost relaţiile tale?

Liniştite, calme, plăcute; sau agitate, cu valuri mari, cu aşteptarea dezastrului?

Ia-ţi câteva minute şi gândeşte-te: te-ai simţit vreodată în siguranţă în vreo relaţie?

Dacă răspunsul este DA, însă în relaţia actuală nu se aplică, atunci n-ar fi rău să vezi ce se întâmplă cu relaţia prezentă.

Dacă răspunsul este NU, pe linie, ar fi bine să te uiţi la stilurile tale de ataşament, să înţelegi de ce şi să începi să lucrezi cu / la tine.

Nu cu mult timp în urmă, în cadrul unui training despre tulburări de personalitate, am aflat o chestiune la care nu m-am gândit niciodată: în copilărie îmi plăcea foarte mult piesa *Eternal Flames* a trupei The Bangles.

Ştiu, tinerii nu prea rezonează la acest nume însă, în copilăria mea, în anii 1980 spre 1990, era o trupă tare de tot.

Ei bine, piesa asta descrie foarte bine instabilitatea emoţională.

Te invit să facem o scurtă analiză pe text:

„close your eyes, give me your hand, darling.../
închide ochii şi dă-mi mâna, dragă/
do you feel my heart beating?/
simţi cum îmi bate inima?/
do your understand? Do you feel the same?/

înţelegi? Tu simţi la fel?/
am I only dreaming?/
sau visez?"

Ce stare este descrisă în aceste versuri?

Anxietate – hiperexcitare.

Adică încordare, nelinişte.

Emoţie intensă şi supravieţuire. Instabilitate.

Dacă ai sta cu DSM-5[1] în mână, atunci când asculţi piesa asta, ai putea să juri că descrie perfect tulburarea de personalitate borderline. ☺

Privind din această perspectivă, nu sună tocmai romantic, nu sună tocmai a iubire sănătoasă, nu crezi?

Muzica este plină de instabilitate emoţională.

Însă nu cred că am avut prea mari curiozităţi în a analiza versurile hiturilor din punct de vedere al stărilor.

Înapoi la ataşament.

Veste de senzaţie! Stilurile de ataşament se pot modifica în funcţie de dinamica relaţională, aşa că, în loc să te grăbeşti să schimbi partenerul/a, poate că n-ar fi rău să începi să-ţi lărgeşti fereastra de toleranţă.

Altfel rişti să ajungi în aceeaşi situaţie şi în relaţia următoare. Nu vrei asta...

Să mergem spre culoarea verde a semaforului.

Ce faci atunci când vezi verde la stop?

Treci, indiferent că eşti pieton sau te afli în maşină.

Care este caracteristica acestei culori (ferestre de toleranţă)?

Siguranţa!

Ce înseamnă asta în relaţii? Ataşament sigur!

Adică nu refuz interacţiunea cu partenerul/a, ba chiar o caut, o ofer şi o accept; însă n-am nicio problemă atunci când sunt eu cu mine.

---

1 Manual de Diagnostic şi Clasificare Statistică a Tulburărilor Mintale publicat de Asociaţia Americană de Psihiatrie (n. red.).

Aici se manifestă starea de calm, perfectă pentru existenţa şi manifestarea iubirii. Să fim serioşi, poţi să te relaxezi şi să iubeşti atunci când există un leu în casă?

Iar leul este celălalt?

Doamnele vor spune „EL", domnii „EA". ☺

Ia gândeşte-te!

Aşa ziceam şi eu.

Dacă leul eşti tu, poate că eşti relaxat/ă, dar celălalt nu este, nu va fi.

Deci tot un drac. ☺

CARE ESTE CODUL IUBIRII?

Să te simţi în siguranţă, atât fizic, cât şi psiho-emoţional, în preajma celuilalt şi să poţi împărtăşi momente de intimitate cu celălalt, fără frică, fără armuri, fără sistem de apărare antiaeriană.

Deci starea de calm, adică acest verde (fereastra de toleranţă), îţi oferă terenul excelent pentru manifestarea iubirii.

Este singura stare în care poţi să şi simţi, dar să şi gândeşti, în acelaşi timp. Aici poţi comunica eficient, te poţi juca, poţi fi creativ/ă, te poţi conecta autentic cu celălalt. Are sens?

Are, pentru că iubirea, dincolo de orice definiţie, înseamnă imobilizare (vulnerabilitate) fără frică!

Repet:

IUBIREA ÎNSEAMNĂ IMOBILIZARE fără FRICĂ!

Ador definiţia asta a lui Stephen Porges.

Aici poţi dezvolta capacitatea de a asculta, de a fi martor, de a participa fără a judeca etc.

Ţine minte un adevăr extraordinar:

CORPURILE CARE RENUNȚĂ LA DEFENSIVĂ POT COMUNICA ŞI SE POT CONECTA AUTENTIC!

Iar asta se numeşte conectare şi coreglare.

Acolo unde există traumă, apare o deconectare între ceea ce-ţi doreşti şi ceea ce te lasă corpul să faci.

Ai întâlnit vreodată persoane care vorbesc frumos despre iubire, dar atunci când sunt atinse, fie şi în mod accidental, au o reacţie automată de evitare?

Sar ca arse, cum s-ar spune?

De ce crezi că se întâmplă asta?

Nu cumva deoarece corpul lor nu vrea să se angajeze?

Să revin la culoarea verde, la starea de calm.

Asta se asociază cu ataşamentul sigur.

Cum se manifestă el în relaţii?

Prin comportamente de angajament: contact vizual, siguranţă în proximitatea celuilalt, reglaj la nivelul emoţiilor şi al corpului, expresii faciale care facilitează conectarea (te simţi conectat/ă dacă celălalt este încruntat şi are maxilarele încleştate?), tonul vocii este unul plăcut, există reciprocitate şi interacţiunea nu este blocată sau refuzată.

Când aceste lucruri sunt prezente, putem deveni cu uşurinţă creativi, putem rezolva probleme, simţim că avem încredere în propriile decizii, putem să ne explorăm reciproc, inclusiv din punct de vedere sexual, ne odihnim mai bine, zâmbim mai mult, pur şi simplu ne simţim mai sănătoşi.

Uite-aşa se manifestă şi primul pilon al relaţiilor sănătoase despre care am scris în cartea *Femeile inteligente vorbesc pe limba bărbaţilor*[2]: **să poţi să fii tu!**

Adică să-ţi poţi manifesta personalitatea fără să te temi că celălalt te va condamna sau va încerca să te devalorizeze.

Procesul acesta de autocunoaştere este extraodinar, nu crezi?

---

2 Apărută la editura Bookzone în anul 2020 (n. red.).

Chiar dacă nu funcţionezi foarte mult pe verde, cum se spune, poţi învăţa să schimbi tiparele şi stările.

Nu spune nimeni că este simplu, însă este important faptul că nu este imposibil!

Sigur, aici nu mă refer la patologii sau la tulburări de personalitate, deşi unele dintre ele se pot ameliora sau chiar corecta.

Ei bine, pentru a nu lăsa semaforul incomplet, este cazul să vorbim puţin şi despre culoarea roşie!

Ea se asociază cu ameninţarea de viaţă!

Dacă te pune împieliţatul să treci pe roşu, cu viteză, sunt şanse mari să faci un accident serios.

Intrând în zona relaţiilor găsim răspunsurile automate asociate cu stările de depresie, colaps, *freeze* (îngheţ / blocaj).

Aici regăsim şi supunerea, şi ideea de a face pe plac (aleg ataşamentul şi renunţ la mine), deci zone de funcţionare la ralanti, pasiv, cum se spune.

Sistemele funcţionează pe modul de supravieţuire.

Cei care au trecut prin episoade depresive ştiu la ce mă refer.

Este acea stare de ceaţă, acea stare complet demotivată.

De altfel, sloganul perfect al depresiei este: „De ce să-ţi baţi capul? Oricum nu merită!"

Aici nu putem vorbi despre conectare, ci despre abuz!

Uneori chiar despre autoabuz.

Deci, nici vorbă de iubire, adică despre imobilizare (vulnerabilitate) fără frică.

Aici jucăm la mantinela groazei, iar conectarea lipseşte cu desăvârşire, ca şi siguranţa!

Victimele abuzului conjugal repetat pot manifesta acest gen de răspunsuri la stres. Este acea oboseală a creierului, ca atunci când a stat constant în condiţii de bombardament.

Nici aici nu putem vorbi despre rezolvarea de probleme, ci despre emoţii – în general negative – şi despre supravieţuire.

Am văzut de câteva ori aceste stări de groază „căzută" şi, în general, celălalt era superior, extrem de liniştit şi sigur pe el.

Tabloul nu este deloc roz: unul dintre parteneri (de obicei ea) este instabil, îngrozit, cu o teamă viscerală observabilă, iar celălalt (de obicei el) este liniştit, plin de el, ba uneori şi râde de cel aflat în suferinţă.

În multe cazuri de acest gen, atunci când o vezi pe ea îngrozită sau depresivă, n-ar fi rău să vezi pe unde se află narcisistul.

De ce narcisist? Deoarece, cum spuneam, ei sunt marii hoţi ai vieţii emoţionale a partenerilor/relor lor.

Nu degeaba se spune că primul lucru pe care trebuie să-l faci în depresie, ca psihoterapeut, este acela de a (re-) instala speranţa!

În momentul în care se instalează speranţa – pierdută în timpul depresiei –, omul începe să se simtă motivat să facă lucruri.

Simte că poate să iasă din cuşca emoţională în care a fost (s-a) închis.

O persoană lipsită de speranţă nu are cum să aibă încredere şi nici motivaţie pentru a face ceva.

Dacă tot am ajuns aici, aş dori să-ţi spun ceva important: viziunea despre viaţă, drumul, direcţia, reprezintă un antidepresiv extraordinar.

O persoană lipsită de speranţă şi de motivaţie, o persoană care nu vede luminiţa de la capătului tunelului, ajunge să considere că viaţa nu merită să fie trăită.

Am lucrat cu persoane care au traversat episoade depresive şi care le-au depăşit, unele şi cu ajutorul medicaţiei, altele fară.

Speranţa! Aici este cheia! Drumul, sensul.

De altfel, speranţa este elementul principal în construirea unei vieţi cu sens, o viaţă ce merită să fie trăită.

Speranţă şi obiective clare!

Nu toţi avem aceeaşi poveste de viaţă şi aceeaşi rezistenţă la situaţii traumatice.

Ar fi excelent să înţelegem bine asta.

Şi să nu judecăm / condamnăm oamenii care au un ritm diferit.

Legat de speranţă, Tony Robbins are o viziune extrem de interesantă: *noi nu trăim viaţa în toată complexitatea ei, ci viaţa asupra căreia ne concentrăm.*

Dacă te-aş pune să închizi ochii şi în timpul ăsta te-aş ruga ca, imediat ce îi deschizi, să vezi culoarea maron, cu siguranţă o vei căuta imediat, deci te vei concentra pe ea.

Aşa se întâmplă şi cu depresia – ne concentrăm asupra vieţii care înseamnă depresie, nu a vieţii pe care am avut-o înainte, sau în alte perioade de timp, când ne-a fost bine.

Omitem acele puncte de referinţă de care ne putem folosi atunci când suntem la greu. Iar asta se întâmplă tocmai din cauza faptului că ne concentrăm asupra vieţii „de porc" în care ne aflăm, asupra stării mizerabile, nu la resurse, pozitivul pare să se fi evaporat.

Să-ţi dau un exemplu: la un moment dat, am fost contactat de o fată tânără.

Şi-a dorit să lucrăm pe zona de ruşine.

Printr-o suită de împrejurări, de conjuncturi absolut oribile, fata asta s-a trezit practicând cea mai veche meserie din lume, s-a trezit într-o zonă a societăţii despre care nu ştia nimic.

Nu intru în detalii, pentru a-i proteja, evident, identitatea, însă povestea este una grea. Ei bine, deşi a avut norocul să iasă rapid din zona asta gri a societății, tot îi era rușine.

Unde s-a făcut diferența?

La capitolul conștientizare: ceea ce credea ea că a făcut vs ceea ce i s-a întâmplat.

Pot spune că am lucrat foarte frumos cu ea și că, dincolo de această poveste complicată, a fost cea mai veselă și solară persoană cu care am lucrat în anii ăștia.

O fată ambițioasă, care se bucura de micile lucruri ale vieții – culorile copacilor, jobul pe care-l avea etc. –, avea speranța că va reuși să-i fie bine și, mai mult, avea planuri clare în acest sens.

Te rog să mă crezi, nu este singura fată din zona asta oribilă cu care am lucrat / stat de vorbă. Deși a avut o poveste extrem de dură, fata asta a reușit să meargă mai departe, a reușit să integreze, să proceseze și să accepte ceea ce i s-a întâmplat, fără să intre în zona de funcționare dramatică.

Și asta pentru că avea resurse, pentru că avea acel soft de funcționalitate sănătoasă instalat din familie.

Avea un sistem de valori extrem de solid și sănătos, chiar dacă provenea dintr-o familie fără prea multe posibilități.

Pur și simplu era o persoană caldă, o persoană cu suflet frumos, cum se spune.

Și am fost recunoscător pentru faptul că m-a ales să lucrăm împreună.

A plâns? Da! Categoric!

M-a mișcat puternic povestea ei?

Evident! Muci m-a făcut povestea asta.

Însă mă bucur că a reușit să depășească / accepte acel episod urât din viața ei.

Ce înseamnă pentru tine „viață care merită trăită”?

Că tot am vorbit despre viață care merită trăită, te invit să punem puțin pauză de la firul cărții și să ne conectăm la această idee:

VIAȚĂ CARE MERITĂ TRĂITĂ!

Ce înseamnă acest concept pentru tine?

Este greu să răspunzi la această întrebare?

Este greu să vizualizezi tabloul general, cu tine în prim plan?

Care sunt gândurile, emoțiile și comportamentele care nu te lasă să-ți imaginezi acest tablou al vieții tale?

Dacă răspunsul la acest exercițiu este pozitiv și te poți conecta imediat la planuri și obiective, dacă lucrurile îți sunt clare, felicitări!

În general, persoanele care au crescut într-un mediu invalidant, ostil, au dificultăți în a se conecta la ideea de viață care merită trăită.

Ce înseamnă mediu invalidant?

Acel context de familie în care se neagă, în care există răspunsuri inadecvate sau extreme (exagerate / nepotrivite) la tot ce înseamnă emoții și trăiri ale copilului.

Cum se face acest lucru?

Prin judecăți (îi spui că nu face bine / corect, îl compari cu alți copii sau frați), pedepse (mai ales atunci când încearcă să vorbească despre gânduri, emoții sau trăiri – „băieții nu plâng niciodată”) sau ignorarea experiențelor copilului. **(NEGLIJENȚA ESTE O FORMĂ CUMPLITĂ DE ABUZ)**

Ce învață copilul care trăiește într-un asemenea mediu?

1. Să supraviețuiască – normal

2. Fie taci și nu comunici, fie comunici extrem (țipi)

Mai târziu, în viața adultă, se prezintă cu teamă și neîncredere în propriile gânduri, decizii, acțiuni, emoții.

Cumva, gândul de bază este:

NU POT, NU SUNT ÎN STARE!

În acest context se activează constant culoarea galbenă – deci găsim anxietate multă și, la fiecare factor declanșator (trigger), se poate destabiliza cu ușurință, ajungând în stările specifice culorii roșii.

Este un teren numai bun pentru vulnerabilitate emoțională, care înseamnă: o bază de afectivitate negativă, sensibilitate ridicată la stimuli emoționali, răspuns intens la stimuli emoționali (scandal, trântit uși, urlete, sau chiar abuz fizic), revenire dificilă la o stare de funcționalitate normală (fereastră de toleranță mică).

În mod normal, pe o scală de la 1 la 10, o persoană cu fereastră de toleranță decentă are un răspuns de 3 din 10 la stimuli emoționali stresori, deci își revine repede; o persoană cu vulnerabilitate emoțională va avea un răspuns de 8 din 10 și nu va apuca să-și revină total până la următorul stimul.

Aici vorbim despre persoane veșnic agitate, cu un nivel de anxietate ridicat, persoane care au dificultăți în a se relaxa.

Uneori, le vezi după postură, le depistezi după tonul vocii – discursul lor este sacadat, efectiv simți că rămân fără aer, se îmbujorează, transpiră etc.

Iar atunci când obișnuiesc să le întreb: „tu cum te relaxezi, ce anume te face să te simți în siguranță?”, răspunsul este fie „nu știu”, fie „nu țin minte să fi fost în siguranță vreodată”, fie „nu pot să mă relaxez” etc., ceea ce denotă multă tensiune a vieții de zi cu zi.

Și aici întâlnim careul format din: rușine, vină, „nu sunt bun”, teamă de eșec, singurătatea fiind destinația finală!

Ai auzit vreodată formularea: „vreau să îi fac pe părinți mândri de mine?”

Te-ai gândit vreodată ce se află în spatele acestei formulări?

Urgenţa de a livra la un anumit standard, pentru a putea primi acceptul „judecătorilor".

Pe mine, ca tată, nu mă interesează ca fiica mea să mă facă mândru.

Ceea ce mă interesează este să o însoţesc să devină un adult sănătos şi funcţional, un adult cu ataşament sigur, un adult care se poate bucura de propria viaţă şi de propriile realizări.

Ca să fac o paranteză, de curând, ea s-a înscris la un program de voluntariat şi a fost întrebată cine o inspiră.

Fiica mea a scris: „tata!"

Mi-au dat lacrimile, jur!

Cred că este cel mai frumos lucru pe care îl poate auzi un tată de la copilul lui.

Cumva, în anii copilăriei mici, şi tatăl meu m-a inspirat.

Ţin minte că lucra la hărţi geologice, cu stilouri Rotring.

Eram fascinat de ceea ce făcea şi ţin minte că stăteam acolo, în bucătărie, cu el, încercând să înţeleg ce sunt toate desenele alea bizare.

Sigur că şi mama m-a inspirat, mai ales când ne aflam prin ţară şi lucra în laboratorul ei mobil. Eram fascinat de toate eprubetele şi biuretele.

Azi, ca tată, eu nu îi induc fiicei mele vreo urgenţă de a livra ceva, ci ofer siguranţa de a putea alege ceea ce este potrivit pentru ea.

Pur şi simplu încerc să îi arăt / ofer bucuria vieţii, frumuseţea vieţii, în acelaşi timp discutând cu ea despre diversitatea ei, despre tot felul de situaţii care vor apărea în dezvoltarea ei, mai bune, sau mai rele, despre adaptabilitate, flexibilitate şi rezolvarea de probleme.

Pare rigid?

Nu e.

Totul este completat de îmbrățișări și susținere emoțională.

Este extrem de important ca părintele să îi ofere siguranță copilului lui.

Acea siguranță îi va oferi un cadru excelent pentru a ajunge un adult sănătos.

Ce fac adulții sănătoși?

Își oferă siguranță! Reciproc.

Reciprocitatea este un proces incredibil de important în relațiile funcționale.

Chiar cred că a sosit momentul să privim diferit modul în care ne dezvoltăm – chiar nu mai este atât de importantă ideea de a perpetua specia (suntem deja destui), ci ar trebui să ne preocupe mai mult ce fel de oameni aducem în această lume.

Asta înseamnă parenting inteligent, adică formarea acelui SINE sănătos, acel sine care te ajută să faci față cu brio provocărilor vieții.

Or acest sine sănătos conține 8C (mă rog, în limba engleză).

Ei sunt:

1) **compasiunea** – capacitatea de a te conecta și de a înțelege ce simte celălalt, astfel încât să îl poți susține;
2) **curiozitatea** – care te ferește, la propriu, de furie;
3) **creativitatea** – previne plictiseala;
4) **curajul** – de a fi vulnerabil, de a lua decizii etc.;
5) **claritatea** (importantă în procesul de rezolvare de probleme);
6) **conectarea** (cu ceilalți – și coreglarea, aș spune);
7) **calmul** și
8) **încrederea** (*confidence*).

Lângă acești 8 C, se adaugă 5 P. ☺

Zici că suntem la matematică sau ceva...

Aceştia sunt:

1) **prezenţa** (mă gândesc la aici şi acum, la prezent);
2) **persistenţa** (este important să nu renunţi la primul hop);
3) **joaca** (*playfulness*);
4) **răbdarea** (*patience*) şi
5) **perspectiva** (sau viziunea).

Cam aşa arată, cel puţin din perspectiva Internal Family Systems – o formă de terapie – un sine sănătos.

Pentru a atinge acest obiectiv, ar fi OK să luăm în calcul mai ales noi, părinţii (însă vei vedea cât de mult contează şi în relaţiile adulte), trei planuri importante – grijă, ghidaj şi limite sănătoase – în următoarele zone:

1. **Fizic** – aici intră grija corporală (igiena – dinţi, păr, unghii, piele etc), cum se mişcă copilul (sporturile de echipă sunt recomandate), ce mănâncă, ce bea (nu alcool), cum doarme, analizele medicale anuale etc.

2. **Psiho-emoţional** – ce gânduri şi emoţii are.

Apropo – oare câţi dintre noi au fost întrebaţi ce simt? La mine se întâmpla mai ales atunci când păream palid, deci bolnav. ☺

Ţin minte că venea mama, îmi punea mâna la frunte, pentru a-mi „măsura" temperatura, se uita la ochii mei şi mă întreba ce mă doare.

Mi se pare important ca în vremurile actuale să ne conectăm la copiii noştri şi să vedem/aflăm ce simt şi ce cred despre anumite lucruri.

Crede-mă, văd şi simt tot şi, uneori, te pot uimi cu capacitatea lor de a analiza atmosfera din casă.

3. **Intelectual** – să îi insufli plăcerea de a citi, utilitatea limbilor străine, să poţi discuta cu el despre idei, valori, principii, fie ele și nebuneşti, concepte, inovaţii, dorinţe, visuri etc.

4. **Sexual** – inclusiv în această zonă, copilul trebuie să primească informaţii, nu restricţii şi blocaje.

Oare câţi oameni au auzit tot felul de grozăvii despre sex în copilărie?

Oare ce efect au avut acele grozăvii asupra copilăriei lor?

Să-ţi dau un exemplu: la un moment dat am lucrat cu o persoană care a auzit în copilărie că dacă face sex... e curvă. Clasic, patriarhal.

Evident, de la un bărbat. De la tata!

La vârsta respectivă, ea nu avea capacitatea de a analiza sănătatea psihică a emitentului, sau temerile lui.

Şi a luat-o ca atare!

Mai mult, i s-a spus că, dacă va fi prinsă, o să-şi ia o bătaie sănătoasă.

Care crezi că a fost efectul?

Frică! Puternică!

Genul ăla de frică pe care o cari pe umeri toată viaţa.

Nici măcar azi, la muuulţi ani distanţă, persoana cu pricina nu se simte confortabil să stea dezbrăcată, cu lumina aprinsă, în faţa unui bărbat.

Înţelegi cât de dure sunt aceste condiţii de mediu invalidant?

5. **Spiritual** – să poţi să discuţi cu copilul tău despre concepte grele, precum: viaţă şi moarte, Dumnezeu, iad, credinţă etc.

6. **Financiar** – să poţi să-i explici copilului ce înseamnă să munceşti pentru traiul tău, ce înseamnă să se bucure de jobul lui, ce înseamnă să caute ceva care îi face plăcere, cât de important este acest lucru pentru starea sa de bine. Ce se întâmplă dacă va alege banii, dar un mediu extrem de stresant pe termen lung etc.

7. **Relaţional** – să înţeleagă cât de importante sunt conexiunile sociale şi calitatea relaţiilor în economia fericirii unui om.
Şi cam care ar fi limitele în relaţiile cu ceilalţi.

Sună stufos?

Posibil, însă mi se pare că este important să acoperim aceste zone.

Pot să mai existe şi alte zone, însă acestea mi se par principale în creionarea unui viitor adult sănătos şi bine integrat sociocultural.

Întrebare: tu ai avut parte de toate aceste lucruri în copilăria ta?

Eu mi-am făcut această trecere în revistă şi pot să mă declar mulţumit.

În aproape toate cele 7 puncte am avut pe cineva care a fost acolo, cineva cu care am putut discuta.

Iar acest lucru s-a întâmplat mai ales în perioada de dinaintea divorţului părinţilor mei. După divorţ, lucrurile au mai funcţionat bine câţiva ani, chiar dacă a fost mai greu, însă am avut norocul să am antrenori buni, adevărate modele masculine, de la care am avut enorm de învăţat şi două femei – total diferite – de la care am avut de învăţat un adevărat evantai de abilităţi (mama şi o mătuşă a tatălui meu).

În plus, călătorind, pe toată perioada copilăriei, prin ţară, în diferite zone şi sate, am cunoscut tot felul de oameni, am trăit/văzut tot felul de situaţii, care m-au îmbogăţit, care m-au deschis foarte mult.

Ştiu, azi mi se spune că sunt prea sigur pe mine.

Că dau prea uşor acces la anumite lucruri despre care nu se vorbeşte.

Că îmi expun prea uşor viaţa.

Cine decide asta?

N-am nicio problemă să vorbesc despre viaţa mea, despre lucrurile frumoase pe care le-am trăit, despre eşecurile şi dezamăgirile mele, despre durerile mele, despre fricile mele, despre visurile mele.

Deşi par un pragmatic, sunt un visător.

Acum, privind retrospectiv la viaţa mea, mai ales în calitate de psiholog / psihoterapeut (în supervizare), mă pot declara fericit.

Mă pot declara bogat, bogat de / cu viaţă.

Şi mă bucur că mă pot conecta la anumite situaţii cu care se confruntă clienţii mei prin prisma trăirii, nu doar prin prisma cărţilor citite.

Consider că experienţele sunt extrem de importante în viaţa unui om care o apucă pe acest drum profesional.

Nimic nu este la întâmplare în viaţa mea şi mă bucur că pot să fac asta.

Ştiu că mulţi oameni fug de rutină, considerând că este plictisitoare, însă această rutină înseamnă disciplină şi, de ce nu, autocunoaştere, plus limite sănătoase – adică acea abilitate de a alege ce e bine pentru tine.

Uite, hai să ne distrăm puţin şi să analizăm cuvântul „rutină" (*routine* – engl).

R = responsabilităţi – adică acţiunile zilnice pe care le ai în caietul de sarcini al vieţii tale.

Cum stai la acest capitol?

Câte responsabilităţi îţi asumi?

O = *objects* – lucrurile pe care le repeţi şi le menţii în viaţa ta de zi cu zi, astfel încât să-ţi atingi obiectivele propuse.

U = *use of skills* – care sunt uneltele de care te foloseşti pentru a face faţă provocărilor vieţii de zi cu zi (profesional şi personal).

T = tradiţii – aici mă gândesc la cultura organizaţională a familiei tale, la principii şi valori după care îţi ghidezi viaţa.

I = interes – adică în ce direcţie priveşti (care sunt obiectivele tale).

Mi se pare important.

Mai ţii minte legea mea?

„Este important pentru mine ca relaţia să meargă."

Da, ăsta este un interes, o direcţie în care privesc.

N = *novelty* (noutate) – câtă noutate sunt dispus / capabil să aduc în relaţia mea, astfel încât să nu se instaleze plictiseala?

E = *envision a satisfying life* – viziunea ta despre ceea ce înseamnă viaţă satisfăcătoare.

Ce zici? Cum ţi se mai pare rutina acum?

Plictisitoare?

Mai gândeşte-te. ☺

Uite, de curând m-a întrebat cineva cum poţi transforma un pesimist într-un optimist convins.

Am răspuns sec: de ce vrei să faci asta?

Din ce rol încerci să faci schimbarea? De salvator?

Atunci întrebarea ar fi: de ce aş vrea să mă bag într-o dramă care nu îmi aparţine?

Care este sloganul pesimistului?

„Viaţa e de căcat!", „nu merită", „n-are cum să existe ceva bun sau fericire" etc. Variaţiuni pe temă dată.

Înainte să încerci să schimbi un om care vede lumea şi viaţa aşa, n-ar fi rău să te întrebi cum a ajuns la concluzia asta.

Nu cred că în momentul To, adică la naştere, pe masa de operaţie, după ce a auzit instrumentarul ăla care pică pe jos mai mereu, după ce i-au intrat în ochi luminile alea puternice şi şi-a mai luat şi două palme la fund pentru primul 10 din viaţa lui, copilul a spus: „viaţa asta e de căcat, vreau înapoi în mama!"

Nu aşa se formează un pesimist.

Omul ăsta este un om rănit, el a trăit într-un anumit mediu, într-o anumită cultură de familie, într-o zonă (probabil) de lipsuri, de abuz.

Nu a cunoscut binele, iubirea.

Nu a avut ocazia să se bucure prea mult, să se simtă în siguranţă, să simtă că se poate mişca uşor prin lume.

Drept urmare, trăind în mediul în care a trăit (şi aici nu intrăm în zona patologiei, sau a tulburărilor de personalitate), a tras concluziile la care a avut acces.

Pentru ce să încerci să schimbi asta?

E ca şi cum eu aş sta de vorbă cu un client depresiv şi i-aş spune că totul va fi bine!

Ai idee cât de mult este dispus să mă creadă?

Ai ghicit: deloc!

În depresie, omul vede doar negru, nu vede nicăieri lumina de capătul tunelului, nu are soluţii (şi nici starea necesară pentru asta), refuză să facă ceva, deci gândirea pozitivă este cel mai naşpa lucru pe care îl poţi aplica.

Cel mult îl poţi enerva.

Mă rog, nu spun că uneori nu e OK să îl urci din hipo, în hiperexcitare – asta îl poate determina să se mişte (deşi nu aş merge pe strategia asta, ca reţetă), însă nu te va crede.

Nici măcar dacă îi vei oferi exemplul personal.

Am încercat să vorbesc cu ei despre depresia mea.

Uneori, a funcţionat, alteori, nu.

Lasă pesimistul să fie!

Nu încerca să-l schimbi.

Sigur, în meseria mea, asta nu se aplică.

Aş spune: stai alături de omul aflat în depresie, ascultă-l, vorbeşte cu el, conectează-te la golul / suferinţa lui, la lipsa lui de orizont, încearcă să-i desfaci perspectiva deja alterată, bagă şi umor (ăsta mereu are efect) şi ai răbdare.

A nu se înţelege că, automat, toţi pesimiştii sunt depresivi.

Hai să-ţi ofer un mic predictor al depresiei: **dacă observi că persoana de lângă tine încetează să mai râdă, încearcă să priveşti mai atent.**

Simțul umorului este primul sacrificat atunci când apare depresia.

Revenind la schimbare, ea se poate manifesta, uneori, printr-o simplă frază, o frază aparent banală.

Cum ar fi: „*Yey*, am fost la sală!"

Crede-mă, este cel mai mișto lucru pe care îl poți auzi / citi după multe luni de însoțire.

Înseamnă că omul ăla s-a mișcat, a început să facă ceva pentru el, să se vadă, înseamnă că există șanse mari să iasă afară din depresie.

Ce fac atunci?

Explorez acea trăire, acel altceva care a apărut în viața clientului.

Îl susțin să se conecteze la acest nou capitol.

De altfel, există multe studii care indică faptul că sportul este un puternic antidepresiv. Gândește-te așa: după 3-5 luni de sală, când simți că mușchii nu doar te dor, însă sunt și tari, cum te simți atunci când te atingi?

Plin/ă de încredere. Corect?

Să-ți dau un exemplu: eram într-o zi la sală și discutam cu o fată care vine în același interval orar cu mine.

În timp, am început să schimbăm 2-3 vorbe.

Na, așa se întâmplă în sălile micuțe.

Shhh, nu te gândi aiurea, nu e cazul. ☺

La un moment dat, am văzut-o ostenită – făcuse niște fandări complicate (Alexander Florescu, de la Futura Gym, este specialist în asta).

Brusc, ea se întoarce spre antrenor și îi spune:

Ea: – *Mă doare!*

El: – *Fundul?*

Ea: – *Da! E greu.*

În momentul acela m-am gândit să destind puțin atmosfera și am spus:

— OK, înțeleg, însă atunci când îți atingi fesierii sau îi lovești (făcuse asta 10 secunde mai devreme) și auzi că sună de parcă ai fi lovit un zid, cum te simți?

Am văzut-o cum s-a luminat la față, semn că s-a conectat la rezultat, nu la durere.

De asta spun că mersul la sală este o mare victorie în actul terapeutic.

Garantez că, ușor ușor, persoana respectivă începe să facă și alte lucruri pentru ea.

Am văzut asta și la femei, și la bărbați.

Dar să mă întorc la pesimist...

Lasă-l în pace.

Își va găsi persoana potrivită.

Sau nu!

Nu încerca să combini: „viața e frumoasă” cu „viața e de căcat”, sperând că va ieși ceva wow, cum ar fi iubirea. ☺

Nu se va întâmpla!

Schimbarea pesimistului nu e treaba ta, ci a lui, asta în cazul în care crede și simte că are nevoie de așa ceva.

Eu pot să spun că viața merită trăită și am zeci de argumente în această direcție, însă am capacitatea de a înțelege faptul că există oameni care cred diferit.

Și sunt OK cu asta.

Nu înseamnă că trebuie să îi țin pe lângă mine, nu am o asemenea obligație în viață. Însă și dacă se nimeresc, am suficiente sisteme de apărare.

Așa cum îmi tot spune un prieten: „lucrurile sunt simple!”

Așa este. De acord 100%.

Totul depinde de ce alegeri faci.

Cât de sănătoase sunt limitele tale?

Dacă mă întrebi, ca să revin la funcționarea sănătoasă, deci la rezolvarea de probleme, chiar cred că aproape întotdeauna ai de ales.

În viața unui om, cred că sunt puține momente când chiar nu are de ales.

Că are gaură în zona abilităților, produsă de contextele în care a trăit, da, pot fi de acord.

Vorbind la modul general, poți răspunde în 4 feluri la orice problemă:

1. *O rezolvi* (și o să-ți spun imediat ce înseamnă asta)
2. *Schimbi răspunsul emoțional cu privire la situația respectivă* (chiar poți să faci acest lucru)
3. *Accepți radical situația* („este ceea ce este" – asta te ajută să-ți recapeți libertatea și, deci, să reduci suferința)
4. *Alegi să te simți mizerabil – și eventual să agravezi lucrurile* (deci dramă).

Ei bine, dragă prieten/ă, ia-ți câteva minute și gândește-te: tu cum răspunzi situațiilor problematice din viața ta?

Până să intrăm în descrierea pașilor constitutivi ai procesului de rezolvare a problemelor, aș dori să insist puțin asupra răspunsului cu numărul 3.

Acceptarea radicală!

Mamă, cum sună asta!

Rană deschisă, nu alta.

Este evident faptul că nu ne-a învățat nimeni să funcționăm așa.

E greu să accepți că te poți afla în situația în care azi ești bine, sau așa crezi, și în câteva ore, tot feng shui-ul interioarelor tale se trezește mistuit de un tsunami de emoții negative, aproape imposibil de gestionat / dus.

E greu să spui: „s-a întâmplat chestiunea x, ce fac acum?”

Nu eşti chiar atât de bine antrenat astfel încât să activezi imediat rezolvarea de probleme.

Unii au nevoie de luni întregi pentru a procesa ceea ce li s-a întâmplat.

Să-ţi dau un exemplu: infidelitatea!

Şi promit să tratez zona aceasta cu nişte cazuri tari de tot.

E greu să accepţi că ţi s-a întâmplat.

Mai ales când nu te aştepţi să ţi se întâmple. ☺

Din punctul acesta de vedere, nicio persoană, atunci când intră într-o relaţie sau, de ce nu, după nişte ani de convieţuire, nu se aşteaptă să i se întâmple.

Poate doar anxiosul, dar mi-e greu să cred că durează mulţi ani. ☺

Şi poate că asta e problema: iei totul ca mergând strună, fără să verifici.

Sunt de acord.

Se poate întâmpla să nu verifici şi să mergi pe ideea că nu o va face.

Nimeni nu e pregătit pentru aşa ceva, pentru trădare.

Iar după ce se întâmplă, e greu să potoleşti revolta, furia, dezamăgirea, dezgustul, durerea.

E greu să vizualizezi soluţiile, mai ales atunci când eşti pe valul furiei, sau în hăul suferinţei, atunci când, seara, încercând să adormi, îţi vin în gând imagini cu partenerul/a făcând sex cu altcineva.

Însă, oricum o dai, îţi spun un lucru adevărat, de necontestat, pe care l-am văzut/simţit în cabinet în nenumărate cazuri – mai ales în cele de infidelitate, dar şi din experienţă personală: să accepţi realitatea, aşa cum este, fie ea şi naşpa, mai ales când e naşpa, dureroasă etc., este singura cale de a evada din tsunamiul suferinţei.

Şi este, dacă vrei, calea rapidă de a nu pica în vâltoarea negativităţii.

N-are niciun rost să te lupţi cu ceva ce nu poţi să schimbi!

Te îmbolnăveşti aiurea.

Nu ridica sprânceana! Las-o jos!

Acum. ☺

Suferinţa şi stresul ne îmbolnăvesc.

Încearcă să te gândeşti la situaţiile dificile prin care ai trecut în viaţă, indiferent că vorbim despre planul profesional sau cel personal.

Ce ai făcut?

Ai încercat să te împotriveşti realităţii? Da?

S-a schimbat ceva?

Sunt convins că nu!

Nici n-avea cum să se schimbe ceva.

Atunci, nu cumva s-au generat şi mai multe probleme? Şi mai multă confuzie? Şi mai multă suferinţă, deci dramă?

Atunci când ai rămas fără job, de exemplu, încerci degeaba să te lupţi cu asta.

E greu de crezut că vei schimba ceva.

Drept urmare, oricât de mult te deranjează, sau te revoltă, singura variantă este să alegi funcţionarea sănătoasă – adică să rezolvi problema!

Ca să faci asta, trebuie să accepţi faptul că ai rămas fără job.

Este primul pas!

Dă-mi voie să lămurim o chestiune, zic eu, esenţială: acceptare nu înseamnă că eşti de acord! Mi se pare important de punctat acest aspect.

Repet:

ACCEPTARE NU ÎNSEAMNĂ CĂ EŞTI DE ACORD!

Nici în cazul infidelităţii, nici în cazul pierderii jobului, nici în alte situaţii.

Acceptare înseamnă să integrezi un fapt deja petrecut, cu care nu eşti de acord (cine ar fi de acord cu aşa ceva?) şi să decizi ce faci cu el, deci să mergi înainte spre rezolvare.

Pe scurt, să încerci să răspunzi adecvat situaţiei.

Poţi să suferi până mâine-dimineaţă, poţi să pui un milliard de întrebări – fapta s-a produs! Nu mai ai cum să dai timpul înapoi. Nu ai cum să schimbi ceea ce s-a întâmplat.

Singurul lucru bun pe care îl poţi face este să vezi cum poţi să răspunzi adecvat la ceea ce a venit către tine.

Are sens?

Nu spune nimeni că trebuie să-ţi spui: „sunt bine, nu s-a întâmplat nimic"; ar fi o minciună sinistră, însă nici să dramatizezi un fapt de viaţă.

Ştiu ce spun – am trecut prin asta şi am simţit fiecare fior al suferinţei / trădării, fiecare celulă zguduită de nedreptate.

Au fost momente când am plâns, au fost momente când am urlat, au fost momente în care am înjurat / spurcat, au fost momente când am vrut să mă răzbun, au fost momente când am făcut sex cu cine mi-a arătat puţină disponibilitate sau am lovit pereţii etc.

Totul a variat în funcţie de etapa vieţii mele, de momentul când mi s-a întâmplat pocinogul.

Simt că unii îşi vor râde în barbă şi vor spune: „ce fraier, a fost înşelat". Ţinând cont de cifre, care spun că infidelitatea feminină a crescut cu 40% în ultimii 50 de ani, timp în care cea masculină a rămas cam la fel, poate că ar fi bine să nu mai considerăm infidelitatea că fiind un atribut pur masculin.

Ca să revin, ce m-a ajutat să depăşesc aceste situaţii?

Sistemul de protecţie, adică limitele sănătoase!

Plus, evident, experienţele anterioare.

Le-am amintit mai sus, la parenting, îţi aduci aminte?

Ce înseamnă limite sănătoase?

Ce sunt capabil să duc / accept în viața mea și ce nu!

Hai să-ți analizez și acest cuvânt – *boundary* (limită).

Este o abreviere din DBT (Dialectical Behavioural Therapy) – o altă formă extrem de interesantă de terapie care îi aparține lui Lane Pederson.

B – *be aware of yourself* – ooo, cum sună asta – să fii în contact cu tine!

Cam despre asta este tot ceea ce am scris până aici (și ce urmează).

O – *observe* – *others and the situation.*

Observă situația și pe ceilalți.

Extrem de important.

În cazul infidelității, cel puțin, este important să vezi ce face celălalt: este plin de remușcări, îi pare rău, încearcă să repare situația?

Sau, pur și simplu este impasibil/ă, nu are regrete și vrea să treacă rapid peste situație?

În funcție de rezultat/constatare, poți decide încotro să o apuci.

U – *understand your limits and others.*

Mare șmecherie treaba asta.

Să înțelegi care sunt limitele tale și limitele celorlalți.

Iar în viața de cuplu poate să producă foarte multe bătăi de cap.

De ce? Pentru că în foarte multe cazuri aud următoarea formulare: „Da, dar eu nu fac / am făcut asta!"

Iar eu răspund: „Ai dreptate, tu! Dar el/ea nu este la fel."

N – *negociate sometimes* – negociază uneori.

Negocierea ține de acel *win to win* din relații.

Ambii câștigă într-o relație. Ar trebui să o luăm ca pe o lege.

Orice altă formă dă cu minus...

D – *differences exists* – există diferențe!

Uuuu, asta ustură. Nu-i aşa că e greu să accepţi?

Suntem atât de diferiţi, iar situaţiile sunt atât de variate în viaţa unui cuplu, încât chiar şi atunci când poţi băga mâna-n foc pentru celălalt (ceea ce recomand doar metaforic), te poţi frige. Până acolo se duc aceste diferenţe.

A – *always remember your values* – nu uita de valorile tale.

Valorile reprezintă harta noastră internă! Busola!

Şi fac parte din sistemul nostru de limite sănătoase.

Sistemul prin care filtrăm tot ceea ce ni se întâmplă în viaţă.

R – *resilience.*

Se tot vorbeşte despre ideea de a rezista şi mi se pare importantă.

Rezistenţa la factori de stres.

De altfel, se şi spune: „dacă există un eveniment stresant, care nu trece peste noapte şi continuă şi mâine, te afli în dramă."

Gândeşte-te la factorii stresanţi care au existat în viaţa ta.

Cât au durat stările emoţionale intense?

Ştiu, uneori vorbim despre doliu.

Pe de altă parte, dacă ne gândim la rece, ceea ce s-a întâmplat nu s-a schimbat prin suferinţa ta, ci prin ceea ce, la un moment dat, ai făcut, deci...

Y – *your safety comes first!*

Extrem de important. Şi asta ar trebui să fie o lege, atât în relaţia ta cu tine, cât şi în relaţia cu ceilalţi – *siguranţă înainte de orice!*

Ţine minte fraza aceasta! Te va ţine cu boii în grajd şi şindrila pe acoperiş.

Acum îţi propun să-mi permiţi să unesc cele două legi: „este în interesul tău ca relaţia să meargă" şi „siguranţă înainte de orice!"

Se aplică atât asupra ta – ce fac eu, astfel încât relaţia să meargă, şi ce efect are ceea ce fac eu la nivelul partenerului/ei și ce este sigur pentru mine în relație / ce este sigur pentru ea, dar și asupra celuilalt.

Nu subestima nevoia de siguranță!

Și încearcă să o legi de semafor și de culoarea verde.

Nu ți se pare că toate sunt legate?

„Bine, m-ai convins, dar ce înseamnă limitele astea sănătoase?”, mă vei întreba într-un mesaj privat.

Simt că îți stă pe limbă, cum se spune în popor, întrebarea asta. ☺

Ei bine, limitele sănătoase sunt un mix, un cocktail, o sumă de elemente de care ai nevoie pentru a te păstra sănătos: fizic și psiho-emoțional.

Înainte să intru mai adânc în ceea ce înseamnă aceste limite, te rog să-mi permiți să-ți dau niște exemple concrete de limite sănătoase, în relații, firește:

Dacă ești femeie, ar fi bine să fii atentă la:

1. **Cercul lui de prieteni (bărbați) — cam ce fel de oameni sunt?**

Single, în relații, căsătoriți? Sunt gambleri, playeri, consumatori profesioniști de alcool și/sau droguri, sunt disperați după „calificate” (profesioniste), cam pe unde sunt situați din punct de vedere social etc.

Sunt informații prețioase care te pot feri de viitoare neplăceri.

Nu cred că ți-ai dori să afli că următoarea petrecere a burlacilor se va întâmpla în Thailanda, sau la Amsterdam (nu cred că merg până în Japonia pentru turism sexual, deși mi s-a spus că poate fi o idee).

Dacă n-ai văzut *Hangover* (partea a treia, dacă nu mă înșel), te rog să te uiți și vorbim după. Sigur, ca să-ți dau un mic spoiler, nu e obligatoriu ca prietenul / iubitul tău să vină fără un dinte și cu sfincterele lărgite; însă știm foarte clar cam ce se întâmplă la petrecerile burlacilor care se desfășoară în zone cunoscute pentru turism sexual.

Ai nevoie să discuți cu el despre prietenii lui, despre cât timp vor mânca ei din relația voastră și despre ce „activități” de gașcă sunt acceptate și ce nu?

Eu cred că da!

2. Ce relații are el cu femeile?

Atât cu fostele, cât și cu alte femei, în general. Nu cred că îți dorești ca la prima ceartă să afli că a dormit la nu știu ce fostă, cu care, bizar, a rămas în contact și despre a cărei existență nu ți-a povestit.

Crezi că ai putea să duci așa ceva?

Nu-mi spune că ai încheia relația.

Nu ar rezolva problema limitelor sănătoase (sau a absenței lor).

Ce nu se clarifică... se poate repeta, fie și în următoarea relație.

3. Că tot am ajuns la relația cu femeile, n-ar fi rău să vorbiți și despre activitatea de pe rețelele de socializare.

Hai, te rog, nu îmi spune că nu îți pasă.

Inimioarele de pe Instagram au apărut în discuțiile cu clientele mele de prea multe ori pentru a fi simple întâmplări.

Acum, ia gândește-te, dacă n-ar fi fost inimioare, ci like, așa cum se întâmplă pe Facebook, te-ai mai fi simțit aiurea?

Dacă inimioarele alea nu ar apărea în dreptul unor domnișoare care arată total diferit față de tine (adică mai bine), te-ai mai supăra?

Bine ar fi, după părerea mea, să discuți serios cu el despre toate lucrurile acestea și să găsiți un element de pace, ca să zic așa.

Altfel, te vei transforma într-un detectiv care nu va face altceva decât să vadă cui îi dă iubi inimioare pe Instagram.

Dacă aș fi bărbat, m-aș pune în papucii partenerei.

Sigur, eu pot să spun că am o „scuză" – activitatea mea din social media este îmbinată cu meseria mea, așa că se întâmplă să fac schimb de inimioare cu destule doamne și domnișoare, unele ce par desprinse din reviste de modă sau din Playboy (mai nou, OnlyFans).

Norocul meu este acela că am o iubită cu capul pe umeri, care înțelege situația și, mai mult, știe că îmi cunosc bine locul şi că inima mea îi aparţine.

Asta nu înseamnă că nu am discutat despre lucrurile astea.

4. Ce face cu banii?

Cum vede el relaţia, din punct de vedere financiar?

Este implicat 100%, este hotărât, are planuri clare de viață, se descurcă?

Sau trăiește de azi pe mâine și cam băleşte la salariul tău?

Bărbatul de calitate nu atârnă! Este lege!

Așa că dacă vezi prima băluță, în colţul gurii, ar fi cazul să-ţi pui nişte întrebări.

Nu de alta, însă am vorbit cu câteva femei bine situate financiar şi mi-au spus că există „vânători" de statut și averi (vezi serialul *Tinder Swindler* de pe Netflix).

În plus, degeaba are bani, dacă în fiecare sâmbătă îi „face pierduţi" la cazino, la lăutari sau la escorte.

5. Ce relaţie are cu mama.

Cum s-ar spune: cam câtă mă-sa ești dispusă să primești în relația voastră?

Să nu mă înțelegi greșit, e OK să-ţi iubeşti mama.

Ce nu e OK?

Să-ţi trăiască sau să-ţi dicteze ea relaţia. Asta nu e OK.

Mai mult, ar fi interesant să vorbeşti cu el despre cât dă din casă despre relaţia voastră.

Cum unde?

Spre mami!

Ideal ar fi să fie un bărbat echilibrat, care știe că în secunda în care s-a plâns la mami despre tine, tu ai dispărut din ochii ei.

Poți să faci tumbe și bungee jumping de pe podul sufletului ei, ești pa!

Din secunda 1!

Așa că te invit să îi spui foarte clar un lucru extrem de important: conflictele se rezolvă în interiorul relației sau la terapie, nu la mama!

Doar puștii aflați înainte sau la pubertate apelează la mama.

Bărbații își rezolvă problemele în cuplu! Sau la terapeut!

6. Ce faceți cu timpul liber?

Cam când e loc și pentru relație?

Mie nu-mi place ideea de timp liber și am mai spus asta.

Eu cred că ar trebui să fie liber doar atunci când ești singur.

Atunci când te afli într-o relație, cred că este mai degrabă timp pentru relație. Relație și prieteni, nu invers!

Pentru început, dă-i acces la ceea ce-ți place, la viziunea ta despre petrecerea timpului liber. La început de relație ar fi minunat.

Și cere feedback, dar și viziunea lui despre asta.

Nu cred că dai urechile pe spate de plăcere la ideea de timp liber petrecut prin tribunele unor terenuri sintetice, spărgând semințe, alături de alte iubite „fericite", care o ard pisi pe Insta; sau pe malul bălților din jurul orașului, bând bere la PET și așteptând să tragă plătica, mirosind a mititei și ceafă.

Ce zici, crezi că ai nevoie să discuți despre asta?

OK, n-am zis să îi interzici micile plăceri, însă nu ezita să negociezi și plăcerile tale.

7. Sexul

Nu îi lua pe toți bărbații ca fiind ași în sex. Nu sunt! Cum nici voi nu sunteți.

Așa că zona asta este numai bună de discutat și de armonizat. Nu ai idee ce istoric relațional are el, ce a făcut în celelalte relații (nimeni nu dă acces la informațiile astea din primele contacte / cafele), așa că mai bine spui până unde ești dispusă să mergi, decât să ai surprize neplăcute.

Sunt câteva zone în care limitele sănătoase sunt obligatorii.

Atenție mare:

ABSENȚA LIMITELOR SĂNĂTOASE ESTE O INVITAȚIE LA LIPSĂ DE RESPECT!

Dacă ești bărbat, ar fi, de asemenea, câteva zone de explorat:

1. **Relația cu prietenele – cam ce fel de femei / fete sunt?**

Ce statut au? Ce fel de caracter au?

Dacă ea tocmai a intrat în relație cu tine, iar cercul ei de prietene este pe modul single, iar părerea generală despre bărbați este nasoală, un mare trend, de altfel, va fi nevoie să discuți cu ea despre ce efecte pot avea „sfaturile" prietenelor.

Aici ar fi de discutat și cât dă din casă în discuțiile cu prietenele.

Grijă mare!

Suntem bărbați, gândim diferit și putem să le supărăm destul de ușor. Sincer, nu cred că ai chef să iei contact cu privirile ucigașe ale prietenelor ei.

Așa că discută cu ea despre sharing și spune-i foarte clar că ar fi bine ca eventualele conflicte să fie rezolvate între voi, nu între tine și... ele☺

2. Ce face în social media?

Trăim în era Instagram.

Câtă vreme nu este influenkeriță, nu are niciun motiv să pozeze lasciv și să se posteze pentru... inimioare, mai ales când tu ești fotograful, deci ești absent din filtrul ei.

Ar fi util să discuți cu ea despre aceste aspecte, mai ales dacă te deranjează afișajul sexy inexplicabil.

Dacă nu te deranjează și ești genul de masochist care se excită atunci când iubi primește mesaje cu „ke faki?", fie...

3. Care e treaba cu foștii?

Aici le includ și pe femeile care au trecut prin căsnicii, cât și pe cele care te vor pune pe tine în fața altarului. ☺

În cazul în care există un copil sau mai mulți, va exista, evident și un tată, sau mai mulți, deci un management pe plan parental.

Aici ar fi bine să discuți cu ea despre ceea ce poți accepta și ce nu.

Sper să nu te pună băiatul ăla întunecat să nu-i accepți copiii.

Asta nu înseamnă să îi crești. Rolurile și planurile nu se amestecă, ci se negociază sănătos. Aici și ea ar trebui să înțeleagă că își caută un partener, nu un tată pentru copii. Chiar dacă tatăl biologic este absent din peisaj, va fi decizia ta dacă vei dori sau nu să dezvolți o relație strânsă cu copiii ei.

Dacă vorbim doar despre foști, atunci ar fi excelent să discutați despre relaționarea lor. Nu cred că ți-ar plăcea ca la mesele de duminică să fiți 3: tu, ea și fostul!

4. Ce relație are cu bărbații?

În general! Aici ar fi de văzut ce rețea de conexiuni are, ce prietenii are. Atenție mare la prietenii buni... bărbați!

Știu, funcționăm diferit, iar ele pot să spună că există prietenie între bărbați și femei. Și pot avea dreptate. Serios.

Însă noi suntem bărbați, deci cam știm ce e în capul „prietenului".

Discută, discută și iar discută!

Am văzut zeci de cazuri de astfel de prietenii, cu ei având altă agendă decât ele.

De ce este bine să discuţi?

Pentru că în momentele vulnerabile, când tu ai supărat-o cu ceva, ea va putea apela la... el!

Mai departe îţi poţi tu imagina ce se poate întâmpla.

Nu, nu sunt negativist sau paranoic, ci realist.

Spun doar că în momentele de vulnerabilitate, de tristeţe, de dezamăgire, atenţia acordată de cineva apropiat poate duce la altele.

Prevenţia n-a omorât niciodată pe nimeni.

Suferinţa... cam da!

5. Cum vede banii?

Este o femeie care se conectează la voi, cuplul, inclusiv din punct de vedere financiar, sau întotdeauna pare nemulţumită şi îţi spune că banii sunt prea puţini?

Banii înseamnă şi stil de viaţă / cheltuieli.

Dacă simţi că trebuie să tragi cât pentru 3 pentru a-i împlini cerinţele, e posibil să nu fiţi pe acelaşi palier.

Şi n-ar fi rău să discuţi cu ea despre asta.

6. Sexul!

Şi aici este o zonă extrem de importantă, mai ales pentru noi, bărbaţii.

Nu spun că pe femei nu le interesează. Spun doar că e bine să existe şi aici limite sănătoase. În cazul nostru, să îi explicăm cât de important este sexul pentru noi şi să stabilim o conduită, o strategie de funcţionare, care să fie câştigătoare pentru amândoi.

Am scris deja: când se alege praful, praful a apărut întâi în pat.

7. Respectul

Nu o lăsa să te calce pe cap!

Nu o lăsa să te devalorizeze, nu o lăsa să se poarte urât cu tine.

Spune-i foarte clar că, dacă are de gând să te deposedeze de sfânta pereche de ouă, atunci va rămâne singură.

Spune-i că ,dacă nu te respectă..., dispare!

Aici nu există negociere.

Dacă nu este capabilă să te respecte şi să te aprecieze, atunci nu are ce să caute lângă tine.

Uite, un bărbat, într-o şedinţă de cuplu, mi-a spus aşa:

Băi, Andrei, dacă tot sunt atât de naşpa, n-are sens să mai stau lângă ea, nu?

Înseamnă că e mai bine să plec.

Dacă sunt bun, atunci n-are sens să se plângă. Corect?

O gândire masculină tipică. Logică, de altfel.

Dacă sunt naşpa şi te plângi de mine, atunci n-ar trebui să comentezi dacă aleg să închei relaţia, ci ar trebui să te bucuri; iar dacă sunt bun, atunci bucură-te, nu te plânge☺ Simplu!

Pauză, pentru că am ceva important de spus:

ÎN RELAŢII, BĂRBAŢII ÎŞI DORESC CA FEMEIA SĂ NU SE SCHIMBE, IAR FEMEIA ÎŞI DOREŞTE SĂ SCHIMBE BĂRBATUL!

Sunt multe relaţii în care se începe aşa.

Nu prea există multă potrivire, nu crezi?

De ce nu-şi doresc bărbaţii ca femeia să se schimbe?

Pentru că o vor pe cea de care s-au îndrăgostit, pe cea care le-a atras privirile (şi nu numai) din prima secundă.

Ei nu vor ca persoana aia frumoasă, gingaşă, cu vinoncoa', să dispară!

Dacă voiau să se îndrăgostească de o femeie care are o listă interminabilă de plângeri, nu s-ar fi apropiat de tine.

Da, de tine. ☺

Sunt sigur că niciun bărbat nu s-a simţit atras de nemulţumirile tale. ☺

Vezi cât de importante sunt limitele sănătoase în economia stării de bine?

În economia sănătății psiho-emoționale?

Încă ceva – nu mai trata aceste zone diferit.

Ele sunt interconectate și fac parte din sistemul complex numit OM.

De aceea putem vorbi despre limite sănătoase în toate zonele enunțate mai devreme: fizic, psiho-emoțional, sexual, intelectual, spiritual, financiar, relațional etc.

Uite, dacă vrei să verifici dacă ai acest sistem de limite sănătoase – să-i spunem sistem antiaerian de apărare împotriva abuzurilor, scurt protector etc. –, iată câteva semne pe care le poți bifa sau nu:

1. Poți să spui NU fără să te simți vinovat/ă.

Este un prim semn al existenței acestor limite sănătoase.

Să spui NU fără să te simți vinovat/ă înseamnă să te cunoști bine.

Și, fie vorba între noi, îți oferă o oarecare libertate.

Nu ai idee ce greu este pentru o persoană care a supraviețuit făcând pe placul celorlalți să spună NU.

Este cumplit de greu.

Ar prefera să facă orice altceva, decât să spună NU.

2. Ai grijă de propriile nevoi.

În ce măsură ești conectat/ă la propriile nevoi?

În ce măsură ai grijă de acest aspect extrem de important?

Să zicem că ești femeie.

Care este principala ta nevoie?

Să nu-mi spui: de iubire!

Ăla este copilul vulnerabil, care a preluat microfonul. ☺

Nu contest, nevoia de iubire este o nevoie evidentă, însă până acolo, hai să punem carul la locul lui, adică în spatele boilor şi să spunem că principala nevoie este cea de siguranţă!

Ce înseamnă asta pentru tine?

Gândeşte-te!

Concret – de la A la Z.

Aici putem etala un evantai întreg de lucruri care pot intra sub umbrela siguranţei: fizic, psiho-emoţional, sexual, intelectual, financiar, spiritual etc.

Cine îţi oferă această siguranţă?

Dacă răspunsul este „nimeni", ar fi cazul să îţi pui câteva întrebări cu privire la nivelul de satisfacţie din viaţa ta.

Nu îmi spune că eşti singur/ă.

Nu este o explicaţie, ci o scuză.

Dacă ai nevoie de altcineva pentru a te simţi în siguranţă din punct de vedere sexual, ratezi o întâlnire cu principala persoană iubită – TU!

Nu glumesc. La nevoie, este cel mai bun proces de autocunoaştere.

Dacă ai nevoie de altcineva pentru a te simţi în siguranţă din punct de vedere financiar, n-ar fi rău să te întrebi: ce ai păzit până acum?

Dacă ai nevoie de altcineva pentru a te simţi în siguranţă din punct de vedere emoţional, n-ar fi rău să te întrebi: eu unde sunt eu în viaţa mea?

Suntem noi fiinţe relaţionale, însă relaţia principală este cea cu noi înşine.

Şi iar revenim la semafor, iar revenim la ataşament, iar revenim la valori şi sine sănătos, şi iar mă înjuri... ca un copil prea răsfăţat.

Dă-mi voie să destind puţin atmosfera. ☺

La un moment dat, ţin minte că discutam cu o clientă care îmi spunea că simte nevoia de sex.

Dincolo de încercarea de transfer, pe care am observat-o imediat, m-a amuzat sfatul pe care i l-am dat:

Poate că n-ar fi rău să te gândești la o seară plăcută în compania iepurașului din sertarul noptierei. Plus un pahar cu vin roșu. Crede-mă, n-ai idee ce minuni poate să facă sexul cu o persoană iubită (adică o masturbare bună). Mai ales atunci când nu prea mai ai soluții de relaxare. Uneori, nici meditația, nici exercițiile ghidate de respirație nu dau rezultate ca un orgasm. Ăla schimbă toată chimia corpului. Instant!

Sper să nu închizi cartea aici și să mă înjuri.

Pe cuvânt, promit că nu am treabă cu Scaraoțchi. ☺

Nu invoca, te rog, Scripturile...

Masturbarea face parte din procesul de autocunoaștere, deci...

Sigur, nu în exces. ☺

Iar în cazul enunțat, pare că a fost un sfat benefic deoarece, la ședința următoare, starea clientei era mult îmbunătățită.

Ba chiar mi-a spus:

N-am crezut că poate fi atât de ușor.

Ei bine, soluțiile sunt de cele mai multe ori simple și la-ndemână. ☺

Vrei să te simți în siguranță și din punct de vedere fizic?

Și nu are cine să te ia în brațe?

Nicio problemă.

Încearcă următorul exercițiu: pui mâna stangă sub axila dreaptă, iar cu mâna dreaptă îți mângâi exteriorul brațului stâng.

Acolo, în zona tricepsului. Încet, ușor, cu blândețe și calm.

Pe românește spus: te iei în brațe și observi ce se întâmplă, ce ți se întâmplă!

Stai acolo, în starea aia, conectează-te la ceea ce simți în corp.

Dă-ți voie să te iubești și să ai grijă de tine.

3. Eşti tratat/ă ca un egal.

În relaţie, evident!

Este un barometru excelent.

Astfel îţi dai seama dacă eşti într-o relaţie cu un om sau cu o reptilă!

Ce înseamnă reptilă?

O persoană incapabilă să-ţi ofere reciprocitate.

Dacă realizezi că în relaţia ta nu există egalitate – şi aici nu mă refer la fizic, ci la procesul decizional –, ar fi bine să analizezi două chestiuni: ce cauţi într-o relaţie cu un/o narcisist/ă şi cum de nu te afli deja în depresie?

Sau te afli?

Ce caută narcisistul aici? De ce l-am adus în prim plan?

Păi este la el acasă, în sensul că principala lipsă a acestor persoane este simţul egalităţii.

Nici empatie nu are, aşa este, şi nici capacitatea de autoobservare.

4. Spui „Da" pentru că vrei, nu pentru că trebuie.

Analizează cu atenţie formularea asta.

Mi se pare importantă.

Acel „Da" este decizie, nu o obligaţie de care, dacă nu te achiţi, vei suporta consecinţe.

5. Nu eşti responsabil/ă pentru fericirea altuia.

Asta nu înseamnă să oferi nefericire. Nici egoism.

Ar însemna să încalci angajamentele / legile care-ţi guvernează relaţiile.

Înseamnă, pur şi simplu, să-ţi faci partea ta de relaţie.

Aici aş face o mică paranteză – uneori se întâmplă ca unul să înceteze brusc să mai ofere.

Ce face celălalt?

Simte nevoia să acopere golul şi oferă mai mult.

Greşit!

De ce consider că este greşit?

Imaginează-ţi că eşti la volan şi simţi că maşina este înclinată spre stânga.

Ce faci?

Tragi pe dreapta, logic, cobori din maşină şi verifici roţile.

Realizezi că, într-adevăr, roata stângă este lăsată.

Drept urmare, te duci la portbagaj, iei pompa şi începi să umfli mai tare roata... dreaptă, sperând că maşina se va echilibra.

Stop!

Nu ţi se pare nimic ciudat?

Sigur că este! Nu te ocupi de roata potrivită.

Aşa şi în relaţii, degeaba oferi tu mai mult.

Vei sfârşi într-un ocean de ~~spume~~, pardon, de resentimente... cu spume. ☺

Atunci când celălalt încetează să mai ofere, ar fi de preferat să mergi către el/ea şi să explorezi motivele care au produs această răcire / retragere / pasivitate.

6. Înţelegi că este în regulă să-ţi exprimi sentimentele şi emoţiile şi nu eziţi să faci acest lucru.

Cum stai la acest capitol?

Poţi să o faci? Dacă nu, ce anume te opreşte?

Celălalt? Frica de a nu pierde?

Şi atunci? Pe ce se bazează relaţia ta?

Pe liste interminabile de cumpărături şi pe un lanţ luuuuung de TREBUIE?

La ce te ajută aceste limite sănătoase?

Ştiinţa spune că ar fi câteva beneficii: creşte nivelul de asertivitate, nevoile îţi sunt împlinite, respectul de sine are valori ridicate, respectul pentru celălalt / ceilalţi este direct proporţional cu respectul pentru tine (deci creşte), scade nivelul de anxietate şi stres, creşte încrederea în tine, stările conflictuale din relaţiile tale se reduc, comunicarea este mai bună (eficientă), crește și nivelul de siguranță fizică, mentală și emoțională, scade nivelul de furie.

Brusc s-a înverzit pagina asta de carte, nu-i așa?

Parcă am descris ideea de pace, de calm, de liniște.

Fereastră de toleranță sau funcționare optimă!

Pfiu, câtă informație.

Gata, mă pregătesc să închid capitolul, însă mai am două puncte. ☺

Primul ar fi legat de rezolvarea de probleme, mai exact despre pașii necesari acestui proces.

Ei sunt:

1. *identifici problema* (ex: m-a părăsit / trădat),
2. *enunți problema într-o formă de comportament* (ce face în relație cu mine?),
3. *identifici soluțiile posibile* (și alternative),
4. *evaluezi soluțiile identificate,*
5. *alegi o soluție și*
6. *încerci să o implementezi,*
7. *analizezi soluția în funcție de rezultat.*

Nu ești mulțumit/ă de soluția aleasă / aplicată și de rezultat?

Dă-ți voie să alegi următoarea soluție identificată.

Am făcut exercițiul ăsta de nenumărate ori.

Să nu crezi că există foarte multe persoane care pot găsi cu ușurință mai multe soluții posibile la orice fel de problemă.

De cele mai multe ori există doar două: alb-negru, fie-fie, ori-ori. Așa ne ghidează societatea actuală, pe tiparul de gândire dihotomică.

Adică o „splendidă" funcționare în zona distorsiunilor cognitive (gândirea în alb și negru).

Iar procesul de a identifica și apoi de a analiza mai multe variante posibile este extrem de greu. E nevoie de multă răbdare și înțelegere.

Nu închei capitolul fără să-ţi mai ofer o resursă, cred eu, importantă pentru procesul de autocunoaştere.

Deschide o fereastră de Chrome sau Explorer (sau ce browser foloseşti ca să intri pe net) şi tastează www.self-compassion.org.

Este site-ul „păstorit" de Kristin Neff – specialist în compasiune şi autocompasiune.

Şi aici găseşti un test gratuit, ale cărui rezultate îţi vin pe e-mail.

Ce va conţine acel e-mail?

O analiză a celor trei componente ale autocompasiunii: bunătate de sine vs autojudecată; înţelegere socială (*common humanity*) vs izolare; mindfulness vs supraidentificare (adică ce iei la modul personal).

Este un scor care îţi arată cum te porţi cu tine!

Cât de dur te judeci, ce fel de atitudine ai faţă de tine, cât de mult reuşeşti să te înţelegi atunci când o comiţi, greşeşti, eşuezi etc.

Mi se pare extrem de important să exersăm această capacitate de autocompasiune.

Cum se traduce termenul de autocompasiune? Prin bunătate de sine.

De altfel, de multe ori mi se întâmplă să am în cabinet persoane care se judecă foarte tare.

„Sunt o proastă", „nu sunt în stare de nimic", „sunt un cretin", „cine dracu' mă suportă atât de bou?" etc. sunt doar câteva dintre cuvintele pe care le aud.

Ce aud, în realitate, în aceste formulări?

Foarte multă autojudecată, autoblamare.

Iar autoblamarea nu face altceva decât să întărească simptomul.

Când aud despre autoblamare, nu pot să nu plec cu gândul la modelul cognitiv al lui Beck, model ce are în prim plan autoblamarea.

El postulează că după o serie întreagă de evenimente de viaţă negative, indivizii pot ajunge să dezvolte credinţe negative despre ceea ce se întâmplă în viața lor sau gânduri negative în legătură cu cele trei planuri: ei, ceilalți, lume (viitor).

Ce aud prea puțin, spre deloc? Autobunătate.

Ei bine, pentru a putea „potoli” puțin acest dialog agresiv cu sinele, le propun clienților un exercițiu: imaginează-ți că pe scaunul de lângă tine s-ar afla cea mai bună prietenă a ta sau cel mai bun prieten care ți-ar spune povestea pe care tocmai mi-ai spus-o. Povestea ta!

Ce i-ai spune?

I-ai spune: „Da, ai dreptate, ești megaproastă și nu meriți nimic”?, sau i-ai spune: „Hei, stai puțin, nu vorbi așa despre tine. Hai să ne gândim ce s-a întâmplat, bine? Sunt aici ca să te ascult/ajut.”

Aproape în toate cazurile, discursul folosit cu alții este plin de înțelegere și blândețe. Autocompasiunea exact asta reprezintă – să înveți să folosești această înțelegere și blândețe asupra ta, mai ales atunci când ajungi într-o situație delicată.

Este adevărat, uneori este bine să îmbrățișăm eșecul, chiar dacă nu ne convine. Acceptare nu înseamnă să fii de acord, mai ții minte?

Accepți, chiar dacă nu-ți convine.

Este un pas important.

Să lupți cu ceva ce nu poate fi schimbat înseamnă chin și este o luptă care te va seca de resurse.

Tot pe site-ul lui Kristin Neff găsești multe exerciții practice, care te ajută să cultivi această autocompasiune.

Spor!

Până să fim buni cu ceilalți, n-ar fi rău să fim buni cu noi înșine. Nu crezi?

N-ai cum să cultivi încrederea de sine fără să cultivi o relație bună cu tine!

Vei vedea în capitolul următor cât de importantă este această încredere de sine.

Așa cum ți-am spus deja, ea are mare legătură cu acea culoare verde a semaforului interioarelor tale sau, de ce nu, cu acel atașament sigur.

Încă un **exercițiu** și gata, închei acest capitol, îți promit. ☺

Imaginează-ți că ești într-o sală de judecată și te afli în banca acuzării.

Gândește-te bine cine te acuză, cine este judecător, cine sunt martorii și cum te aperi.

Ce argumente ai în favoarea ta și, la final, care crezi că este verdictul?

VINOVAT?

Încearcă să pui persoane reale în acest exercițiu, astfel încât să vezi de unde vine autojudecata atât de mare.

Spor!

CAPITOLUL 2

CUPLUL ÎNCEPE tot CU TINE ☺

Poţi să mă înjuri însă, din nou, chiar cred ceea ce afirm.

Cuplul reprezintă un exerciţiu de a fi TU!

Fiecare relaţie pe care o ai, de-a lungul vieţii, este un exerciţiu de a fi, o creştere, o dezvoltare a ta, dacă vrei.

Chiar dacă acest EU se modifică pe parcursul trecerii anilor.

Dă-mi voie să-ţi prezint un exemplu.

Undeva, prin luna noiembrie a anului trecut, mi-a scris o fată tânără şi fără prea multă experienţă relaţională.

Suferea!

Se despărţise de iubit şi considera că e vinovată, deoarece pe tot parcursul relaţiei a spus ceea ce a simţit / crezut.

El îi reproşa faptul că ea caută ceartă.

Ce îşi dorea el?

O fată supusă, o fată care „să nu îi comenteze".

Considerându-se slabă – semn de autocompasiune scăzută / plus deficit de limite sănătoase –, ea era zguduită de remuşcări şi regrete.

— *Dacă aş fi tăcut din gură, oare ar fi fost mai bine?* *m-a întrebat ea.*

— *Nu! Nu ar fi fost, i-am răspuns eu. Te-ai fi aflat într-o relaţie cu un băiat care te-a anulat, care nu te-a văzut, care nu te-a acceptat aşa cum eşti şi care te-a exclus din orice act decizional. Dacă ai fi tăcut, toată tensiunea, toată frustrarea, toate resentimentele s-ar fi depozitat în tine și e greu de spus cam unde duc lucrurile astea pe termen lung, deși există destule informații, deloc îmbucurătoare. Drept urmare, niciodată, dar niciodată, să nu-ți pară rău, sau să-ți ceri scuze pentru că alegi să exprimi ceea ce simți. Sigur, depinde și cum o faci, dar asta este o discuție separată, deloc simplă. Încearcă să-ți iei ceea ce a fost frumos de la relația asta, analizează și renunță la tot ceea ce a fost nasol și mergi mai departe. Ceea ce s-a întâmplat nu a fost un eșec, ci un exercițiu. Un exercițiu de a fi tu în relații. Mai bună, altfel, data viitoare.*

Asta i-am spus.

Fata se afla la a doua încercare de relație din viața ei și deja își pusese ștampila de „nu sunt bună".

Cam devreme, nu crezi?

Câți dintre noi s-au priceput din prima (sau a doua) la relații?

Așa m-am gândit și eu. ☺

Nu mai spun că a stat într-o relație cu un băiat care avea un nivel suficient de ridicat de narcisism și misoginism, încât viața lângă el să se fi transformat într-un coșmar.

Serios, tu ai accepta să taci, să fii o fantomă?

Să nu fii consultat/ă în legătură cu orice decizie care te / vă privește?

Ce rol ai mai avea în povestea propriei relații? De executant?

Bărbații nu cred că ar accepta un asemenea rol pasiv.

Băieții, da, ar accepta, deoarece sunt extrem de fragili.

N-are rost să menționez faptul că a fost inutil să îi spun că peste câteva luni își va mulțumi pentru că relația s-a încheiat.

Atunci când suferă, când este în hăul ăla al dezamăgirii, când nu vede speranță, persoana respectivă nu te crede.

Poți să îi spui tu până mâine-dimineață că va fi bine, că ar trebui să se iubească și să fie puternică.

Mai mult rău îi faci, decât bine.

Ca atare, în cazurile astea, ai nevoie de compasiune, de răbdare și să o sprijini să treacă prin acest episod, chiar dacă în procesul de ieșire din depresie ajunge la medicație, sau chiar în spital.

Ești acolo!

Fară grabă și fără să-i spui ce faci tu / ce ai făcut într-o situație similară (doar ți se pare că e similară), sau ce ar trebui să facă.

O conectezi la fapte, nu la ce crede că ar fi putut să fie (nu are, oricum, niciun argument care să-i susțină o asemenea abordare) și lași procesul să se desfășoare.

În ritmul ei!

Mi se pare fundamental să înțelegem faptul că suntem diferiți, deci nu avem același ritm.

Vezi cât de ușor ne doboară un eșec, mai ales atunci când nu avem autocompasiunea bine dezvoltată? Și un sistem solid de valori și limite sănătoase?

Am fost și eu acolo.

Îmi aduc aminte de momentul divorțului meu.

M-am simțit îngrozitor.

Și nu pentru că divorțam, ci pentru că, la un moment dat, în copilăria mea, am făcut o promisiune.

Mi-am făcut o promisiune! Mama lor de promisiuni / profeții!

Sunt doar niște otrăvuri cu efect întârziat.

Este o chestiune despre care am vorbit, la un moment dat, într-un eveniment a cărui temă era eșecul.

Evenimentul se numea „I love failure" (iubesc eșecul).

Privind retrospectiv, pot spune că am avut o copilărie foarte frumoasă.

Asta până când relaţia părinţilor mei s-a stricat şi apoi... s-a încheiat, cu scandal.

La vremea respectivă – aveam 8-9 ani – nu am avut capacitatea de a analiza corect ceea ce s-a întâmplat cu adevărat între ei.

Cert este că am asistat la suferinţa progresivă a mamei, iar asta m-a afectat foarte tare. Pur şi simplu nu puteam să înţeleg cum doi oameni deştepţi, doi oameni buni, care ne-au crescut cu grijă, atenţie şi ghidaj, doi oameni pe care i-am admirat, au ajuns să se bălăcărească la tribunal, cu neamuri şi alte persoane implicate.

Ţin minte şi acum disperarea mamei după o zi de proces.

Venea acasă, se prăbuşea într-un fotoliu şi plângea zgomotos.

Cum pot să facă asta? Ce fel de oameni sunt ăştia? spunea ea printre şiroaie de lacrimi.

Vedeam revolta ei şi încercam să-i fie bine, să-i fiu alături, aşa cum ştiam eu la vârsta aia. Care a fost efectul? Am început să-l urăsc pe tata!

De altfel, au fost perioade în care mă băteam cu oricine spunea ceva despre familia mea destrămată. Nu conta că erau copii mai mari. Mă băteam cu ei şi, în multe cazuri, câştigam.

Realizezi cam câtă furie aveam în mine?

Mai mult, la şcoală spuneam că tata a murit!

Eram pur şi simplu furios, revoltat, pe durerea pe care tata i-o produsese mamei.

Şi nu aveam acces la varianta lui.

Fix în perioada aia, mi-am spus: „eu nu o să fac niciodată asta!"

22 de ani mai târziu, ghici ce...? Mă aflam în pragul divorţului.

Eşecul suprem? Normal.

Nu am suferit pentru separare şi, câţiva ani mai târziu, pentru divorţ.

Am suferit deoarece mi-am încălcat promisiunea făcută mie!

M-am trădat pe mine!

M-am simţit ruşinat şi vinovat!

Eram total dezamăgit şi furios pe mine.

Autoblamare? Au urmat mulţi ani.

Înţelegi cât de tare atârnă aceste autoprofeţii?

Numai că, azi, privind în urmă, realizez că au existat câteva erori în proces, în evaluare☺

1. Atunci când mi-am făcut promisiunea, am fost extrem de vag în formulare.

Am spus: „eu nu o să fac niciodată asta", însă nu am definit concret „asta". ☺

Ce ar fi însemnat?

Eu nu o să divorţez niciodată?

Eu nu o să divorţez niciodată cu scandal?

Privind la starea de furie pe care o aveam atunci, pot spune că varianta B a fost cea corectă.

2. Oare chiar a fost un eşec?

Oare chiar mi-am încălcat promisiunea?

Sau am reuşit să rup lanţul?

Conectându-mă la fapte, azi pot să spun că nu a fost un eşec.

Divorţul meu nu a fost cu scandal, ci a fost unul paşnic, pe cale amiabilă, cu zâmbetul pe buze (chiar se poate).

Asta înseamnă că nu am repetat ceea ce a făcut tata.

Sigur, nu spun că divorţul este o joacă. Departe de mine! Ar fi o minciună.

Divorţul este un episod extrem de greu în viaţa oricărui om.

Spun doar că mă bucur că am reuşit să divorţez cu succes.

Chiar cred că există divorţ de succes.

Cum s-ar descrie acest succes?

Prin faptul că am reuşit să fim adulţi şi să cultivăm o relaţionare pe planul corect – adică pe planul parental, astfel încât fiica noastră să nu treacă prin ceea ce am trecut eu în copilărie.

Mai mult, am rămas prieteni, ceea ce mi se pare extraordinar.

Vezi? Uneori nu doar cuplul este important, ci şi cum gestionăm lucrurile după ce cuplul dispare.

De ce am început astfel acest capitol?

Tocmai pentru a-ţi arăta faptul că, uneori, pe parcursul vieţii, putem să ne facem promisiuni prea vagi şi, de ce nu, putem să facem evaluări sau analize, la fel de vagi.

Ca o concluzie, pot spune că şi suferinţele pot fi tot vagi, deşi dor rău.

Poate tocmai de aceea dor foarte tare!

Pentru că sunt extrem de vagi şi nu găsim sensul, natura, sau miezul lor.

De aceea avem nevoie de această autocompasiune, de această bunătate de sine, pe care să o învăţăm şi apoi să o aplicăm / exersăm, pe parcursul vieţii.

Cu cât mai devreme, cu atât mai bine.

Cu cât suntem mai duri şi mai rigizi cu noi înşine, cu atât ne îndepărtăm de acea zonă de funcţionalitate prielnică iubirii (şi mă refer şi la iubirea de sine), adică de fereastra de toleranţă.

Ce înseamnă cuplu?

Cuplul începe cu și de la tine!

De la tine şi spre tine, ca să respectăm cu sfinţenie principiul reciprocităţii, vital pentru formarea relaţiilor sănătoase.

Fie, mai accept o înjurătură... ☺

Vinul îl vei da tu atunci când ne vedem. ☺

Şi mai începe cu ceva: cu acel mix de informaţii care ţi-au format ideea de cuplu.

Să nu mă înţelegi greşit, bineînţeles că şi celălalt contează, în egală măsură.

Însă, la bază, cuplul este un exerciţiu de a fi tu.

În relaţie cu tine şi cu stările tale, în contextul existenţei tale în proximitatea celuilalt. Şi viceversa.

Atunci când vorbesc despre cuplu, mă gândesc la părinții mei și la pozele de familie. Acolo există două tipuri de poze cu ei – un set de poze în care mama și tata erau îmbrăcaţi elegant, în sufragerie, lângă vitrina cu flori de mină (roci), însă nu astea îmi vin primele în minte (un fel de Instagram din anii 1980), ci un set de poze din tinerețea lor, de când se aflau în facultate.

Ţin minte că tata arăta ca un bad boy al acelor vremuri: purta jeanşi evazaţi, maiou şi favoriţi.

Nu chiar ca Elvis, ci mai degrabă o combinație de Elvis și James Dean, însă era cool pentru anii 1960—1970.

Două poze îmi sunt vii din acel set: una în care tata o ţinea pe mama pe o mână, foarte romantic, aplecată, aşa, de parcă ar dansa (mama pur și simplu este abandonată total în proximitatea lui) și altă poză în care tata o ţinea pe mama în braţe, pe la spate şi parcă o mirosea pe gât, timp în care mama avea acea faţă a unei femei care se află în deplină siguranţă în braţele bărbatului iubit.

Sunt pozele care au construit imaginea mea de cuplu!

Asta înseamnă reprezentarea romantică a iubirii pentru mine. Tiparul meu romantic.

Nu filmele cu Alain Delon, nu cărţile citite, nu romanele de Dumas, nu poveştile sau, mai târziu, revistele. Nicidecum, dar nicidecum, pornografia!!!

Sigur, toate informaţiile contribuie la construcţia ideii de cuplu pe care o are o persoană. Pentru mine, însă, aceste două poze sunt elementul-cheie!

Ele mi-au arătat cum au fost EI înainte să apărem în peisaj, eu şi fratele meu.

Acela era cuplul lor!

Cum arată cuplul meu?

Abia acum, când scriu aceste rânduri, am corelat pozele părinţilor mei cu un obicei pe care îl am: ador să o miros pe gât pe iubita mea.

Jur că am văzut de nenumărate ori pozele cu părinţii mei, însă niciodată nu am făcut o corelare între ei şi mine, între ceea ce făcea tata şi ceea ce fac eu.

Acum, ia gândeşte-te la pozele tale de familie... ce ai văzut?

Există indicii care să te ducă cu gândul la propriul tipar romantic?

Încearcă, este posibil să ai acel moment de a-ha. Eu l-am avut şi a fost incredibil.

Revin la cuplu: ce înseamnă el? Celula de bază a unei familii.

Adică, în primul rând sentimente şi sex!

Ţine minte trei cuvinte: sentimente şi sex. ☺

Nu te grăbi să-mi spui că sunt superficial. Nu te grăbi să-mi vorbeşti despre iubire, respect, încredere etc.

Fără atracţie, dorinţă şi conectare, celelalte nu ajung să fie sau nu pot să ţină mult.

Ia o pauză (din nou) şi gândeşte-te la relaţiile tale...

De unde au pornit crizele?

De unde au apărut infidelităţile?

Unde s-au rupt?

„Este spre interesul meu ca relaţia să meargă" înseamnă în primul rând sentimente şi sex. Adică dorinţă şi conectare.

Poţi analiza şi în cheia asta.

Ştiu, pare complicat ca după 10-15 ani să-ţi doreşti iubita ca în prima zi.

Cel puţin teoretic, poţi să spui că o cunoşti destul de bine.

Oare? Ai idee care sunt fanteziile şi dorinţele ei ascunse?

Ai idee până unde poate să meargă cu joaca?

Valabil şi invers!

Crezi că îl cunoşti? Eşti sigură? Ai încercat să verifici siguranţa asta a ta?

Sau ai avut grijă să i-o blochezi de la bun început?

La capitolul ăsta, m-am plictisit de câte ori am auzit formularea: „am crezut că îl cunosc".

Nu, nu îl/o cunoşti. Niciodată nu poţi spune despre un om că îl cunoşti.

Te minţi dacă spui asta. Minţi relaţia dacă spui asta, îţi minţi relaţia.

Ce poţi să cunoşti în timpul unei relaţii?

Partea de curtare, atunci când totul este wow, sau pare wow.

Chimic vorbind, doar pare. ☺

Apoi partea de acomodare / obişnuinţă, când încep să apară şi defectele, eventual partea plictisitoare, atunci când lucrurile vin „de la sine" şi, din păcate, partea aia naşpa, atunci când celălalt îşi mută atenţia în altă parte şi nu îi mai pasă.

Am lucrat şi lucrez în continuare cu toate şi, de fiecare dată când s-a ajuns la mutarea centrului de interes în altă parte, am fost întrebat:

— *Cine este omul ăsta? Nu îl recunosc!*

— Nici n-ai cum! Partea asta nu ai văzut-o. Acum o descoperi. Este acea parte total dezinteresată, acea parte deconectată. Partea care nu mai dă doi bani pe tine.

Ai trăit vreodată aşa ceva? Eu da!

Asta este, uneori se poate ajunge şi la o asemenea situaţie în relaţii.

Am trăit-o pe pielea mea, uneori, şi ştiu cum e.

Am şi aplicat-o (ca să nu crezi că sunt vreun sfânt, sau ceva).

Hai să-ţi spun ce se întâmplă cu femeia (din ce am cunoscut eu), atunci când îşi mută atenţia spre un alt bărbat.

1. **Nu-ţi mai dă acces la atingeri şi sex** – deci elimină elementele constitutive ale cuplului. Criza începe în pat, mai ţii minte?

2. **Devine irascibilă** – nu îi mai convine nimic, îţi arată că nu mai eşti important, te face să regreţi şi aerul pe care-l respiri.

3. **Începe să se retragă şi din comunicare** – totul devine sec şi monosilabic. Îţi „dă tăcere"!

Unii îi spun acestui concept *wave of distance*.

4. **Se poate întâmpla să stea mai mult pe telefon** şi să o vezi adesea zâmbind când face asta (cu tine nu mai zâmbeşte, poate, de ani întregi). Nu e neapărat în depresie, însă tu ai şanse să ajungi.

5. **În anumite contexte, mai ales de noapte, începe să-şi schimbe vestimentaţia** (brusc îşi pune hainele de „scandal") – miza, viaţa, se mută în afara vastelor apartamente.

6. **Nu pare să mai fie interesată de activităţile comune** – ce sens ar avea?

7. **O comite** – adică iese în decor (uneori) şi apoi, fie pasează decizia încheierii relaţiei către tine, fie aşteaptă să repari... tu! Semn că oricum relaţia e pa!

8. **Devine activă, uneori prea activă în social media!**

Că tot trăim în era disponibilităţii la secundă.

Apropo, te-ai întrebat care este rolul selfie-urilor sexy?

Ei bine, ele sunt un motor pentru „mating", adică pentru a atrage parteneri de sex masculin. Potrivit studiilor, ele sunt mai des întâlnite în cazul ţărilor în care inegalitatea socioeconomică este mare (cam ca la noi). Aşadar, recomandarea mea este ca, dacă o vezi că începe, brusc, sau progresiv, dar nu pe o perioadă lungă de timp, să se „arate" sexy şi disponibilă, să te gândeşti că îşi doreşte să te schimbe cu altcineva.

Şi când te gândeşti că există destule cazuri în care fix EL este fotograful. ☺

Selfie-urile sexy vin la pachet cu followeri şi cereri de prietenie de la tot felul de domni, pe care le acceptă pe bandă rulantă.

Se numeşte maximizarea opţiunilor de mating. Sau, pe scurt, casting.

Sunt doar câteva lucruri pe care le-am observat şi pe care le-am auzit şi de la bărbaţii cu care am lucrat.

Când ajungem la infidelitate, vei vedea care sunt diferenţele dintre bărbaţi şi femei.

Să te ţii bine – sunt fundamentale şi produc un evantai de probleme.

Asta înseamnă cuplu – sentimente şi sex! Punct!

Cele două formează baza.

Apoi vin valorile și principiile de viață, obiectivul comun și alți factori.

Ele asigură drumul către longevitatea cuplului.

Vezi de ce afirm că ideea de cuplu începe cu tine?

Hai să facem un exercițiu de imaginație – ți s-a întâmplat vreodată ca în relațiile tale să discuți cu celălalt despre: grijă, ghidaj și limite sănătoase în zonele indicate în primul capitol?

Sunt câteva chestiuni extrem de importante, numai bune de explorat, atunci când decizi să începi o relație.

Însă, până să ajungem acolo, ar fi interesant să-ți răspunzi la întrebările:

„Eu pe cine vreau să iubesc?"

„Eu pe cine vreau să-mi bag în viață?"

Sunt două întrebări foarte importante.

Dacă procesul tău de autocunoaștere (sau dezvoltare personală) este bine construit/integrat/aplicat, șansele să intri într-un megacoșmar sunt mai mici.

„Și cum îmi dau seama ce om îmi bag în viață?", mă vei întreba.

Răspunsul nu este simplu, însă dă-mi voie să îți spun cum fac / aș face eu: nu mă grăbesc, dau timp, rămân curios și culeg informații.

Informații extrem de importante pentru o eventuală relație.

Vei spune că sunt dus cu capul, însă îmi asum acest exemplu, zic eu, haios și important: dacă aș fi single și aș ieși cu o doamnă, dincolo de toate complezențele (știi tu, alea cu flori, fete și băieți), i-aș pune o întrebare simplă, dar superimportantă:

Cum faci atunci când te enervezi?

Ce îmi doresc să aflu punând întrebarea asta?

Modul în care gestionează stresul. Mecanismele de coping, ca să mă exprim în termeni psihologici.

Scuze dacă am scăpat puțin apret în paharul tău cu vin sau de Aperol. ☺

Chem imediat ospătarul...

Dacă persoana respectivă dă ochii peste cap și spune: *euuuuuuuuuuuuu? Păi să nu-mi stai în față, că arunc după tine cu ce-mi vine la mână și te spurc graaaaaav*, e clar că există destulă instabilitate în zona controlului emoțiilor și mai bine ar fi să-mi iau o pisică ☺, decât să aleg să văd ce obiecte pot zbura pe lângă urechile mele clăpăuge.

Sunt conștient că pisicile sunt niște câini fără conștiință, însă ele măcar se retrag la un moment dat. ☺ Au o doza sănătoasă de bun-simț. ☺

Dacă ești femeie, te sfătuiesc să nu treci peste această întrebare.

Sunt mulți bărbați care au probleme serioase cu gestionarea a două emoții: rușinea și vina!

Există foarte mulți bărbați impulsivi.

Drept urmare, fă-ți curaj și întreabă-l cum face când se enervează!

Dacă îți spune: „ooo, văd negru în fața ochilor, mă pierd" etc., fugi!

Oricât de bine situat social este, oricât de „suflet de vioară" ți se prezintă – am auzit argumente de genul: „fac acte de caritate", „mă dezvolt personal", „citesc cărți de psihologie" (asta chiar mă scoate din sărite, pentru că la terapie nu ajunge) etc., dacă îți spune că vede negru... fugi! Tare! Și fără regrete!

Nu înseamnă că pierzi ceva, ci că ai grijă de tine! Că te iubești! Iar eu te felicit pentru alegere.

Asta înseamnă iubire de sine: să nu te bagi în gura lupului (sau în coșmarul altora).

Să iei decizii care să-ți păstreze integritatea fizică și psiho-emoțională.

Atenție!

Toate lucrurile astea ar trebui să se întâmple înainte să pornești motoarele îndrăgostirii!

Dacă le-ai pornit înainte să culegi informații... atunci vei ajunge să trăiești această lipsă de informație.

Din păcate!

Iar rezultatele pot îmbrăca tot felul de forme.

Mai sunt câteva criterii importante de selecţie:

1. Din ce mediu provine. Cam ce atmosferă a avut în casă?

A fost linişte, armonie, pace? Sau a fost război?

De unde şi-a luat iubire?

De la cine?

Nu şi-a luat?

Atunci ar fi bine să te întrebi: ce poate oferi în relaţia cu tine?

Genul acesta de informaţie îţi va arăta ce nivel de anxietate s-a instalat în corpul lui/ei încă din fragedă pruncie.

2. Ce tehnici de disciplinare i s-au aplicat?

Este un adult sănătos sau un copil vulnerabil?

Dacă-ţi spune că are stima de sine scăzută, sau nu are încredere în el/ea, atunci se poate să apară în peisaj: ruşinea, vina, sentimentul că nu e suficient de bun/ă şi teama de eşec. Din nou, putem vorbi despre funcţionare în roşu, sau galben, deci o fereastră de toleranţă mică. Sau o.

Riscant! Ai chef de dramă?

3. Cum stă la capitolul consum: de alcool, droguri, shopping, jocuri de noroc, sex?

Mai ales la bărbaţi, deşi n-aş ţine femeile departe de substanţe.

Mai ales în vremurile acestea postpandemie.

Toate aceste lucruri sunt prezente în viaţa noastră de zi cu zi.

Le aud frecvent.

Şi nu sunt deloc de luat în râs sau să considerăm că nu sunt importante...

Am văzut ce înseamnă persoane care trăiesc lângă parteneri care sparg toţi banii familiei. Tristeţe, depresie, furie, dezamăgire etc. Sunt toate acolo.

Am văzut ce înseamnă persoane care trăiesc lângă bărbaţi care au probleme cu alcoolul. Crede-mă, atâta anxietate sau resemnare nu ţi-a fost dat să vezi.

4. Ce istoric relaţional are?

Şi aici este important să vezi care e treaba cu persoana din faţa ta.

Este o persoană care are trecutul aşezat şi integrat sau este o persoană care musteşte de frustrări şi resentimente?

Dacă eşti bărbat şi ieşi la un vin cu o femeie, iar ea îţi spune că nu are încredere în bărbaţi, păstrează-ţi calmul şi întreab-o: şi atunci de ce ai acceptat să ieşi cu mine? Ce rol aş putea avea eu în viaţa ta?

Dacă eşti femeie şi ieşi la un vin cu un bărbat, iar el îţi spune că a fost înşelat în mod repetat şi că femeile sunt... (completezi tu aici), n-ar fi rău să-l întrebi: şi care crezi că este rolul meu aici? Ce aşteptări ai de la mine?

Nu sări la fenta victimizării.

Te rog, ia mâna de pe halatul de salvator... acum! ☺ (Credeai că nu te văd / simt?)

Atenţie mare la mesaje!

Ele sunt acolo, de cele mai multe ori din prima.

Exersează rolul de observator.

Nu te arunca, din punct de vedere emoţional, cu capul în necunoscut.

Păstrează-ţi rolul de persoană curioasă, de persoană dornică să aprofundeze, de persoană deschisă... asta în cazul în care disperarea de a avea pe cineva nu este la cârmă. Atunci, dă-mi voie să-ţi spun că şi şansele să devii victimă cresc.

Istoricul relaţional este important.

Dacă este o persoană, să zicem, de 40 de ani, dar care n-a avut nicio relaţie mai lungă de 4-5 luni, n-ar fi rău să-ţi pui un semn de întrebare.

Pe bune, chiar niciodată? Mi-e greu să cred că a fost vorba doar despre ghinion.

Uite, la un moment dat am lucrat cu o femeie, tânără şi energică, de felul ei. Smart şi ageră la mişcări şi vorbire. ☺

Tocmai ieşise dintr-o relaţie şi nu ştia încotro să o apuce şi cum să găsească pe cineva.

I-am spus aşa:

— *Încearcă să priveşti interacţiunea cu ei din rolul de observator.*

Pune accent, în primul rând, pe cum te simţi în proximitatea lor, ce anume îţi spune corpul.

Apoi, vezi exact ce mesaje îţi transmit.

Câteva şedinţe mai târziu, a venit cu un zâmbet laaarg.

— *Andrei, l-am găsit.*

— *Felicitări, cum ai reuşit?*

— *A funcţionat rolul de observator. Ştii cum mi-am dat seama cum e el?*

— *Sunt doar urechi.*

— *Pur şi simplu am simţit că nu vrea să-mi vândă nimic. Nu s-a lăudat, nu şi-a pus cheile de la maşină pe masă, telefonul etc. A fost el şi a părut interesat mai degrabă de mine şi de viaţa mea.*

Am felicitat-o pentru alegere.

Apropo, tu pe ce criterii te-ai bazat atunci când ai concluzionat că n-ar fi rău dacă...?

Te întreb, deoarece, din ce am observat la evenimentele despre dating, criteriile sunt cât se poate de vagi, ca să nu spun superficiale. Dacă tot am ajuns la criterii de selecţie, îţi propun să facem un pact: eu îţi propun câteva şi tu îmi spui dacă le-ai aplicat în relaţiile tale☺ Bine?

Studiile indică următoarele criterii, evident, în cazul relaţiilor de lungă durată: bunătate, loialitate, stabilitate emoţională (doar nu credeai că întreb degeaba cum face la nervi), să ştie să se certe eficient, să aibă capacitatea de a lua decizii dificile (este nevoie de timp pentru a verifica această zonă), flexibilitate, mentalitate de creştere şi, ultimul, ce anume este capabil/ă să scoată din tine. Analizează-le cu atenţie şi vezi în ce măsură aceste criterii au apărut în relaţiile tale.

5. Cum rezolvă conflictele?

Există deschidere spre a accepta și altă opinie?

Sau vorbim despre: „ca mine, sau deloc"?

Dacă există deschidere, ar fi interesant să discutaţi despre asta, eventual să-i prezinţi o situaţie concretă din viaţa ta – toţi avem o asemenea situaţie; pentru a vedea cum se integrează şi ce perspective îţi poate oferi.

Să fim serioși, în cele mai multe cazuri, oamenii cu care interacţionăm sunt oameni OK, însă...

Ar fi, totuşi, bine să fim atenţi şi conectaţi.

Una e să fii OK la o cafea și alta e să fii OK 10 ani în relaţie, cu facturi, responsabilităţi și măcar un suflet care-și cere nevoile, indiferent că ai chef sau nu (un copil, fireşte) ☺

6. Ce părere are despre relaţii? Cum vede rolurile dintr-o relaţie?

Ce părere are despre conviețuire, despre sarcinile din casă?

Este important să intri în contact cu viziunea lui/ei încă de la început.

Sigur că unii pot să-și pună măști pentru a-ți câștiga încrederea, adică pentru a te determina să te îndrăgostești de ei, însă atunci când încep să-și arate fața, ar trebui ca și tu să începi să-ți pui întrebări și chiar să iei în calcul ieșirea din relaţie (limite sănătoase, mai ţii minte?)

7. Ce părere are despre bani şi familie?

Un alt aspect extrem de important.

Un alt aspect care, gestionat prost, se poate transforma în predictor de divorţ.

8. Ce părere are despre sex / infidelitate?

Ce ești dispus/ă să faci cu viața ta sexuală?

Este o întrebare care n-ar trebui să lipsească din procesul de cunoaștere / tatonare!

Sau, dacă vrei: ce facem cu viața noastră sexuală?

Și nu aia de după prima, sau a doua, cafea; ci cu viața noastră sexuală de peste ani și ani.

Sexul ne conectează!

Sexul ne ţine împreună.

Sexul ne oferă starea aia jucăușă, calmul necesar unei funcționari sănătoase.

Mai mult, discută despre infidelitate. Nu toată lumea vede lucrurile la fel.

Conectează-te la perspectiva lui/ei și încearcă să vezi dacă o poți accepta, sau nu. Altfel, să intri într-o relație fără să cunoști ce părere are celălalt despre infidelitate e ca și cum ai intra într-un câmp minat fără detector de mine.

Degeaba suferi după, dacă ai ales să nu vorbești despre asta la început.

9. Cum vede vacanțele, ieșirile cu prietenii, timpul liber?

Din nou informații importante. E complicat, știu.

Însă cine spune că este un examen grilă?

Nu este.

Pur și simplu vorbim despre procesul de explorare reciprocă.

Cu calm, interes, implicare și curiozitate.

Din păcate, cei mai mulți dintre noi se lasă pradă dorinței și omit total culegerea de informații. Și se trezesc prinși din punct de vedere emoțional, fără să știe mai nimic despre celălalt. Mai târziu, lucrurile încep să se arate, defectele / colții încep să se vadă și euforia, mirajul, iluzia de la început se transformă, încet, încet în frustrare, dezamăgire, autoblamare etc.

Cuplul nu este ceva simplu! Chiar deloc.

Aşa cum ţi-am mai spus, vorbim despre o construcţie în continuă mişcare, ceea ce înseamnă că trebuie să ne conectăm permanent, să fim flexibili şi să ne adaptăm la tot felul de situaţii care pot apărea.

Că tot am ajuns la **flexibilitate**, dacă mă întrebi pe mine, nu ar trebui să fie ceva de negociat. Nu ai voie să laşi de la tine!

O persoană inflexibilă, deci rigidă, îţi va face viaţa un iad.

Valabil şi pentru tine, în cazul în care nu ai flexibilitate.

Ce înseamnă flexibilitate şi cum o testezi?

Simplu, aşa cum am spus la punctul 5, încerci să vezi dacă celălalt este capabil să accepte şi o altă părere, diferită şi cum procesează asta.

Dacă te pune necuratul să intri într-o relaţie cu un om care nu acceptă o altă părere, ai pus-o rău. Nevoile tale nu vor fi niciodată împlinite şi, dacă mă gândesc bine, nici nu vei avea loc să le exprimi.

Nevoile tale vor fi decise de celălalt, spre „fericirea ta", bazându-se pe ceea ce crede el că ai avea tu nevoie, nu pe adevărul tău.

Ce înseamnă inflexibil şi rigid?

Faptul că omul respectiv face la fel, indiferent de context, dar şi de rezultate.

Nu cred că îţi doreşti aşa ceva, nu-i aşa?

Eu sigur nu-ţi doresc un asemenea coşmar.

Cineva chiar m-a întrebat de curând pe Instagram: „Şi dacă se întâlnesc doi oameni inflexibili, ce iese?"

„Război!" i-am răspuns eu.

Nu prea are cum să iasă altceva.

Sau, de extenuare, cineva va renunţa la luptă şi se va supune.

Să-ţi dau un exemplu: la un moment dat, am fost sunat de un domn.

Un domn bine plasat din punct de vedere social, un domn care, după ani de relație, în care s-a axat mai degrabă pe carieră / bani, a avut o epifanie și a schimbat macazul.

Brusc, realizând cât de importanți sunt soția și copilul lui – cuplul și familia –, el a început să fie implicat, partenerul la care visează orice femeie.

La un moment dat, când am discutat cu amândoi, pare-se că a și reușit, deoarece ea mi-a spus:

Nu cred că aș putea să-mi doresc altceva de la un bărbat. Îmi oferă tot ceea ce am nevoie, pe toate planurile. Nu am avut niciodată parte de așa ceva. Pare ireal, dar este viața noastră.

Soția era fericită. Radia total.

Iar relația lor era (și este) una foarte mișto, amândoi fiind deschiși spre a-și betona cei doi stâlpi care constituie cuplul: sentimentele și sexul!

Și vorbim despre doi oameni care se află împreună de mulți ani.

Și care nu ezită să-și ofere joacă, nou, frumos, conectare, bunătate etc.

„Și ce căutau la tine?", vei întreba.

Aveau temerile lor.

În jurul lor nu existau tocmai modele de cuplu de succes, o mare problemă socială, dacă mă întrebi pe mine.

Mult fals, multe minciuni, prea mult fard, formă fără fond, cum s-ar spune.

Și da, atunci când în jur vezi haos, te cam apucă anxietatea. ☺

Drept urmare, cumva, nu știau să-și gestioneze acest *bine*.

Se temeau că se va pierde la un moment dat.

Eu m-am bucurat enorm că am reușit să lucrez cu ei, că m-au ales.

A fost o experiență interesantă pentru mine.

Nu te speria, le-am cerut voie să scriu aici despre relația lor.

Oricum, după cum vezi, nu dau detalii.

Chiar şi aşa, privind din afară, deşi cuplul pare a fi unul ideal, pot să-ţi spun că şi ei au avut sincope (ajungem acolo mai târziu).

De altfel, ar fi necesar să fim sinceri şi să spunem adevărul: este normal ca într-un cuplu să apară şi crize, şi conflicte!

Întrebarea este ce facem cu ele?

Alegem să schimbăm partenerul/a?

Sau alegem să ne adaptăm şi să NE schimbăm NOI?

Sunt două lucruri fundamentale pe care ar trebui să le ştim:

Dacă eşti bărbat, nu o lăsa singură – cu sarcini, dorinţe, gânduri, plăceri, emoţii, responsabilităţi etc.

Dacă o faci, ea se va stinge şi nu e exclus să se aprindă, la un moment dat, în altă parte.

Dacă eşti femeie, nu-l ţine constant în ruşine şi vină. Adică mai subţire cu reproşurile, controlul şi nemulţumirile.

Bărbaţii care nu pot gestiona ruşinea şi vina (deci şi sentimentul că nu sunt suficient de buni şi teama de eşec) fie vor pleca din relaţie, fie vor deveni agresivi, verbal şi fizic; fie vor cădea... în ei, deci în depresie.

Dacă alegi strategia asta, nu îl vei controla, ci îl vei pierde.

Asta vrei? Să ai lângă tine un bărbat depresiv sau agresiv?

În plus, încearcă, pe cât posibil, să nu îl ţii pe uscat, cum se spune, adică fără sex!

Şi aici ajungem din nou la ceea ce indicam la parenting, adică la grijă, ghidaj și limite sănătoase în zone precum: fizic, psiho-emoţional, sexual, intelectual, financiar, social, spiritual etc.

Să ne imaginăm că ne-am cunoscut, ne-am plăcut şi punem la cale demersul de a scrie o poveste împreună, okay?

Buuun!

Imaginează-ţi că stăm în faţa unui şevalet şi începem să pictăm viitorul nostru.

Şi începem cu grija, ghidajul şi limitele sănătoase în zona fizică.

Analizăm acest concept?

Fie! Discutăm şi trasăm nişte direcţii despre:

1. **Imaginea noastră şi forma fizică** – cum ne îmbrăcăm / arătăm şi cum ne mişcăm (facem, sau nu, sală, alergăm, tragem de fiare, facem masaj etc.).

În zona de imagine, vorbim despre îngrijire corporală.

Aici aş introduce şi mâncarea şi băutura sau somnul (cantităţi şi calităţi, cum s-ar spune).

La ce sunt bune toate lucrurile astea?

Dincolo de aspectele ce ţin de sănătatea fizică, ele întreţin încrederea de sine, dar şi dorinţa reciprocă.

Dacă la începutul relaţiei arătăm ca scoşi din cutie, iar după 4 ani ne transformăm în nişte chestii greu de recunoscut şi definit, la o simplă comparaţie a pozelor, atunci e clar că nu ne-am ţinut de treabă.

Are sens? Eu cred că are.

De aceea mi se pare util să discutăm despre toate aceste aspecte de la bun început.

Rezolvarea de probleme, mai ţii minte?

De ce este nevoie? De claritate şi angajamente respectate.

Care ar fi claritatea aici?

Să ştim cum vrem să arătăm chiar şi după 5-10 ani, să ne sprijinim unul pe celălalt să atingem acest obiectiv şi să facem în aşa fel încât să ne respectăm angajamentul luat. Altfel, se vor aduna frustrări, dorința se va duce pe apa sâmbetei, la fel și relația... E doar o chestiune de timp.

Să putem preveni, nu să ajungem în momentul în care unul îl întreabă pe celălalt: Unde ai fost? Nu ai văzut că m-am îngrășat? De ce nu ai făcut / zis nimic?

2. **Sexualitatea** – așa cum am scris ceva mai devreme, multe dintre crizele de cuplu încep din pat.

Așa că n-ar fi rău ca și din acest punct de vedere să ne oferim grijă, ghidaj și limite sănătoase.

Nu suntem la fel, nu avem același nivel de experiență sexuală, drept urmare, ar fi excelent să avem capacitatea de a ne conecta în deplină siguranță, astfel încât viața noastră sexuală să rămână vie și activă, nu să tragem un capac de beton peste ea.

Să reușești să întreții dorința, după ani și ani, este muncă, nu ceva ce vine de la sine. Iar cuplul despre care v-am vorbit muncește cu seriozitate din acest punct de vedere – jocuri de rol, își închiriază tot felul de camere, își dau întâlniri, flirtează, ca și cum abia s-au cunoscut, se joacă mult, își împlinesc fanteziile etc.

Din păcate, rar mi-a fost dat să vorbesc cu cineva, indiferent că este o persoană single, sau un cuplu, care să-mi fi spus că a discutat cu cineva, femeie sau bărbat, despre aspectele acestea la început de relație.

Sexul, în secolul 21, încă este un subiect tabu. Nu discutăm despre el, însă avem așteptări cât casa.

De orgasm, fidelitate, sinceritate, conectare etc.

3. **Psiho-emoțional** – o zonă deosebită care, alături de fizic și sexual, ne ține vii, ne ține conectați la noi, la relație, ne ține cu dorința, ca să nu-i spun atracția, sus. Este incredibil de important să avem grijă de gândurile noastre, de emoțiile noastre, de dorințele și nevoile noastre.

CU RECIPROCITATE!

Deci amândoi.

Este vital să ţinem cont de reciprocitate. Din nou spun că nu suntem la fel.

Există diferenţe între noi şi ar fi excelent să reuşim să lăsăm la o parte ceea ce este doar despre noi şi să încercăm să ne conectăm şi la celălalt.

Cu compasiune, curiozitate şi implicare.

În plus, toate cele trei ne ajută să depăşim momentele de impas împreună, ca echipă, nu să generăm spaţii între noi care, ulterior, să se transforme în prăpăstii.

4. **Intelectual** – te-ai întrebat vreodată cum se întâmplă ca în cupluri să se ajungă să se vorbească doar despre ştiri mondene şi liste de cumpărături?

Răspunsul, la prima mână, ar fi: nu le pasă de zona lor intelectuală.

Nici nu-şi dau voie să se cunoască / exploreze şi nici nu se dezvoltă împreună.

Cum ar putea să se dezvolte / exploreze ca echipă?

Călătorind, descoperind tot felul de lucruri – sunt o grămadă de lumi fascinante (vin, mâncare, dans etc.) –, citind, urmărind dezbateri pe diferite teme de interes, mergând la conferinţe sau seminare, iar lista poate continua.

Încercând să cunoască oameni noi, dezvoltând abilităţi noi (învaţă o limbă străină împreună şi o repetă, vorbind în acea limbă).

Să ne dezvoltăm intelectual împreună.

Acest obicei ne creşte şansele de a rămâne împreună pe termen lung.

Pur şi simplu nu ne dăm voie să ne rutinăm, să ne plictisim, să ajungem să spunem: „nu mai am ce să vorbesc cu el / ea." Ne ajută să nu ruginim!

Dacă ajungem în acel punct, din nou, putem spune că ne-am trădat reciproc, nu crezi? Şi când te gândeşti că cei mai mulţi oameni consideră trădare ca fiind doar sexul cu o altă persoană...

5. Financiar – ooo, dar ce importantă este zona asta!

Pentru ambii parteneri. Nu mai spun că este un motiv principal de divorț.

N-ar fi rău să învăţăm să ne gestionăm banii. Din timp... Mai ales în vremurile actuale, când totul pare mai luxos, mai colorat, mai frumos şi fericit... la alţii!

Realitatea de zi cu zi, mai ales cea din media, sau din social media, poate să producă frustrări şi dezamăgiri uriaşe.

De aceea ar fi excelent să ne dezvoltăm capacitatea de a răspunde constant la întrebarea: ce este suficient azi pentru mine?

Dar pentru celălalt? Dar pentru noi, ca echipă?

Eu fac acest exerciţiu de câţiva ani şi vreau să-ţi spun că îmi aduce liniştea dorită, în sensul că mă conectez la prezent, nu la ceea ce cred eu că ar trebui să fie şi, în plus, mă pot organiza astfel încât să văd cu claritate încotro mă îndrept.

Uite, la un moment dat am văzut doi tineri.

Nu pot să spun că am lucrat, deoarece s-au certat nonstop, timp de 90 de minute. ☺

Diferenţele financiare erau atât de mari – de viziune financiară –, încât mi s-a părut imposibil să le spun că vor putea să funcţioneze împreună. ☺ Nici nu voiau, de altfel. Au venit, au ventilat, au plecat... Cred că nu s-ar fi oprit nici dacă, la un moment dat, m-aş fi ridicat de pe fotoliu și aş fi început să mă dau cu capul de perete. ☺ Nu sunt suficient de idiot încât să încerc așa ceva. ☺

6. Spiritual – aici nu avem obligaţii.

Fiecare vede lucrurile în felul său.

Însă, pentru că există un însă, este bine să ne înţelegem diferenţele şi să le acceptăm aşa cum sunt. Dacă unul se duce duminica la biserică, iar celălalt face yoga şi crede în shamanism, n-ar fi rău ca cei doi să-şi managerieze aceste diferenţe şi zona asta spirituală să nu devină un baraj care să stea în calea relaţiei lor.

7. **Familie** – este un subiect ce trebuie musai discutat înainte să ajungem acolo.

Cum va arăta familia noastră? Câţi vom fi? Cum vom gestiona sarcinile? Pe cine ne putem baza în creşterea copiilor? Ne permitem să avem, de exemplu, trei copii?

Ce înseamnă imaginea de familie, oricare ar fi ea, ca: timp, energie, costuri etc.?

În ce măsură cuplul va avea de suferit?

Sunt întrebări esenţiale. Vorbim despre o viziune, despre o cultură organizaţională, ca să mă exprim în termeni corporate.

Fiecare pas trebuie calculat cu atenţie, astfel încât acel NOI să nu se dilueze sau, mai rău, să se distrugă. Ceea ce ne-a adus împreună n-ar fi să dispară!

Dacă se întâmplă deconectarea, s-ar putea să ajungem în momentul în care să ne întrebăm: eu ce caut aici?

8. **Viaţa socială** – ce facem cu ea? Ne retragem total?

Sau o cultivăm în continuare?

Dacă o cultivăm, cum o facem?

Ce facem cu cercul de prieteni, ce facem cu timpul nostru liber?

Îl petrecem împreună, îl petrecem separat?

Aici pot apărea tot felul de nuanţe.

Însă, dacă se ajunge la petrecerea timpului separat, ar fi minunat să te întrebi: dar timpul pentru relaţie unde e?

Ce părere ai?

Cum ţi se pare perspectiva pe care am zugrăvit-o până aici?

Crezi că este utilă pentru sănătatea unei relaţii?

Eeee, sună cam din cărţi. Ştii şi tu că la început nimeni nu se arată aşa cum e, îmi vei spune.

OK, şi cine te pune să te grăbeşti?

Cine te pune să te angajezi în decizii de finalitate: căsătorie, copii, credite, cu o persoană despre care nu ştii mare lucru?

Cum poţi să te consideri rănit/ă, câtă vreme voi nici măcar n-aţi stabilit ce înseamnă infidelitate?

Cum să te consideri dezamăgit/ă de sex, câtă vreme voi n-aţi vorbit despre ce faceţi cu sexul?

Cum să spui că nu mai aveţi ce să vorbiţi, câtă vreme voi nu v-aţi luat angajamente de dezvoltare?

Nu prea e în regulă, nu crezi?

Ai senzaţia că ştie cineva să citească gânduri?

Veste horror – nu ştie nimeni!

De aceea este important să comunicăm, să discutăm, să pictăm viziunea noastră despre viaţă / relaţii, viziunea noastră de cuplu, obiectivul relaţiei noastre.

Altfel, despre ce cuplu vorbim?

Despre doi oameni care au ajuns împreună din întâmplare, după care s-au plictisit îngrozitor şi, în loc să pună mâna să se descopere, au decis să se certe şi apoi să-şi facă zilele de coşmar? Aşa?

9 din 10 clienţi care-mi calcă pragul invocă această comunicare defectuoasă.

Ţin minte un cuplu tânăr, cu care am lucrat la un moment dat.

Îşi spuneau „iubire”, însă se purtau ca cei mai mari duşmani.

La un moment dat, i-am oprit şi i-am întrebat:

— *Dacă ar fi să ilustrăm muzical dialogul vostru, ce melodie/gen am pune?*

El, cu un calm debordant şi cu un sarcasm urcat la cer, a spus:

— *Cred că Wagner ar merge.*

— *Exact! Şi unde e iubirea?*

Un alt cuplu, cu care am lucrat faţă în faţă, a fost şi mai tare, în sensul în care amândoi jurau că sunt suflete-pereche şi că se iubesc.

— *Şi de ce nu vă purtaţi ca atare? i-am întrebat eu.*

— *Ce vrei să spui? m-a întrebat el extrem de mirat.*

— *Păi nu ţi se pare că vă purtaţi ca nişte duşmani? Cred că nici cu ăia nu vă purtaţi aşa. Care e scopul pentru toată şarada asta, care produce dezastre emoţionale între voi?*

— ...

Despre ce relaţii vorbim? Despre ce iubire vorbim? Unde este fereastra de toleranţă? Unde este conectarea? Unde este binele? Unde este calmul?

Ştiu că vei spune că sunt prea directiv, că sunt prea orientat pe rezolvarea de probleme şi că nu aş lua în calcul emoţionalul.

Hai să-ţi spun ceva – indiferent cât de blând aş fi, indiferent cât de înţelegător aş fi, fondul este tot ăsta – pentru a avea parte de relaţii sănătoase şi iubitoare, este nevoie să faci ceva în acest sens.

NIMIC NU VINE DE LA SINE. MAI ALES BINELE. ☺

Şi mai este nevoie de ceva – de disciplină!

Nu există rezultate fără muncă şi disciplină! În niciun domeniu.

Eu sunt obsedat de ceea ce fac. Sigur că mai fac şi alţii asta.

Însă diferența dintre a fi obsedat de ceea ce faci – adică de a investi 100% în drumul tău – și doar de a sta pe drum este mare.

Același lucru se observă și în sport.

Talent au mulți, însă nu toți ajung Ronaldo, Messi, sau Lebron.

Așa e și cu relațiile! Unii doar stau în ele, alții devin obsedați de ele.

Nu în sensul rău, ci în sensul de a crește, de fi implicați tot timpul.

Știu, este greu să fie amândoi la fel de implicați.

Însă ar fi bine să ne sprijinim unul pe celălalt.

Uneori, este bine să pasăm rolul de cap limpede, de la unul la celălalt.

Să-ți mai dau un exemplu: prin 2021, am lucrat cu un alt cuplu.

Frumoși amândoi, însă fiecare cu temerile lui.

Amândoi gestionau greu vina și rușinea. Ea apela la reproșuri, el ridica tonul. Tipare clasice de gen.

La un moment dat, au venit supărați la cabinet. Se certaseră pe drum.

Din ce motiv? Din același motiv pentru care ne certăm cu toții de cele mai multe ori – dintr-o prostie. ☺

Este adevărat, dacă stai și analizezi cu calm și blândețe, realizezi că cele mai multe motive care produc scindări în relații sunt prostii.

Practic, nici măcar nu sunt motive, ci deconectare!

Noi le spunem orgolii, eu le spun: neatenție, nepăsare, dorință de a câștiga...

Lucruri care, fie vorba între noi, nu ajută relația în vreun fel.

În cazul lor, motivul era prețul benzinei. O prostie, nu-i așa?

Mai ales că nu era vorba despre ceva care să le afecteze traiul de zi cu zi.

I-am întrebat:

— *Ce s-a întâmplat?*

Mi-au povestit că fiecare a avut varianta sa.

El considera că ea nu este suficient de informată, iar ea considera că el este prea rigid și nu accepta punctul ei de vedere.

— *Cine a fost capul limpede?* i-am întrebat eu.

Mirarea lor a fost totală.

— *Ce vrei să spui?* m-a întrebat ea.

— *La ziar, în redacție, întotdeauna există un cap limpede, adică cel care analizează conținutul, fără să fie implicat direct în producerea lui. Este înțeleptul, dacă vrei...*

— ... pauză!

— *Ce variante de soluționare aveați? am continuat eu. S-a gândit vreunul să apeleze la prietenul Google și să caute informația care v-a făcut să vă certați?*

— *Nu,* a răspuns ea cu privire în podea.

— *Ești drăguță, te rog, să intri acum?*

Ea s-a conformat.

Evident că a găsit informația, au citit-o împreună și au realizat cât de simplu s-ar fi rezolvat situația.

— *Asta înseamnă cap limpede. Avem doi oameni, două opinii diferite și niciun arbitru. Cap limpede înseamnă ca acela care are o stare mai bună să preia discuția și să spună: „hey, uite ce cred". În cazul vostru... Google! Nu mai spun că într-o discuție este posibil ca ambele variante să fie valide, în același timp. Dacă vom continua să pasăm vina de la unul la altul, nu vom rezolva nimic și ne vom strica definitiv starea. Nu mai bine mă uit eu să caut informația, în loc să pierd timpul cu o luptă inutilă? Ce să tastez pe Google?*

Asta înseamnă ca el să devină cointeresat, adică voi să fiți echipă.

Aveți o situație, amândoi și o rezolvați împreună. Asta vă va conecta și veți putea dezvolta proceduri de a ieși din asemenea situații pe viitor. Împreună!

Scopul apelării la acel cap limpede, indiferent care dintre voi va fi în contextul respectiv, este ca, de fiecare dată când există astfel de diferențe de opinii, să acceptați că ele există și să verificați informația, nu cu scopul de a ține scorul, sau de a concura, ci cu scopul de a rămâne conectați. De a rămâne echipă, deci cuplu! De ce anume ai nevoie pentru asta?

— De starea de calm, de conlucrare! a spus el.

— Bingo! Câtă vreme starea voastră este sărită în tavan, în luptă, deci în hiperexcitare, nimeni nu mai este conectat la găsirea de soluții. Amândoi sunteți cu motoarele turate pentru a câștiga! Partea proastă este că, dacă unul pierde, și relația pierde.

Este un adevăr de necontestat, dacă mă întrebi pe mine.

Drept urmare, soluția este să fiți împreună, iar problema, sau situația, să fie separat. Are sens?

Totul ține de stare și de acel proces de autocunoaștere despre care am vorbit în primul capitol.

Ce zici? Mai spui că dezvoltarea personală e degeaba?

„Pentru ce toată nebunia asta? Pentru ce atâta atenție? Unde e spontaneitatea? Unde sunt artificiile?", mă vei întreba.

Hai să-i spunem prevenție.

Nu te-ai săturat doar să combați efecte?

Nu te-ai plictisit să repari situații care au avut la bază simple prostii?

Nu crezi că ar fi bine să învățăm să alegem inteligent pe cine băgăm în viața noastră și pentru ce?

Cumva, cred că tot procesul ăsta de selecție, pe care ți l-am prezentat până aici, reduce, pentru că nu cred că poate elimina total şansele ca lucrurile să se ducă în gard în viaţa ta psiho-emoţional-relaţională.

Incursiune în anatomia relaţiilor

Dă-mi voie să te invit să-ţi imaginezi că eşti într-o sală de operaţii şi pe pat ai un pacient – relaţia ta!

Fosta. ☺

Este un pacient decedat, iar tu urmează să-i faci disecţia, pentru a stabili cauza decesului. ☺

Deşi sună morbid, cred că n-ar fi rău să privim lucrurile în această cheie.

Nu de alta, dar văd prea multă lume suferind din cauza unor decizii luate, fie în pripă, fie pe baza unor considerente mai degrabă sociale, decât personale.

Niciun copil nu merită să aibă sufletul schilodit de doi adulţi care au ales prost!

Ca atare, chiar îţi propun să facem această disecţie.

Sper să ţi se pară interesant...

Mai devreme, mă întrebai unde e spontaneitatea aia.

Crezi că este ceva obligatoriu?

Fără ea nu se poate?

Hai să-ţi explic puţin care sunt etapele unei relaţii şi apoi îmi vei spune tu cum e cu spontaneitatea. Bine?

Prima etapă este cea a îndrăgostirii!

Etapa aia când suntem orbi, când zâmbim tâmp şi avem senzaţia că orice culoare din mediul prin care zburăm este un pas către Nirvana.

Ne simţim plini de entuziasm, suntem fericiţi, nu ne mai doare nimic – mai ales pe noi ăştia de 45+ şi nu credem că starea asta se va încheia vreodată.

Până când se încheie!

Partea interesantă este că această încheiere nu este anunțată, în sensul că nu primești o notificare, pe Facebook sau Instagram, de genul: *Bună ziua, vă informăm că butoiașul cu DHEA, feromoni, oxitocină, PEA, estrogen, testosteron, serotonină, dopamină etc. – un cocktail pur chimic, cu efecte de beatitudine și zbor – s-a consumat și urmează să vedeți niște tușe de gri/aproape negre, în timp ce vă prăbușiți în... realitate. Nu te speria... este normal!*

Se numește viață după îndrăgostire!

Succces.

Nu, nu se întâmplă așa.

Într-o bună zi, o zi oarecare, te trezești că o anumită frază pe care ți-o spune iubi nu mai are același sens.

Brusc, stai și te întrebi: „Ăăă, mi se pare mie sau e puțin măgar?"

Sau: „Mi se pare mie sau fata asta e cam obraznică?"

Următorul gând?

„Ia să fiu mai atent/ă". ☺

Pauză!

Ce zici?

Tot procesul descris înainte are sens acum? Acea prevenție? Acea idee de *slow love*? (dragoste înceată), sau *slow burn* (ardere înceată)?

Pe repede înainte, așa cum își doresc mai toți amatorii (și la propriu și la figurat) de iubire, pare mai degrabă o dragoste în ceață, nu crezi?

Grijă mare – spumantul se poate transforma destul de ușor în oțet!

Trebuie doar să-l lași fără dop, ceva timp, în frigider, sau pe masă.

Chiar și cu dop, după mai multe zile de la desfacere, nu mai pare atât de viu...

Pe scurt, etapa asta a îndrăgostirii are câteva caracteristici: nu suntem atenți la steagurile roșii (pe bune, după orgasm cine se mai gândește la asta?), produce apropiere, însă și analiza situației este eronată.

După ce dispar norișorii îndrăgostirii și porcii roz, deghizați în Cupidon (care oricum trage cu arcul ca un bețiv), ajungem la ***etapa a doua, de construcție a încrederii.***

Aici trebuie să-ți spun ceva important: nu poți să construiești încrederea cu oricine! Pentru că, deși poate nu vei fi de acord, încrederea se construiește, în doi, nu se câștigă.

Atunci când unul trebuie să câștige încrederea celuilalt, vorbim despre un raport disproporționat, despre o inegalitate.

Unul trebuie să tragă la jug, iar celălalt stă și dă note, putând oricând manipula în voie, dintr-o simplă mișcare a degetului arătător.

Ntz, ntz, ntz.

Lucrurile nu stau așa.

Nu merge și sunt sigur că, dacă ai încercat, nu doar că ai văzut, dar ai și simțit rezultatul.

Dacă după îndrăgostire băgăm abuz, oho, ne ducem direct în gardul suferinței sau al conflictului, deci cam tot aia este.

Vom vorbi în capitolul 5 despre abuz.

Vei vedea ce frumos sună și ce urât se simte. ☺

Plecând de la ideea că încrederea nu se poate construi cu oricine, nu ți se pare că zona de criterii de selecție devine vitală pentru această etapă?

Așa mă gândeam și eu.

Mă bucur că ești de acord (sic!)

De ce se numește faza de construcție a încrederii?

Pentru că aici vedem dacă celălalt este acolo, pentru noi sau nu!

Din păcate, multe relații se rup aici și, în multe cazuri, în loc să se construiască încredere, se cultivă secrete.

Or, dacă se ajunge la asta, adică la trădare, la revedere iubire!

Aici îți propun să facem împreună o pauză și să notăm o idee care mi se pare extrem de importantă:

NU POȚI AVEA ȘI SECRETE, ȘI INTIMITATE ÎN ACEEAȘI RELAȚIE!

Și uite cum ajungem la **etapa 3 – construirea loialității**, a angajamentului vs trădare.

Dacă trădarea / secretul a apărut în etapa anterioară, parcă nu prea ai cum să mai ajungi aici, nu-i așa?

Hai să luminez puțin treaba asta cu secretele.

Ce înseamnă un secret?

Faptul că unul dintre parteneri (sau amândoi) uneltește ceva împotriva celuilalt.

Spre exemplu, îi ascunde faptul că iese la masă cu o colegă proaspăt aterizată în departamentul lui și că se simte foarte bine cu ea.

Este posibil ca încă de la bun început să se fi gândit că..., sau cum ar fi dacă.

Sau că ea primește favoruri și atenție de la un coleg căruia i s-au aprins călcâiele din prima zi de când a văzut-o.

Cel care cultivă acest secret se prezintă în relație de parcă nu s-ar întâmpla nimic, însă continuă să dea curs poveștii din plan B.

Ce se întâmplă pe viitor?

Cel care are un secret și alege să-l cultive încetează să mai fie autentic, dăruit și devotat relației!

Ușor, ușor, se poate întâmpla ca acel secret să producă modificări, uneori extrem de fine, în acțiuni, comportamente, prezență; alteori majore, astfel încât celălalt să simtă / să se prindă că există ceva acolo!

Pe scurt, cel din relația de bază simte că partenerul/a i-a închis niște uși, sau nu îi mai dă acces la ceea ce simte, crede, face etc.

După faza confruntării, lucrurile pot lua nişte turnuri extrem de „interesante", care pot genera și ani întregi de conflicte și abuz.

Iar tu vei auzi doar atât: „e doar în capul tău" (dezvolt pe larg în capitolul 5).

După cum vezi, ceea ce pare ceva nevinovat, în fapt, poate dinamita definitiv relaţia.

Apropo – nu cred în interacţiuni nevinovate între bărbaţi și femei care abia s-au cunoscut la birou!

La muncă este principalul loc unde se nasc infidelităţile, din cauza timpului generos pe care îl petrecem acolo – uneori mai mult decât acasă, deci... nu cred.

Or, dacă acasă mai există și un nou membru, care își ţipă nevoile și mănâncă din timpul, spaţiul și nervii adulţilor... înţelegi tu!

Drept urmare, secret înseamnă trădare! Şi punct!

Iar acolo unde apare trădarea, vorbim despre o criză de cuplu – adică o ruptură în structura de rezistenţă – sentimente și sex; iar încrederea este profund zdruncinată.

Ce înseamnă să-ţi iei un angajament?

După apariţia trădării? Un coşmar!

Înainte de trădare?

Să ai capacitatea să îţi iei un angajament pe termen lung alături de partener/ă.

Şi să te ţii de el. Nu verbal, ci mai ales faptic.

Degeaba îţi spun că nu mă mai uit după gagici, dacă tu afli că eu am conturi false, pe care le folosesc în direcţia asta, sau că atunci când sunt plecat la un eveniment / team building / conferinţă, de fapt sunt cu altcineva într-o mică evadare.

Kind reminder, vorba lui Bromania. ☺

Nici în zona asta nu poţi să o faci cu oricine.

Sunt oameni – și ar fi bine să înţelegem asta – care au mari probleme în a-și lua angajamente.

În ultima vreme, mai ales de când am început să scriu această carte, am auzit despre acea aplicație care îți arată unde se află prietenii, copiii, sau persoanele dragi.

Se numește Zenly și este folosită mai ales în familiile cu copii destul de mari.

Și fiica mea o are.

Ei bine, am întâlnit cazuri în care, accesând această aplicație, iubitele, sau soțiile, au aflat că iubiții, sau soții, nu se aflau acolo unde spuneau că sunt.

Ouch! Buba! Doare!

Care încredere?

John Gottman, un mare specialist în relații, spune așa: *dacă nu pot construi angajament și loialitate, oamenii vor construi o trădare sistematică.*

Și mă întreb: oare în câte relații se întâmplă așa?

Am trăit pe pielea mea aceste afirmații și cred că ești de acord, alături de mine, cu ceea ce spune specialistul american.

Știi ce îmi pare ciudat?

Faptul că oamenii arată că se pricep de minune la trădare – o construiesc cu mare atenție și migală, investesc în ea timp, resurse, emoții, răbdare –, în schimb, atunci când vine vorba despre angajament, brusc îi apucă amețeala și se simt sufocați și au nevoie de spațiu, de aer. ☺

Psihologic vorbind, asta pare a fi mai degrabă o funcționare adolescentină, nicidecum adultă.

Ai văzut tu prea mulți adolescenți care să-și asume responsabilități? Nici eu.

Și aici nu vorbim despre cazurile în care copiii îi cresc pe părinți.

Există și acest gen și îmi pare extrem de rău pentru acei copii.

Cineva chiar spunea o chestiune interesantă: lasă vârsta din buletin! Încearcă să-i descoperi vârsta emoțională!

Eeee, nene Iancule, mare şmecherie asta. Parol!

Dacă dai peste o tânără duduie, de 27-35 de ani, ravisantă ca aspect şi, îmbătat de frumuseţea şi vitalitatea ei, nu te uiţi şi la funcţionarea / stabilitatea ei emoţională, e posibil să te trezeşti că funcţionezi lângă un copil de 7-9 ani. Fie, 15 ani. ☺

Orice eroare de evaluare sau de obiectiv poate produce munţi întregi de furie şi resentimente, iar ele nu vor face altceva decât să distrugă relaţiile.

La fel, dacă dai peste un domn, „bine pe hoit", vorba unei prietene, puternic pe card, cu herghelie generoasă sub capotă, cu hoceag pe Nordului, îmbătată de perspectiva de a-ţi transpira popoul pe scaunul din piele fină, vara, în drum spre Loft Mamaia, este posibil să realizezi că, de fapt, te-ai pricopsit cu un puşti de 15-16 ani la nivel emoţional, care sare la orice popou care i se oferă spre degustare şi cu plimbări nocturne, cu acceleraţia calcată la blană.

De aceea tot spun de câţiva ani: terapia de cuplu ar trebui să se întâmple la începutul relaţiei, nu când e prea târziu!

Pentru că, dă-mi voie să-ţi spun: oricât de bun ar fi terapeutul ăla, atunci când relaţia voastră este moartă, îngropată şi cu parastas de mulţi ani, este complicat să mai facă ceva.

Acolo unde există furie şi resentimente betonate, uneori este indicat să le spui clienţilor că îi poţi ajuta să se despartă şi să gestioneze matur acest proces.

Cum facem să ajungem la etapa de angajament, fără să o dinamităm de la construirea încrederii prin secrete / trădări?

Învăţăm să vorbim, să fim echipă!

Învăţăm să spunem ceea ce simţim, ce nu ne convine, la timp, însă păstrând echipa, păstrând cuplul.

Suntem împreună şi ne uităm la situaţie, nu unul împotriva celuilalt, celălalt fiind situaţia!

Şi nu spunem „tu!", astfel încât celălalt să se simtă atacat direct, ci „simt că..., tu ce părere ai despre asta?" , astfel încât celălalt să se simtă inclus în echipa care rezolvă o situaţie, şi nu generatorul situaţiei.

Aici se face diferenţa între ceea ce Gottman numeşte „masters and disasters".

Acum înţelegi de ce vorbeam acum ceva vreme despre obsesie?

În cazul celor care dezvoltă măiestria relaţională – cu care nu te naşti, ci o construieşti prin interacţiuni (şi modele sănătoase văzute în mediul apropiat în copilărie) –, atunci când apar situaţiile conflictuale, reuşesc să dea dovadă de afecţiune, manifestă interes faţă de ceea ce crede şi simte celălalt, reuşind astfel să coboare defensa partenerului/ei.

Care este scopul?

Obţinerea stării de calm – adică intră în fereastra de toleranţă (verdele) – care le permite să se conecteze în mod autentic (gândeşti şi simţi în acelaşi timp), care le permite să se dezvăluie fără frică.

Ar mai fi ceva important de spus: nu toate certurile sunt distructive!

Nu ar fi indicat să mergem într-o direcţie atât de radicală, poate chiar aberantă.

Eu aş spune că oamenii care nu se ceartă fie se potrivesc bine, fie fierb pe dinăuntru, fie cultivă secrete, fie nu le pasă unuia de celălalt.

Nu ar fi deloc rău să le măsori tensiunea, pulsul, oxigenarea (că tot am învăţat cu toţii ce e ăla puloximetru) şi vom afla cu uşurinţă cum stau cu interioarele. ☺

Citeam undeva că o stare căzută, o stare de colaps, sau depresie, poate duce la un nivel de oxigenare de sub 93, cât considerau medicii în pandemie că este OK la pragul minim.

Ce întâlnim în cele mai multe cupluri care se ceartă?

Cei 4 ucigaşi ai relaţiilor: critica, defensiva (aici intră şi acea tăcere hidoasă), superioritatea (îl tratezi pe celălalt de sus) şi ridicarea zidurilor (retragere emoţională).

În cazul celor cu măiestrie relaţională, nu se întâmplă niciuna dintre cele patru situaţii. Chiar dacă, uneori, simt nevoia să se strângă de gât, ei aleg să se respecte şi să se aprecieze reciproc. Mai ales atunci.

Iar asta, dacă îmi permiţi, se numeşte iubire pe bune.

Dintre cei patru „călăreţi ai apocalipsei" (sunt sigur că ai mai auzit formularea asta), privitul de sus este cel mai mare predictor al divorţului / despărţirii.

Este o formă îngrozitoare de abuz.

Genul ăsta de tratament n-are ce să caute în relaţii şi, cu atât mai puţin, în această etapă.

Iubire, superioritate şi insulte!

N-au ce să caute în acelaşi tablou!

Uite, să-ţi explic ce fac eu. Sunt o persoană care înjură sănătos, lexicul fiind consistent.

Deh, am stat ani de zile în faţa blocului din Drumul Taberei, cu tot felul de copii, plus 25 de ani de Hip-Hop. Însă atunci când mă enervez în relaţia mea – mi se întâmplă, ce credeai?, nu sunt de tablă – înjur spre univers.

Niciodată la adresa ei!

Sau înjur situaţia.

Niciodată la adresa ei, la adresa iubitei.

Nu scoate / folosi cuvinte pe care nu le poţi lua înapoi!

Mai ţii minte?

Am scris despre asta în *Femeile inteligente...*

Eu respect treaba asta.

E suficient să-i spui iubitului tău: „nu eşti bun de nimic" şi l-ai terminat.

Mai ales dacă nu eşti prima persoană care l-a ştampilat cu acest verdict.

E suficient să-i spui iubitei tale că s-a îngrăşat şi ai terminat-o.

Ea va înţelege că e urâtă şi că nu o mai doreşti.

Succes la reparaţii. ☺

Prevenţia este esenţială şi o să-ţi arăt cum îţi poţi da timp să răspunzi adecvat.

Pentru a încheia etapele, aş spune că etapa finală şi supremă este **intimitatea!**

Şi menţinerea ei.

Ce înseamnă intimitate? Acea conectare profundă şi autentică, cu încredere şi angajament. Ambii parteneri îşi pot manifesta personalitatea fără teamă, se pot abandona unul în universul celuilalt, în deplină siguranţă şi se pot bucura de viaţă împreună.

Adică pot iubi pe bune!

Activ, nu defensiv! Are sens?

Calm, nu cu agitaţie!

Care este harta iubirii tale?

Te invit din nou, de data asta în faţa şevaletului, şi te rog să-ţi imaginezi cum arată harta iubirii tale.

Întâi harta iubirii de sine şi apoi harta iubirii de cuplu.

De ce încep din nou cu tine?

Pentru că este extrem de important cum reuşeşti să fii acolo, lângă tine, atunci când există momente de criză.

Să-ţi dau câteva exemple: ai câteva kilograme în plus.

Ai încredere că vei reuşi să obţii greutatea pe care ţi-o doreşti?

Sau crezi că ai o vârstă şi e prea târziu, eşti într-o relaţie şi oricum n-are rost, deoarece nu mai eşti pe piaţă etc.

Nu ţi se pare că astea sunt nişte scuze?

Dacă tu nu te vezi OK în oglindă, ce faci?

Începi să crezi că nici celălalt nu te mai vede la fel.

Rezultatul? Este posibil să începi să-ţi blochezi atractivitatea şi agreabilitatea.

E posibil să nu te mai arăţi sexy şi disponibilă, ci mai degrabă să pari că vrei să te ascunzi.

Reţine – celălalt nu ştie cum te vezi tu în oglindă şi va interpreta relaţia defectuoasă pe care ai ajuns să o ai cu tine în tot felul de variante – de cele mai multe ori ca fiind despre el.

Ce înseamnă să ai încredere?

Să exersezi rezolvarea de probleme, adică să ai un obiectiv clar – greutatea dorită (+/- 2 kg) – şi să îţi iei un set de angajamente pe care să le respecţi cu sfinţenie.

Pe măsură ce avansezi în demersul tău, îţi garantez că vei simţi că ai şi mai multă încredere.

Pe măsură ce te depărtezi de el şi cântarul începe să „prindă" praf, vei considera că nu poţi şi te vei scufunda în hăul lipsei de speranţă.

Să o luăm şi în altă direcţie: cea sexuală!

Cum eşti acolo, pentru tine, atunci când eşti dornic/ă şi cum eşti acolo pentru celălalt, atunci când el/ea are chef?

Ai tendinţa să prioritizezi doar momentele care ţin de tine, sau eşti deschis/ă să te conectezi şi la nevoile celuilalt, chiar dacă nu eşti tocmai cu chef?

Iubirea este un dans şi n-ar fi rău ca, uneori, să ne dăm voie să mai fim şi conduşi.

Că tot vorbim despre harta iubirii.

A-i da voie celuilalt să preia cârma, în anumite situaţii, este un semn de încredere şi maturitate.

Este ceva de genul: *dă-mi mâna şi poartă-mă prin universul tău psiho-emoţional. Ştiu că sunt în siguranţă şi accept ghidajul tău.*

Cum s-ar traduce?

Îmi pasă de tine, îmi pasă de ceea ce gândeşti, simţi şi spui, şi sunt aici pentru a înţelege, pentru a te înţelege.

De aceea mă angajez să pun întrebări deschise, să fiu curios şi să ţin minte ceea ce-mi răspunzi.

De altfel, am observat că mulţi oameni nu se simt tocmai confortabil atunci când îi întreb: cum eşti?

Este un semn că nici în viaţa lor nu sunt întrebaţi prea des despre cum se simt.

Tot pe harta iubirii este musai să existe ceva ce, din nou, am văzut că lipseşte, pe alocuri, cu desăvârşire: aprecierea, bunătatea, admiraţia.

Dacă nu poţi indica ce anume admiri la partenerul/a tău/ta, atunci ar fi bine să te întrebi ce cauţi lângă o persoană pe care nu o admiri?

Aşa cum am scris şi în cărţile anterioare, bunătatea este principalul lucru pe care îl caută şi bărbaţii, şi femeile la o relaţie de lungă durată.

După părerea mea, nu prea ai cum să vorbeşti despre bunătate fără să introduci în peisaj: admiraţia, aprecierea, afecţiunea (şi nu mă refer la boli sau răni sufleteşti), respectul etc.

Să spui: te doresc pentru modul în care mă distrugi nervos sună, sincer, a *nino-nino*, nu crezi?

După cum am spus, nu te juca prea tare cu starea de stres şi devalorizare.

Nu-ţi ţine creierul într-o stare de război, crezând că asta înseamnă iubire.

Nu înseamnă, iar efectele nu vor ezita să apară.

Să încerci să-l apreciezi pe celălalt, pentru ceea ce face bine, este benefic pentru relaţie şi ajută conectarea.

Să vânezi nonstop greşeli, sau ce nu face bine, produce mari distanţări, ba chiar prăpastii şi, la un moment dat, este posibil să nu mai ajungi să te apropii.

Un alt aspect important al hărţii iubirii este reprezentat de sentimentele pozitive legate de partener.

Aici mă refer inclusiv la intenţii pozitive, la susţinere reciprocă.

Ştiu că există şi momente mai proaste, însă ar fi OK să acceptăm asta şi să ne putem reconecta la bine.

AJUTORUL REPARĂ CEEA CE neATENȚIA A STRICAT!

Şi, aşa cum s-a observat în studii, într-un cuplu există un spaţiu suficient de mare pentru a apărea tot felul de boacăne sau, de ce nu, situaţii conflictuale ori puternic încărcate emoţional.

Să ai pretenţia că celălalt este conectat la tine din punct de vedere emoţional, 24 de ore din 24, este o mare iluzie.

Uneori, nici măcar când suntem în aceeaşi casă, nu suntem conectaţi din punct de vedere emoţional.

Drept urmare, este important să înţelegem ce rol fundamental are repararea prostiilor pe care le facem, uneori fără intenţii rele.

Dacă tot vorbim despre boacăne, mi se pare util să ne aplecăm puţin şi asupra managementului conflictelor.

Aici, obiectivul ar fi clar: „orice s-ar întâmpla, rămânem echipă!"

Atunci când apar formulări de genul: „tu niciodată", „dar tu...?" etc. deja nu mai vorbim despre echipă.

Or, dacă luăm în calcul ideea că nu toate conflictele necesită rezolvare, poate că ar fi bine ca şi noi să fim ceva mai înţelegători în astfel de situaţii şi să încercăm măcar acel exerciţiu simplu de mindfulness:

1. *Ce îmi doresc de la interacţiunea asta?*
2. *Cum cred că se va simţi celălalt în urma interacţiunii cu mine?*
3. *Cum cred că mă voi simţi eu în urma interacţiunii cu el/ea?*

Este un exerciţiu cât se poate de util.

El îţi va arăta încotro se poate ajunge dacă laşi căruţa fără vizitiu.

Atunci când apare un conflict, fie ne concentrăm pe rezolvarea problemei – ca echipă –, fie ne concentrăm pe reparare prin conectarea la nevoia celuilalt (un conflict ascunde mereu o nevoie neîmplinită), fie scazi intensitatea (îi propui să luați o pauză de calmare).

Mai mult, în loc să alegi mecanisme ofensive sau defensive, poate că n-ar fi rău să înveți să dai acces la ceea ce simți, crezi, sau vrei să faci.

Să-ți dau un exemplu: la un moment dat, am lucrat cu o doamnă care avea o relație cu tușe contondente.

Doamna era destul de abătută și nu știa cum să îl abordeze pe partener.

După câteva ședințe, i-am sugerat să încerce să se conecteze și la ce e bun la partener. Încet, încet, ea a început să vadă lucrurile astea și, la un moment dat, a apărut extrem de zâmbitoare.

Fusese la o petrecere, se simțise extraordinar alături de partener... pur și simplu exulta.

Eu, cu calmul caracteristic, i-am spus:

— *Mă bucur mult pentru dumneavoastră, însă am o curiozitate.*

— *Vă rog, mi-a spus ea.*

— *I-ați dat acces la această bucurie a dumneavoastră?*

— *Trebuia? Mă gândesc că este vizibilă, nu?*

— *Nu! Și vă voi explica de ce. OK, el vă vede bucuroasă, însă e posibil să pună această bucurie pe seama petrecerii și a atmosferei de acolo, nu pe ceva ce a făcut el bine. Are sens?*

— *Chiar nu m-am gândit la asta...*

— *Ia încercați să îi dați acces, să îi spuneți cum v-ați simțit alături de el și vedeți ce se întâmplă cu expresia lui facială. Observați mai ales zona frunții și a ochilor.*

Zis și făcut, la următoarea ședință, clienta mi-a spus:

— *Andrei, ai avut dreptate. I-am spus cum m-am simțit alături de el și l-am văzut pur și simplu cum se luminează la față. Fruntea i s-a destins, ochii parcă i-au luat foc și a schițat un zâmbet larg.*

Exact!

Cam așa se manifestă aprecierea! Mai ales la noi, bărbații.

Noi nu ne pricepem prea bine să citim suflete. Noi avem nevoie să ne spui clar: de la A la Z, ca să putem înțelege că ceea ce am făcut, am făcut bine.

Drept urmare, înțelege diferența și încearcă. Nu te mușcă! Promit. ☺

Pot să am încredere în tine?

Ce înseamnă încredere? Să poți să răspunzi la întrebarea: ești lângă mine atunci când sunt debusolat, dezamăgit, furios, trist, bucuros, excitat etc.?

Dacă răspunsul este NU, adică: „nu e treaba mea, descurcă-te”, relația este fragilă, ca să nu spun terminată!

Cea mai mare formă de trădare care poate apărea într-o relație nu este cea sexuală!

Cea mai mare formă de trădare este să-l lași pe celălalt singur în suferința pe care tu (i-)ai produs-o!

Atunci când se întâmplă asta, totul se duce de râpă!

Și, te rog să mă crezi, am întâlnit zeci de cazuri de genul acesta.

Mai ales în zona abuzului emoțional.

Nu ai idee câte cliente au auzit formularea: *Eu n-am nicio problemă! Tu ești nebună, așa că tu trebuie să mergi la psiholog să te repari*.

Zeci, dacă nu sute de cazuri.

În general, persoana care aude formularea asta iubește și este ruptă în bucăți.

Nu înțelege ce se întâmplă și nu prea are direcție.

În aceste situații, pot să fac pariu că nu a existat procesul de construcție a încrederii, că vorbim despre relații în care a existat întotdeauna teamă, în care cei doi nu și-au dat acces și în care unul a fost de la bun început rigid, dominant, impasibil, iar celălalt a ocupat rolul victimei.

În situaţiile astea găsim multă dramă: adică confuzie şi ambiguitate şi o groază de angajamente, fie neluate de la bun început (doar aşteptăm să meargă de la sine, nu-i aşa?), fie care au fost încălcate în mod repetat.

REPARAREA FIX ASTA ÎNSEAMNĂ: SĂ OBSERV CĂ CEVA TE DERANJEAZĂ SAU TE FACE SĂ SUFERI ŞI SĂ ALEG SĂ FIU ACOLO, LÂNGĂ TINE, SĂ-ŢI ARĂT CĂ NU EŞTI SINGUR/Ă! CHIAR DACĂ ASTA NU ÎMI PRODUCE NEAPĂRAT O STARE CONFORTABILĂ!

Implicarea consolidează încrederea în partener în situaţiile de conflict sau criză.

A fi partener matur înseamnă să-mi asum responsabilitatea pentru faptul că problema e la mine, că eu ţi-am generat suferinţa şi să fiu lângă tine!

„Îmi pare rău" este important, nu şi suficient.

Şi aici aş intra puţin în zona infidelităţii.

Ce zici?

Ştiu că îţi place. ☺

Mai ţii minte cuplul ăla mişto despre care ţi-am vorbit mai devreme? Ei bine, a sosit momentul să stăm faţă în faţă cu un adevăr:

CHIAR ŞI CUPLURILE SUDATE POT TRECE PRIN CRIZE!

Iar crizele, în unele situaţii, pot apărea din prea mult stres şi pot fi, de ce nu, „o aroganţă copilărească", o formă second hand de a te descărca / valida.

Li s-a întâmplat, iar cei doi au trăit diferit criza.

O diferenţă evidentă între bărbaţi şi femei.

De ce afirm asta?

Pentru că suntem diferiţi, oricât ar încerca anumite doctrine să ne facă să credem că nu e aşa.

Până să-ţi spun care sunt motivele pentru care înşelăm, să-ţi spun cum a fost la ei. Pentru el, ca pentru foarte mulţi bărbaţi, a fost o greşeală, deci nu a însemnat nimic. Nu s-a îndrăgostit de nimeni, pur şi simplu a vrut să-şi potolească anxietatea şi stresul. Să ştii că unii bărbaţi fac aceste lucruri, iau asemenea decizii şi iată că li se întâmplă şi unor bărbaţi care au lângă ei partenere extrem de deschise, de sexuale. Atunci când simte că este agitat, că este ignorat, când simte vină şi ruşine, bărbatul caută să descarce această presiune.

Unii aleg variante safe: adică merg la sală, sau fac sex cu partenera lor; alţii se masturbează (este cel mai rapid destresor), iar alţii aleg să se valideze în afară, fie şi la prostituate.

În cazul lui, chiar nu a însemnat nimic. Nici măcar nu a reţinut cum o cheamă pe „ispită".

Ei bine, pentru ea a fost un dezastru, nu de lungă durată, dar dezastru.

Pur şi simplu a rupt-o în bucăţi această „aroganţă copilărească" a lui.

Ce a fost extrem de important?

Obiectivul! Obiectivul lor de cuplu!

Nici nu se pune problema să ne despărţim! mi-a spus ea, privind în cu totul altă parte, mai puţin spre el.

Cum au reuşit să depăşească momentul şi să se reconecteze?

El a înţeles că trebuie să fie acolo, lângă ea, să răspundă la întrebări şi să tacă, chiar dacă nu îi place să simtă vină şi ruşine.

Fiind un domn inteligent, a înţeles şi a făcut asta, a fost acolo pentru ea şi relaţia lor s-a reconectat destul de repede.

El a trebuit să înţeleagă că a comis-o şi că, dacă vrea ca lucrurile să se lege din nou, trebuie să facă mai mult, să repare.

Lucrurile de acest gen nu se uită uşor şi e nevoie de timp pentru a procesa, integra şi repara, însă atunci când obiectivul este clar, este mai uşor să te îndrepţi spre el.

Acum a sosit momentul să-ți spun care sunt motivele pentru care ies din relațiile lor bărbații și femeile.

Nu, nu sunt aceleași.

David Buss – un cunoscut psiholog evoluționist american – a făcut un studiu în direcția asta, iar rezultatele au fost extrem de interesante.

Nu vorbesc din cărți.

Sunt rezultate pe care le-am văzut și în viu, în ședințele cu clienții și clientele mele.

Ei bine, atunci când bărbatul iese din relație, sau căsnicie, el caută variație: ăsta este principalul motiv.

Nu este nevoie să aibă o căsnicie proastă! Uneori, chiar nu este proastă.

Omul își iubește partenera, însă își dorește și altceva.

Sigur că există și bărbați care caută înțelegere și apreciere. De altfel, dacă știi că ești scorpie, dă-mi voie să îți spun ceva – și sper să îmi ierți formularea directă: dacă prostituatele ar fi scorpii, ar muri de foame!

Poate că n-ar fi rău să te gândești la asta.

Timp de vreo 3-4 ani am făcut un studiu pe forumul unui site de escorte.

Am citit recenziile.

Sute, dacă nu chiar mii de recenzii.

Nu te mira, pe anumite site-uri de escorte chiar există recenzii. ☺

Ei bine, dincolo de fizic – forme – și de prestația doamnei / domnișoarei (ce servicii oferă și cum le execută), în această zonă de recenzii există o parte interesantă: atitudinea escortei, deci cum te face să te simți (atmosfera / bunătatea) și GFE — *girlfriend experience* (experiența de iubită).

Acolo unde sunt note mari în zonele acestea, am observat că și numărul de pagini de recenzii este mare.

Ce crezi despre acest unghi, despre această perspectivă?

Mie mi se pare interesant.

Bărbații ăia caută variație, fără bătăi de cap (un alt aspect important, de luat în seamă), însă vor să fie ceva plăcut și să se simtă ca – „acasă", adică înțeleși și, de ce nu, doriți / iubiți.

Ai luat-o razna? Păi fetele alea se prefac. Ia să stea cu el în casă și să împartă sarcini de zi cu zi, copii etc. – simt că va exista revolta asta.

Da, dar își fac treaba și este *win-win*.

Dacă ar fi scorpii, probabil că s-ar vedea nevoite să facă altă meserie.

Cum ar fi să ducem acest unghi în relații?

Dacă ești scorpie... riști să rămâi singură!

Poate avea sens, nu crezi?

Dacă ne uităm invers, la ce comentează ele – bărbații mârlani, agresivi, care înjură etc. sunt interziși, blocați, refuzați.

Femeile, „calificatele", au un sistem de limite extrem de bine pus la punct.

I se spune supraviețuire!

În plus, bărbații care s-au purtat frumos cu ele sunt apreciați și li se mulțumește public. Nu ți pare interesant?

Nu sunt nici pe departe un promotor al prostituției, însă dinamica asta mi se pare fascinantă, ca element de studiu.

De aceea nu îi înțeleg pe bărbații care caută variație la femei care caută altceva.

Ce altceva?

Ei bine, femeile ies în afara relațiilor / căsniciei cu scopul de a-și schimba partenerul de bază!

Ai citit bine – ele caută să-și schimbe partenerul. Nu au curaj mereu, dar asta vor / urmăresc.

Cele mai multe (70%) se declară nemulțumite din punct de vedere sexual și emoțional în relația de bază.

Ce se întâmplă atunci când o femeie aflată în situația asta găsește un bărbat disponibil, dar care caută variație?

Ai ghicit!

Dramă şi muuuultă minciună!

Lacrimi după plăcere, nu lacrimi de plăcere!

Înţelegi cât de naşpa sună secretele acum?

Şi le-am văzut bine de tot în practica de zi cu zi.

Am văzut ce înseamnă bărbat care face promisiuni, deşi faţa lui îţi spune că nu are nici cel mai mic gând să încheie relaţia de bază.

Am văzut câtă suferinţă adună o femeie care se satură să fie amantă şi să spere că va avea o relaţie cu noul punct al interesului ei.

Ce porneşte din flamă se stinge la fel!

Sunt pline tribunalele de flame / chimii / pasiuni, stinse prin acte de divorţ!

Revenind la încredere, o să-ţi spun faptul că acele cupluri care au reușit să-şi construiască o încredere solidă nu s-au lăsat la greu. Foarte multe au depăşit crizele.

Am văzut că te-am rănit, am stat acolo, lângă tine, cu scopul de a înţelege prin ce treci.

Oricât de mult am crede în iubire, respect, poveşti pe viaţă, trebuie să înţelegem că patina timpului poate aduce în viaţa de cuplu tot felul de situaţii, uneori extrem de grele.

Iar pentru a putea să ţinem alături, specialiştii recomandă ceea ce se numeşte ATTUNE.

O abreviere – cred că îţi era dor – care înseamnă:

A – *awareness of partener's emotions* – să fii conectat la emoţiile celuilalt

T – *turning toward* – să ai capacitatea de a te conecta cu celălalt

T – *tolerance* – foarte important.

U – *understanding* – înţelegere reciprocă

N – *non defensive response* – răspunsuri non-defensive (dai acces, nu ascunzi)

E – *empathy* – empatie (te pui în şoşonii celuilalt).

Toate aceste lucruri ne ajută să procesăm mai bine emoţii precum: tristeţe, furie, frică şi să ne conectăm în zona pozitivă şi constructivă.

În plus, hai să-ţi mai spun ceva: uneori ar fi bine să înţelegi corect contextul în care te afli şi cum funcţionaţi tu și celălalt.

Din acest punct de vedere, o posibilă discuţie haioasă, dar şi cu tuşe serioase, de curiozitate şi cunoaştere între doi tineri, aflaţi la început de drum împreună, ar fi cea despre limbajele iubirii.

Nu le avem la fel. Uneori, se poate nimeri, alteori, nu.

Or, dacă înţelegem bine cum funcţionează celălalt, putem să îi oferim ceea ce îi generează, sau menţine starea de bine... şi invers!

Atunci când ambii parteneri au nevoile împlinite, în interiorul relaţiei, ei vor manifesta o satisfacţie mai mare a vieţii, în general.

Cu cât nevoile sunt mai puţin împlinite, cu atât apare tentaţia de a privi pe geamul relaţiei, spre posibili oameni care se pot ocupa de nevoile tale.

Iar asta se manifestă mai ales în zona sexuală.

Undeva prin vara lui 2021, chiar am întrebat o clientă:

— Nu vă supăraţi, am înţeles că nu mai faceţi sex cu partenerul de câţiva ani. Aş îndrăzni să vă întreb: el unde își rezolvă nevoile sexuale? Nu mi-ați spus că ar avea vreo problemă de funcţionalitate...

Clienta respectivă a lăsat privirea în pământ şi a exclamat uşor sugrumat un:

— Nu ştiu!

Aici am auzit de la profesorii mei două vorbe foarte mişto:

1. *Organul care nu este folosit îşi pierde funcţiile*
2. *Dacă nu ai grijă de nevoile tale sexuale, vor avea grijă singure de ele.* ☺ Ambele mi se par cât se poate de reale.

Acum, întreabă-te: într-o relaţie unde unul dintre parteneri decide unilateral că viaţa sexuală a cuplului s-a încheiat, de pe ce rol mai funcţionează cei doi?

Şi cam ce sentimente mai sunt acolo?

Revenind la limbajele iubirii, ar fi minunat să înţelegi că nu toţi funcţionăm la fel, adică în felul ăla romantic văzut în filme: ne privim în ochi, ne plimbăm de mână, ne ţinem mereu în braţe, facem sex muuult, cadouri, călătorii etc.

Uneori, parcă e nevoie şi de nişte timp pentru tine.

Şi asta e în regulă.

Tot de la o prostituată am auzit o chestiune foarte tare: ideea de „bărbat head and shoulders".

I-am cerut mai multe detalii despre acest concept.

— *Uite cum stă treaba. Am prietene care mi se tot plâng de faptul că se plictisesc de iubiţii lor.*

— *OK.*

— *Şi le-am zis: după câte zile vă plictisiţi? După două? Perfect, staţi una.*

După trei? OK, staţi două! E simplu. Nu îţi place să dormi cu cineva în pat? OK, atunci caută-ţi un partener care se potriveşte acestui calapod. Vă vedeţi, vă iubiţi şi fiecare la el acasă. Aşa vi se face şi dor.

Mi s-a părut foarte smart, aşa cum, de altfel, sunt multe dintre fetele astea.

Am lucrat deja cu suficient de multe, deci mi-am făcut o oarecare idee.

Deşi sunt prestatoare de servicii din zona plăcerii, cred că ele se pricep cel mai bine la relaţii.

Şi le înţeleg foarte bine.

Gândeşte-te că o prostituată poate să audă, zi de zi, mai multe poveşti de viaţă decât mine. ☺

Ea le aude de la bărbaţi, eu le aud de la femei, de cele mai multe ori. ☺

Sunt curios cum aş face echipă cu o prostituată în terapiile de cuplu...

Este, evident, o glumă, însă, mă cunoşti, sunt puţin dus, aşa că mintea mea zburdă mereu în tot felul de zone ieşite din normă.

Chiar cred că ar fi interesant un astfel de experiment.

Mai ales acolo unde crizele sexuale sunt evidente!

Ca să revin la încredere, cred că este momentul să înţelegem, împreună, faptul că o relaţie este o construcţie vie şi complexă, deci are nevoie de implicare.

Şi, pentru a fi bine, mai are nevoie de câteva ingrediente – le dozezi tu cum ţi se potrivesc –: căutare, anticipare, explorare, aventură, învăţare, siguranţă (deci cât mai puţină frică), să poţi să oferi şi să primeşti (iubire, grijă, ghidaj şi limite sănătoase), umor, surpriză, joacă, senzualitate, orgasm etc.

Iar încrederea, acest combustibil fără de care relaţiile scârţâie serios, se bazează pe:

1. *Capacitatea de a fi acolo pentru celălalt – şi la bine, şi la greu.*

Şi ştim că la greu cam toţi ne-am dori să privim în altă parte.

2. *Să reparăm lucrurile atunci când facem tâmpenii – un proces extraordinar de important.*

Asta nu înseamnă doar: „îmi pare rău" şi apoi să repeţi.

Asta înseamnă să-ţi asumi eroarea (boacăna), să îi ceri scuze şi să nu îl laşi pe celălalt singur cu durerea.

Reparare înseamnă să fii acolo, alături, chiar dacă nu eşti într-o zonă plăcută sau de confort.

Rămânând ancoraţi în realitate, hai să acceptăm faptul că incidentele regretabile, ce pot apărea în relaţii, sunt inevitabile, mai ales acolo unde empatia, compasiunea şi conectarea emoţională nu sunt tocmai punctele forte.

Şi mai ales acolo unde conectarea nu este profundă.

Şi aici îţi cer iertare, chiar trebuie să fac o paranteză.

Cu câteva luni în urmă, am pus pe Instagram un mesaj care suna cam aşa: *chimia dintre doi oameni nu înseamnă neapărat compatibilitate şi, cu atât mai puţin, conectare.*

Aş intra puţin mai adânc în acest subiect.

În primul rând, dă-mi voie să analizăm ceea ce numim chimie.

Îi mai spunem şi atracţie!

Aici intervin scenariile idealului masculin / feminin, adică ceea ce am scris mai devreme (îţi povesteam despre pozele părinţilor etc.).

Şi este chiar chimie, deoarece corpul intervine şi ne serveşte un cocktail perfect echilibrat, care ar merita un premiu la orice concurs de mixologie.

Sunt convins că toţi am trecut prin acest proces chimic, chiar de mai multe ori, de-a lungul vieţii.

Asta nu a însemnat că atracţia a şi dus la compatibilitate sau la conectare. Mi s-a întâmplat, aşa cum am scris în *Colecţionarul de despărţiri*, să iau foc de-a dreptul. Însă, nu toate flăcările astea au format relaţii.

Şi aici ar fi important să ajungem puţin la flamele care se nasc din relaţiile extraconjugale. Sunt extrem de false!

Există studii serioase care spun că aceste flame au slabe şanse să ducă la relaţii durabile. De ce?

Tocmai din cauza faptului că ele se nasc, în multe cazuri, din lipsuri – aşa cum ţi-am spus, cele mai multe femei ies în afara relaţiei / căsniciei deoarece s-au declarat nemulţumite din punct de vedere emoţional şi sexual în relaţia de bază – deci nu au o bază solid-pozitivă.

Ce se întâmplă atunci când dispare flama?

Încep să apară, aşa cum ţi-am amintit, defectele.

Şi iată cum se naşte şi dezamăgirea.

Brusc, prinţul nu mai este sufletul-pereche.

Mai mult, cine va ocupa locul vacant?

Adăugăm şi neîncrederea, o altă zonă bine studiată.

Buun, deci chimia este chimie şi este minunat să înţelegem acest aspect, deci să nu o căutăm cu disperare, sau să o folosim drept criteriu obligatoriu de selecţie.

Să ajungem acum la compatibilitate!

Ce înseamnă acest termen?

Momentul ăla când simţi că celălalt este oglinda ta.

Pare că nu trebuie să depuneţi eforturi pentru a vă înţelege, se potrivesc planurile de viaţă, zonele de timp liber, muzica, filmele, vinul, petrecerile, vacanţele... tot.

Daaaaar, pentru că există un dar, se poate să fie sau nu şi cu flamă, însă nu este obligatoriu să apară şi conectarea!

Asta înseamnă că, deşi pare că ne potrivim, unul, sau chiar amândoi partenerii, are nişte frici pe care şi le apără cu foarte mare atenţie.

Cum s-ar prezenta pe larg această apărare?

Printr-o funcţionare din spatele zidurilor, adică ne place să fim împreună, însă nu dăm acces total la zonele pe care le considerăm a fi vulnerabile.

Hai să ne oprim puţin şi să facem un exerciţiu de imaginaţie: de câte ori ţi s-a întâmplat în relaţiile tale să îi dai acces celuilalt la fricile tale, la ceea ce îţi produce anxietate, la traumele tale?

Dacă ai dat acces, te felicit şi aş aprecia foarte mult dacă mi-ai trimite un mesaj privat şi mi-ai spune cum a primit celălalt acest acces: a apreciat sau s-a folosit de dezvăluirile tale?

Conectare asta înseamnă: să poţi să îi dai celuilalt acces inclusiv la zonele tale întunecate.

Eu prefer să ştiu şi zona nevăzută, decât să mă trezesc după 4-5 ani cu tot felul de chestiuni despre care nu am avut habar.

Nu spune nimeni că trebuie să dai acces total de la prima întâlnire.

Acest acces apare, după părerea mea, în perioada de construcţie a încrederii.

Asta înseamnă să fi trecut deja de faza curtării, de faza chimică.

Acest acces ne dă voie să accedem spre faza intimităţii, acolo unde se manifestă cu adevărat iubirea profundă.

Asta înseamnă conectare – iubire profundă!

Fără măşti, fără secrete, fără scheleţi în dulap – vulnerabilitate fără frică!

Sper să fi reuşit să clarific diferenţele dintre chimie, compatibilitate şi conectare!

Una este să avem o conectare la nivelul pielii şi cu totul altceva să avem o conectare la nivel profund, adică aşa cum ştiu că îţi place – la nivel sufletesc.

Înapoi la încredere!

Ea mai are nevoie de ataşament de siguranţă.

Mi se pare extrem de important şi ţi-am explicat în primul capitol ce înseamnă.

Aici aş include şi procesarea conflictelor.

A fi acolo, lângă celălalt, atunci când ai făcut-o lată, consolidează încrederea.

Şi, chiar dacă nu va fi confortabil, îţi garantez că rezultatele sunt mult mai bune decât fuga.

Ai fugit, ai plătit!

Este simplu.

Nu ai cum să fugi şi să speri că relaţia va fi mai bună.

Chiar nu merge aşa. Deloc.

Drept urmare, ai comis-o? Repară!

Dar repară pe bune!

De altfel, dacă mă gândesc mai bine, înainte să încerci să repari, poate că n-ar fi rău să treci prin câteva întrebări:

1. Chiar îmi doresc să repar?

2. Mă mai văd lângă celălalt?

Dacă răspunsul este „da”, atunci poartă-te ca atare!

Dacă răspunsul este negativ, atunci este posibil să fi făcut prostii cu un scop clar: nu îţi mai pasă, nu mai vrei!

Anatomia trădării

Trădarea este prezentă zi de zi în viaţa mea profesională.

O văd sub tot felul de forme.

O aud sub tot felul de metafore.

Îi văd efectele. Lucrez cu ele.

Şi este interesant să vezi cum se leagă tot felul de cazuri, cum seamănă între ele, chiar dacă vorbim despre persoane diferite.

Disecând trădarea, vedem un traseu destul de previzibil, care are nişte componente simple şi clare.

Nu e nimic confuz în trădare, exceptând efectele.

În primul rând, la baza trădării se află comparaţiile negative, adică ideea că poţi mai bine cu altcineva. Este acel To!

Aici îmi vine în minte o clientă, tânără, care a auzit ceva cumplit de la partenerul ei: *Nu am crezut că te pot pierde! Dar am ales să nu te apreciez!*

După cum sunt convins că ţi-ai dat seama, întreaga construcţie este una eronată!

Este o splendidă distorsiune: *Nu-mi apreciez / valorizez partenera, dar aştept ca relaţia să fie frumoasă şi, evident, ca ea să nu plece de lângă mine.*

Nu ştiu de unde au învăţat anumiţi oameni asemenea grozăvii, asemenea tipare de funcţionalitate, însă i-aş întreba: te-ai gândit vreo secundă cum s-ar fi întâmplat dacă ai fi ales să apreciezi?

Ai încercat măcar?

Din păcate, mi-e teamă că răspunsul este negativ.

„Ce legătură are exemplul ăsta cu trădarea?", mă vei întreba.

Are!

Pentru că, atunci când alegi să nu-ţi apreciezi partenerul/a, alegi să trădezi:

1. *Angajamentul luat – acela de a fi împreună.*

Nu cred că există persoane care să-şi fi spus atunci, la început: *Îmi doresc să fim împreună, să formăm o familie şi promit ca, pe drum, să-ţi distrug încrederea de sine.*

Dacă există cineva care a spus „da" la aşa ceva, rog mesaj privat pe Facebook sau Instagram. ☺

2. *Încrederea.*

Nu ai cum să construieşti încredere pe devalorizare. Este imposibil.

Or, dacă nici flamă nu a fost, atunci pe ce s-a format relaţia?

3. *Pe sine – cum crezi că poţi să fii fericit lângă o persoană nefericită?*

Serios, nu vreau să intru în DSM pentru analiza caracteristicilor tulburărilor din *cluster*[3] B. Apropo, toate tulburările din acest cluster, adică: borderline, narcisic, histrionic şi antisocial, au o denumire interesantă.

De fapt două: *killer b's*[4] şi marii imaturi.

După cum vezi, nu doar trădarea sexuală este trădare.

Ea este doar una dintre formele de trădare.

A devaloriza constant este o formă mult mai păcătoasă, dacă mă întrebi pe mine.

Esenţa trădării este comparaţia negativă sau, vorba reclamei, că dincolo e mai ieftin. Interesant este că în aceste cazuri, greşelile există în relaţii, însă nu aparţin celui care devalorizează, ci întotdeauna celuilalt.

---

3 Categoria (n. red.).

4 În acest context, agresori (orig engl.) (n. red.).

Dacă te gândeşti la faptul că majoritatea persoanelor care prezintă caracteristici din zona tulburărilor de personalitate nu au capacitatea de a se autoobserva, vei înţelege mai bine de ce am legat lucrurile în acest fel.

Mai ai răbdare pentru încă o infuzie de infidelitate?

Mai devreme îţi spuneam că bărbaţii căsătoriţi îşi fac amante pentru variaţie.

Ei bine, variaţia asta s-ar interpreta şi prin: ascultare, înţelegere, iubire şi afecţiune.

Iar aici mă refer mai ales la bărbaţii în viaţa cărora au apărut copiii.

Asta nu înseamnă că vor să-şi schimbe partenera de bază, ci că îşi iau de la amantă ceea ce au pierdut acasă prin apariţia copilului / copiilor.

Unele studii indică faptul că, după apariţia copiilor, în 70% dintre mariaje dispar: ascultarea, afecţiunea, admiraţia, înţelegerea, empatia.

Cumva e normal. Nu condamn.

Departe de mine să fac acest lucru.

În acest context, bărbatul începe să se gândească aşa: *cum ar fi să-mi caut lucrurile astea la altcineva? Inclusiv la capitolul sex?*

Atenţie! Cele mai multe aventuri durează între 1 lună şi 1 an.

Doar 30% trec de 2 ani.

Ar fi interesant să corelăm aceste cifre cu etapele relaţiilor, nu crezi?

1 lună şi 1 an înseamnă, ai ghicit, flamă, adică chimie!

Faza de îndrăgostire!

După faza asta, se intră în construirea încrederii.

Aici devine ceva mai complicat, deoarece este complicat să fii acolo... în două locuri!

După 1 an, când încep să apară pe masă realităţile: nu e acolo de Crăciun, vacanţele sunt puţine, sau deloc etc., dispar substanţele care te îmbată şi începi să te întrebi: ce am făcut?

În flamă, pe val, se compară relaţiile: cea de acasă poate avea suficient de multă rutină, ca să nu-i spun rugină, ca să nu mai fie vie; iar dacă există şi un copil mic, atunci plusul de responsabilităţi, combinat cu absenţa elementelor punctate mai sus, poate să facă lucrurile foarte greu de digerat / gestionat; şi cea nouă – flama, care este fresh, deci arde tare, zâmbeşte frumos, te complimentează, te ridică, te face să te simţi viu / vie etc.

Nu are sens să analizăm ce alegere pare validă, nu crezi?

Mai mult, dacă relaţia de acasă a rămas blocată undeva pe final de fază 1 şi construirea încrederii în cuplu a fost întreruptă de apariţia planului de familie, ehe, să te ţii.

De aceea tot spun, de mulţi ani, că ideea de *slow love* – iubire fără grabă – are sens.

Dai timp să consumi flama, dai timp să începi să construieşti încrederea şi să o exersezi şi apoi intri în planuri de finalitate: căsătorie, copii, credite pe 30 de ani şi multe altele..

Dacă scurtcircuitezi etapele relaţiilor după prima fază, şansele să ajungi la intimitate se micşorează considerabil.

Este părerea mea.

Şi, dacă tot ne aflăm la zona de încredere vs trădare, dă-mi voie să-ţi prezint o viziune provocatoare a lui Terry Real.

Se numeşte „core negative image"şi înseamnă cum îl vezi pe partener/ă când eşti în maximum de încărcare nervoasă.

Pe scurt, cum îl vezi pe celălalt atunci când faci spume!

Să fim serioşi, cu toţii am trecut / trecem prin momente (sper că n-au fost prea multe) în care să spunem: „cine dracu' m-a pus să intru în coşmarul ăsta?"

Ce se întâmplă în momentul respectiv?

Celălalt este cel mai urât lucru care ţi s-ar fi putut întâmpla.

De altfel, dacă îi auzi pe partenerii de cuplu vorbind despre certurile lor crâncene, vei afla tot felul de metafore: *Frate, asta se transformă în hidră, jur. Mă sperie. Zici că are colţi, nu dinţi. / Ăsta? Stă şi se uită ca boul la mine, de parcă nu înţelege ce-i spun* etc.

Imaginea asta nu e neapărat reală şi, cu atât mai puţin, adevărată.

Să-ţi dau un exemplu: iubita mea are senzaţia că ştie să pregătească mai bine cafeaua, în condiţiile în care avem aparat. ☺

Într-o dimineaţă, ne aflam amândoi în bucătărie şi, în timp ce mă îndreptam cu cana de apă spre aparatul de cafea, ea mi-a strigat: „nuuuu!"

Pentru o secundă, parcă am văzut un pitbull, cu dinţii rânjiţi, repezindu-se la pradă. A fost momentul de desfăşurare pentru acest *core negative image*.

Am văzut-o, pentru o clipă, exact ca pe un câine de atac.

Bineînţeles că este o exagerare negativă.

I-am dat imediat acces la imaginea asta şi am râs amândoi cu poftă.

Spre exemplu, atunci când te întorci acasă, puţin mai târziu decât ai anunţat, deoarece te-ai oprit la o bere cu băieţii, fără să-i spui doamnei despre asta şi îi vezi figura aia „gingaşă" de rechin alb, pregătit pentru masa de seară, ai mai multe variante:

1. Nu o iei personal

Înţelegi că, în acel moment, ea te vede fix cu imaginea exagerată negativ.

Poţi fi: bou, porc, nesimţit, insensibil, golan, copil / imatur, nepăsător etc.

Dacă ea îţi spune: „Eşti un iresponsabil, nu îţi pasă de mine şi de casă, sunt mai importante berile cu golanii tăi"; iar tu te „aperi" cu: „Nu am nevoie de prostiile tale, lasă-mă în pace"; ea îţi va replica: „Vezi? Am dreptate!"

Şi are!

Dacă, în schimb, te duci spre ea şi îi spui: *Iubita mea, ai dreptate, am fost un bou. Trebuia să te sun, să te anunţ. Nu ştiu ce a fost în capul meu. Am zis că ling repede o bere, însă m-am lăsat purtat de discuţii şi a trecut o oră.*

Îmi pare rău, dar, uite, sunt aici, alături de tine. Hai să rezolvăm problema care te-a nemulţumit.

Ce ai făcut cu acest răspuns?

Ţi-ai recunoscut gafa şi te-ai arătat dispus să repari.

2. Îi dai dreptate

Intri pe uşă şi cunoşti exact imaginea pe care ea ţi-o lipeşte în momentul respectiv.

Aici simt nevoia de o scurtă clarificare: cum ţi s-ar părea să aveţi o discuţie despre aceste imagini exagerat negative?

Adică ea să ştie cum o vezi tu, atunci când te scoate din sărite şi invers?

Pentru că, vezi tu, dacă eşti bărbat şi îţi este clar că atunci când e supărată, tu arăţi ca un bou în ochii ei, dacă o comiţi, te poţi pune în patru labe şi să faci pe boul.

Există şanse să destinzi atmosfera şi, în circa 5 minute, să beţi împreună un pahar cu vin, sau să vă ţineţi în braţe, rostind cuvinte frumoase... sau chiar ceva sex. ☺

Asta nu funcţionează dacă este a 40-a oară când vii de la bere, cu 2-3 ore întârziere, fără să-i fi spus că ai chef de bere.

Mai poţi apela la ceva, la compasiune, adică la bunătate.

Te conectezi la el/ea şi afli ce anume ai produs prin atitudinea ta.

Exerciţiul mi se pare minunat pentru economia fazei de construcţie a încrederii în cuplu. Şi afirm acest lucru, deoarece ar fi bine să facem diferenţa între iluzia îndrăgostirii, care postulează că lângă celălalt totul va fi roz mereu, şi realitatea relaţiilor: există momente când persoana pe care o iubeşti te va scoate din sărite!

Asta nu înseamnă că te afli într-o relaţie proastă, toxică, sau care nu merge, ci că te afli într-o relaţie. ☺

Orice relaţie are aceste 3 procese: armonie – dizarmonie – reparare, sau, dacă vrei: apropiere – distanţare – întoarcere.

Care este cheia?

Să ne placă mai mult compania celuilalt, decât lucrurile care ne pot scoate din sărite!

CAPITOLUL 3

Ce facem cu sexul şi infidelitatea?

În primul rând, le definim.

Este primul şi cel mai important pas.

În general, aşa cum probabil s-a întâmplat şi în cazul tău, când spunem infidelitate, ne gândim exclusiv la ieşirea în afara relaţiei, adică la sex cu alte persoane.

Fie! Hai să punem şi puţin sentiment, ca să stăm cu sufletul pe sec. ☺

Ne aflăm deja la jumătatea acestei cărţi şi, după ce am parcurs atâta informaţie, sper eu utilă, cred că n-are rost să-ţi mai spun faptul că trăim în eroare.

Sau definim prost / vag / ambiguu infidelitatea!

Şi spun asta pentru că mi se pare că ne temem prea mult să nu apară cineva care să ne „fure" partenerul/a, de parcă ar fi ceva real în frica asta (stai calm/ă, se duce singur/ă şi decizia lui / ei nu are neapărat legătură cu tine), fără să fim atenţi la trădările dinăuntrul relaţiei (cred că ai văzut suficiente exemple de trădare până aici).

Am auzit de mii de ori formularea: *dacă mă înşală, îl/o părăsesc.*

Nu am auzit aproape niciodată: *dacă se poartă urât cu mine, dacă nu mă respectă, dacă mă jigneşte, dacă nu mă ascultă, dacă mă respinge, îl/o părăsesc.*

Semn că nu avem o problemă cu: devalorizarea, lipsa de respect, limbajul vulgar, embargoul sexualo-afectiv etc., însă ne pasă doar de sexul cu alte persoane.

Sfântă competiţie a orgoliilor. O competiţie lipsită, desigur, de lauri, însă stropită abundent cu lacrimile eşecului.

Nu crezi că ar fi cazul să privim la tot ceea ce înseamnă trădare?

Inclusiv la cum trădăm noi relaţia pe care o avem?

Sunt convins de faptul că ar fi excelent / superb / mirobolant / de mare ajutor dacă am putea să conştientizăm mai bine ceea ce facem noi.

Dacă eu decid să închid viaţa sexuală a relaţiei mele fără să-mi anunţ iubita, iar apoi mă plâng că m-a înşelat, atunci sunt un mincinos ordinar.

Sună dur, dar este părerea mea şi mi-o asum.

Dacă eu nu îi dau acces la ceea ce simt, gândesc, îmi doresc, la fantezii şi planuri şi lucrez la ele în lumea mea, atunci eu trădez, nu ea.

Dacă eu aleg să cultiv relaţii extra – nu există accidente, ci decizii – şi mă retrag din relaţia de bază şi, mai mult decât atât, neg că s-ar întâmpla ceva, eu sunt cel care trădează relaţia.

Înţelegi?

Cam aşa stau lucrurile. Pe bune.

Hai să învăţăm să spunem: „Mie nu-mi place cum merge zona x.

Ce părere ai despre asta?

Crezi că putem lucra împreună?"

Acest lucru înseamnă că, din nou, sunteţi echipă şi discuţi cu celălalt cu dorinţa de îmbunătăţire.

Dacă tu spui că eşti nemulţumit de frecvenţa scăzută din viaţa sexuală, dar nu ai vorbit despre asta, atunci e despre tine.

Dacă vrei ca relaţia ta să meargă, dă acces!

Spune adevărul!

ADEVĂRURILE NEROSTITE OMOARĂ CONECTAREA!

Dacă nu există reciprocitate, adică celălalt decide să nu-ţi dea acces şi îţi blochează discuţiile cu răspunsuri de genul: „nu mă interesează, pentru mine e OK, nu e problema mea", poate că n-ar fi rău să te gândeşti ce ai de făcut.

Rămâi în relaţie, dar te trădezi pe tine, sau pleci, deci alegi grija de sine?

Te invit să luăm un caz concret de infidelitate clasică.

Cum s-a întâmplat în cazul cuplului mişto despre care am scris în capitolele anterioare. El a făcut o „aroganţă copilărească", deci o chestiune care n-a contat pentru el, dar ea a fost dărâmată.

Cum reparăm o astfel de întâmplare?

Cum resudăm relaţia?

În primul rând, ne asigurăm că obiectivul nostru nu s-a schimbat: „Vrem să fim împreună!" Este o verificare obligatorie!

Dacă s-a schimbat, repararea va fi complicată şi mi-e greu să cred că va fi şi autentică.

Dacă obiectivul este acelaşi – aşa cum s-a întâmplat în cazul lor –, atunci începi cu conectarea la trădare a ambilor parteneri, aflând ce a însemnat pentru unul şi ce a însemnat pentru celălalt.

Aici pot exista diferenţe mari: el să spună că nu s-a întâmplat nimic („n-a însemnat nimic"), iar ea să fie pilaf.

Aici este bine ca acela care a înşelat să fie acolo pentru celălalt – să asculte, cu scopul de a înţelege, nu cu scopul de a oferi soluţii.

Încă este devreme pentru soluţii.

Întâi trebuie să stea acolo şi să răspundă, pe cât de sincer posibil, la toate întrebările.

A nu se intra în dramă, adică cel înşelat să aibă o armă nouă, cu care îl biciuieşte pe cel care a înşelat.

Nu, scopul este conectarea!

Este etapa în care cel care a înşelat trebuie să ofere garanţii că aventura s-a încheiat sau că nu se va repeta.

În cazul prezentat aici, vorbim despre cea mai veche meserie din lume, nu despre o colegă de birou, deci despre sex pasager, nu despre o relaţie paralelă.

Dacă este o relaţie şi cei doi chiar declară că vor să repare, cel care a trădat trebuie să-l asigure pe celălalt că a încheiat relaţia respectivă.

Altfel, o spun ferm, nu au ce să caute în terapie de cuplu!

Nu ai cum să ai şi secrete, şi intimitate în acelaşi timp în relaţie.

Mai ţii minte?

Despre acest aspect este vorba aici.

Empatia reciprocă joacă un rol important, la fel ca formarea unor noi reguli de funcţionare.

Uite, undeva prin 2020 am lucrat cu un cuplu la fel de mişto.

În cazul de faţă, el fusese cel înşelat.

Şi nu fusese *one shot*, cum se spune, ci o relaţie paralelă.

La prima şedinţă, omul era distrus!

Ciobuleţe mici, mici.

Privea doar în pământ!

Se abţinea cu greu să nu plângă.

La finalul şedinţei, le-am spus: „Eu nu sunt aici pentru a vă împăca! Nu am această obligaţie! Pot să vă susţin şi dacă veţi alege să vă despărţiţi."

La şedinţa următoare, el mi-a zis aşa:

„Există un motiv clar care m-a făcut să revin.

Data trecută mi-ai spus că nu eşti aici ca să ne împaci cu orice preţ.

Mi-a plăcut mult şi am simţit că merită să încerc."

Nu a fost simplu.

El avea simptome de PTSD.

Erau vizibile.

Cam ce simptome pot apărea după infidelitate?

Amintiri şi gânduri intruzive despre evenimentul traumatic (trădarea), reacţii emoţionale puternice la triggere (orice ar putea declanşa conectarea cu evenimentul traumatic), coşmaruri, evitare (de oameni, de locuri, de senzaţii, de activităţi care-ţi aduc aminte), stări constant depresive, ruşine şi vină, dorinţa de izolare, îţi pierzi interesul referitor la ceea ce-ţi făcea placere până la momentul trădării, gânduri negative care preiau controlul vieţii tale, anxietate (eşti tot timpul cu garda sus), furie, obsesie despre trădare etc.

Ştiu ce înseamnă bărbat rănit.

Am câteva dâre serioase pe... suflet.

În drumul parcurs alături de ei, am apreciat-o pe ea, pentru că a ales să-i fie alături, chiar dacă el devenise, cel puţin la început, uşor agresiv cu „povestea" şi aproape abuza de asta.

I-am atras atenţia şi l-am orientat spre obiectiv.

Ţine minte: orice partener care a fost înşelat are simptome de PTSD, are gânduri, extrem de greu de gestionat, cu partenerul/a făcând sex cu altă persoană etc.

De aceea este nevoie de atenţie, astfel încât cel înşelat să nu se simtă vinovat.

Iar de aceste lucruri se va ocupa atât terapeutul, dacă se alege terapia de cuplu, cât şi, mai ales, cel care a înşelat (el este cel care trebuie să repare).

REPET – MAI ALES CEL CARE A ÎNŞELAT!

Dacă cel care a trădat nu e acolo, nu se implică, nu participă la proces, va fi imposibil ca cei doi să se mai conecteze la vreun obiectiv.

Cel mai greu a fost ca cei doi să-şi dea voie să-şi exprime emoţiile.

Şi să şi le asculte.

Nu oricum, ci evitând cei 4 ucigaşi ai relaţiilor: dat vina, privit de sus, ziduri etc.

Pur şi simplu să îi spună celuilalt ce a simţit când a trădat, sau a fost trădat/ă.

Este extrem de complicat însă, dacă vrem să ne conectăm, este necesar să înţelegem bine ce a însemnat trădarea.

Altfel, cum ne putem lua angajamente de viitor?

Pe ce s-ar baza?

Infidelitatea înseamnă nu doar trădare, ci şi ruptură.

O ruptură a ceea ce a fost!

De aceea, înainte de a creiona orice obiectiv, mi se pare util să răspundem unor întrebări deloc simple:

1. Îmi mai doresc să fiu aici, lângă acest om?

2. Mă mai simt atras/ă de acest om?

Răspunsul trebuie să apară în urma unei introspecţii amănunţite.

Serios, mă mai văd lângă el/ea peste 5 ani?

Dar peste 10?

Dacă răspunsurile sunt negative, ar fi bine să opreşti orice şi să vă separaţi.

Nici nu se mai ajunge la întrebarea: „de ce vrei să mai rămâi?”

Aici ar fi excelent să încercăm să nu introducem motive care n-au legătură cu voi: copii, credite, prieteni, statut etc.

Niciunul dintre motivele astea nu vă pot ţine împreună, câtă vreme unul dintre voi, sau amândoi, nu mai este conectat la ceea ce numim generic NOI.

Dacă răspunsul la aceste întrebări este DA, atunci va fi nevoie să ne suflecăm mânecile şi să ne apucăm de negocieri pentru noua relaţie.

Cei doi clienţi ai mei şi-au făcut nişte liste foarte interesante pentru noua relaţie.

A fost extraordinar să îi văd cum au ajuns să discute despre nevoi şi dorinţe, despre o nouă poveste, apărută după ruptură. Au negociat foarte frumos restartul.

Mă declar un fan al negocierilor după, să zicem, 3 ani de relaţie.

Chiar dacă nu au existat rupturi sau infidelităţi.

Am mai scris despre ideea de negociere. Nu vă feriţi de ea. Este utilă.

Să te aduni, să faci un bilanţ, cu plusuri şi minusuri şi să trasezi direcţia pentru următorii 3 ani.

Şi tot aşa...

Cred în acest gen de reconectare periodică.

Pur şi simplu nu cred în relaţiile în care cei doi nu se conectează la prezent.

Nu întotdeauna partenerul care-ţi oferă siguranţă este şi partenerul potrivit.

Dacă siguranţa nu este dublată şi de dorinţă, atracţie, sau iubire, vom ajunge în situaţia în care există confort, însă nu pare că există şi curgere.

Va lipsi ceva.

Iar starea aceasta de fapt va genera tot felul de probleme.

În cazul în care cei doi decid să meargă mai departe, este necesar să modifice câte ceva din felul în care comunică.

1. Renunţi la formulările care încep cu „tu”.

De ce te sfătuiesc să faci asta?

Simplu.

Celălalt va recepţiona rapid un mesaj de atac, care îl va pune faţă în faţă cu ruşinea şi vina şi va avea un răspuns pe măsură, din starea de hiperexcitabilitate – fugă sau luptă –, deci relaţia va avea de suferit.

Drept urmare, pentru doi oameni care au un obiectiv comun, se recomandă folosirea formulărilor de tipul acesta: „simt că!”

Simt că nu vrei să-mi spui ceea ce simţi.

Este corect ceea ce simt? Există ceva care te reţine?

Vezi? Nu există atac. Ci doar o invitaţie. O invitaţie la conectare.

Uneori, la o astfel de abordare, celălalt poate să spună:

Da, ai dreptate, mă tem că, dacă îţi spun ceea ce simt acum, te vei simţi prost, sau vinovat/ă şi nu îmi doresc asta.

Ce avem aici?

Frică şi grijă în acelaşi timp.

„Nu vreau să te fac să te simţi prost" – înseamnă grijă, „îmi pasă de tine". „Mă tem" înseamnă frică!

La ce s-ar rezuma această frică?

La punerea celuilalt partener în situaţia de a gestiona ruşinea şi vina şi, deci, la un răspuns tot din hiperexcitabilitate (luptă-fugă).

Care este mecanismul ales?

Evitarea!

Prefer să nu spun, deci voi ţine pentru mine.

Efectul acestei strategii este devastator în timp, în sensul că aduni resentimente.

Ce se va întâmpla cu ele? Se vor duce tot în capul celuilalt, doar că înzecit sau însutit. Şi vor fi mult mai greu de gestionat.

Este doar o chestiune de timp.

Bine ar fi să nu sprijinim genul acesta de practici.

Bine ar fi să ne conectăm, chiar şi atunci când există tematici care nu ne sunt confortabile. La bine şi la greu, mai ţii minte?

Fix ăsta este momentul despre care vorbim – la greu!

Să fiu acolo, la greu şi să îi dau celuilalt acces.

2. Un alt pas extrem de important este *conectarea la nevoi, nu la lipsuri.*

De ce anume are nevoie cel rănit de la cel care a rănit?

Îşi doreşte să fie implorat/ă?

Îşi doreşte un restart într-o călătorie de împăcare?

Îşi doreşte acces total la conturi? (şi nu mă refer la conturile bancare, ci la reţelele de socializare)

Propune folosirea acceptării radicale?

Pe principiul „este ceea ce este", ne dăm voie să învăţăm să fim sinceri, mai ales atunci când ceva ne deranjează, însă folosim conectarea prin „simt că" şi nu prin „tu niciodată..."

Onorează şi validează emoţiile celuilalt!

Nu încerca să i le anulezi, doar pentru că tu te simţi inconfortabil.

Este momentul să revin la criteriile de selecţie şi la inflexibilitate. Dacă alegi un partener inflexibil, emoţiile şi nevoile tale nu vor fi nici onorate, nici validate.

Acum lucrurile devin şi mai clare, nu crezi?

Să iubeşti înseamnă să onorezi emoţiile, gândurile, credinţele, nevoile, dorinţele şi planurile celuilalt. Deci de flexibilitate!

Fiţi atenţi la triggere! (la declanşatoare)

Pentru că ele vor fi acolo după infidelitate, inclusiv după ce aţi negociat termenii şi condiţiile noii relaţii.

Sigur că vor apărea tot felul de situaţii care vor reaprinde amintiri dureroase.

Fiţi acolo!

Aici m-aş gândi ca cel care a comis-o să preia rolul de cap limpede şi să fie, lângă cel care s-a aprins.

Asumaţi-vă responsabilitatea depăşirii acestor momente trigger.

Asumaţi-vă rolul în reconectare, de fiecare dată când apar astfel de momente.

Încrederea în partener/ă se va resuda.

3. *Construiţi ritualuri de conectare!*

Respiraţi împreună, meditaţi împreună, dansaţi împreună, băgaţi-vă în pat la aceeaşi oră, citiţi împreună, faceţi discuţii de pernă, cum se zice (*pillow talks*), luaţi-vă angajamentul de a nu vă culca supăraţi etc.

Toate lucrurile astea par banale sau ridicole, însă ele sunt cu adevărat importante, nu gunoiul rămas nedus.

Reconstruiţi-vă spaţiul intim: acel spaţiu unde sunteţi doar voi!

Aici intră mai ales spaţiul sexual.

Şi în zona aceasta ar fi indicat să existe ritualuri.

Atât despre cum iniţiem sexul, cât şi despre cum spunem NU.

Ce crezi tu şi ce crede el despre sex?
Ce simţi tu şi ce simte el despre sex?

Treaba cu sexul şi sexualitatea este atât de stufoasă şi se ramifică în atâtea direcţii, încât cei mai mulţi oameni preferă să o ascundă... sub haine, cutume, credinţe, mituri, frici etc.

Privind în profunzime, treaba cu sexul este simplă!

Sexul este un adevărat motor al relaţiilor!

El nu este doar ceva animalic, nu se rezumă doar reproducere, ci reprezintă, dacă vrei, CONECTARE, plăcere, angajament, ataşament, dar şi reparare.

Nu-i aşa că nu l-ai văzut niciodată în felul ăsta?

Nici n-aveai cum.

Cum ai fi putut?

Ţi-a zis cineva ceva despre perspectiva asta?

Privind în societate, aproape oriunde vezi sex!

Imaginea erotică este peste tot.

Mai puţin sexul, în sensul lui real şi profund. ☺

Sexul vinde!

Un mare adevăr demonstrat din punct de vedere social!

Există chiar şi o carte cu acest titlu.

Cartea este, aşa cum cred că te aşteptai, despre marketing, nu despre sex. ☺

Dacă priveşti pe stradă, în reviste sau la TV, peste tot ţi se vând chestii... prin sex.

De la ţigări şi alcool şi până la maşini, de la ciocolată (deşi asta stimulează aceeaşi zonă din creier şi nici nu te face să transpiri), la lenjerie intimă, sau sicrie, de la parfumuri şi până la vacanţe... totul este îmbrăcat în sex.

Ce este aiurea în povestea asta?

Imaginea!

Este prea multă, cu prea mult fard. Este SF.

Pare ireală şi, dacă mă gândesc la rece, chiar este.

Gândeşte-te că mergi pe stradă – eşti o femeie absolut normală, care nu are dimensiunile de revistă, dar nici nu te afli în extrema cealaltă, adică supraponderală/ obeză etc. – şi peste tot vezi că sexul arată într-un anumit fel: ele sunt înalte, tenul este impecabil, dinţii sunt albi ca spuma laptelui (între 1500 şi 3000 de euro, varianta „pe ieftin", iar tu câştigi între 3000 şi 5000 de lei), trupul lor este slim, dar bine proporţionat, au sâni şi fund, sunt în general tinere etc.

Nu tu plică de grăsime pe abdomen, nu tu colăcei, nu tu celulită, nu tu gravitaţie în zona pieptului, nu tu urme de la naşteri...

Şi la ei este la fel: sunt frumuşei, obligatoriu tineri, au pieptul şi braţele bine lucrate, six-packs (un chin incredibil, cumplit de greu de realizat, dar şi de menţinut), zâmbetul impecabil, sunt înalţi (peste media populaţiei) etc.

Ce impresie îţi rămâne când vezi, aproape peste tot, genul ăsta de imagine a sexului? Că tu, femeia aceea normală, care îşi rupe tălpile la clase, de 3-4 ori pe săptămână, nu reuşeşti să arăţi „ca alea", deci nu vei avea acces la sex bun.

Are sens?

Imaginea asta retuşată, polişată, aproape perfectă, a fost lipită de ideea de sex bun, de succes sexual.

Mesajul este cinic: doar dacă arăţi într-un anumit fel va fi wow.

Asta îţi spune societatea!

Hai să-ţi spun un secret – şi sper să nu fie secret şi pentru tine – lucrurile nu stau deloc aşa!

Sexul nu este marketing!

Am avut parte de nişte experienţe sexuale absolut wow cu femei care n-aveau nicio legătură cu ceea ce vezi la TV, sau în bannere, pe stradă.

Nu că eu am vreo legătură cu masculii din reclame. ☺

Au fost nişte conexiuni fantastice.

Şi existau şi: plică, uneori şi influenţa gravitaţiei la nivelul pieptului, şi celulită pe ici-colo... De toate...

Însă totul pleacă nu de la ceea ce vezi în reclame, ca imagine a sexului, ci de la cum îţi porţi pielea – de la atitudinea ta, de la cum te vezi / simţi. TU PE TINE!

Pentru asta însă, ai nevoie întâi să-ţi cunoşti bine corpul.

Bine de tot.

Şi dacă eşti bărbat, să ştii că se aplică acelaşi principiu.

Acum, hai să te întreb cât se poate de direct: ce înseamnă sexul pentru tine?

Plăcere?

Durere?

Frică?

Nesiguranţă?

Bucurie?

Relaxare?

Ruşine?

În funcţie de răspuns, poţi corela modul în care te raportezi la sex, cu insatisfacţia pe care ai trăit-o în relaţiile tale anterioare.

De ce spun acest lucru?

Pentru că satisfacţia sexuală ţine de CONECTARE, deci de tine, nu de celălalt!

Conectare înseamnă întâi să fii tu cu tine în câmpul plăcerii erotice şi apoi să te conectezi cu celălalt.

Valabil şi pentru noi, bărbaţii.

Am făcut sex cu femei care arătau senzaţional, dar cu care nu a existat o conectare reală.

Prea multe ziduri înalte...

Ele erau doar fizic acolo, nu şi profund.

Am făcut sex cu femei plinuţe, cu care m-am conectat incredibil; am făcut sex cu femei minione, slim, cu care am simţit că mă întrepătrund; am făcut sex cu femei subţiri şi înalte, cu care pur şi simplu m-am abandonat...

Care a fost elementul-cheie?

Nu, nu eu! Nu doar eu!

Eu sunt un simplu bărbat, ca oricare altul.

Să zicem că mă descurc cu excitarea intelectuală şi că înţeleg cât de cât corpul femeii.

Asta pot să-mi atribui.

Dar nu asta a fost cheia.

Ci ELE!

Nivelul la care ajunseseră în cunoaşterea propriului corp, în cunoaşterea propriei sexualităţi, a propriei plăceri.

Eu doar am fost primit în conectarea cu ele.

Şi le-am primit.

Ne-am lipit precum priza şi încărcătorul, într-un ocean de trăiri superbe.

Asta n-are legătură nici cu forma sânilor, nici cu rotunjimea feselor, nici cu zâmbetul alb impecabil (sigur, igiena dinţilor este importantă), nici cu pătrăţelele de pe abdomen, sau cu lungimea penisului.

A avut legătură, de fiecare dată, cu capacitatatea de CONECTARE la nivel profund.

Nu există sex pe steroizi, adică în universul ăla al imaginii perfecte, afişată bombastic la nivel social sau pe internet.

Există cunoaştere de sine şi atitudine!

Sunt elementele care produc momente wow de conectare erotică dintre doi oameni.

Mai există o eroare socială – ni se arată că putem avea parte de sex de calitate doar după ce obţinem anumite lucruri – statut, bani, maşini, case, salariu nu ştiu de care etc.

Ce înseamnă o asemenea eroare?

Că sexul vinde iluzii şi motive de stres, nicidecum plăcere reală şi conectare profundă.

Nu ţi se pare bizar faptul că, deşi trăim în era expunerii instantanee, unde totul pare perfect în online şi la TV, cam 70% dintre femei declară că nu au parte de sex de calitate în relaţiile lor?

Crezi că fetele alea care apar pe Insta, fetele care îţi produc uneori reacţii „curioase" (poate chiar furioase) în pantaloni, sunt toate fericite din punct de vedere sexual?

Dă-mi voie să mă îndoiesc.

Unele pot fi, altele nu!

Satisfacţia sexuală nu se acoperă cu... filtre pe Insta.

Nu ţi se pare bizar că infidelitatea feminină a crescut cu 40% în ultimii 50 de ani, iar cea masculină a rămas relativ constantă?

Ţi se pare că e mai bine azi?

Mie mi se pare doar o altă extremă.

Ai senzaţia că starea aceasta de fapt favorizează femeia, că o eliberează în vreun fel? Mie mi se pare că tot bărbatul are de „câştigat".

Mai mult, promovarea sexului dezlipit de sentimente este o altă eroare cumplită.

Este părerea mea şi ca bărbat, dar şi ca tată de fată.

Undeva prin luna martie (2023), un prieten mi-a arătat o filmare de la un show de striptease, de 8 Martie.

Pe scenă, un tip masiv îşi bălăngănea penisul lângă faţa unei doamne. Toată lumea era în extaz. Sincer, scena mi s-a părut de un dezgust cumplit. Parcă vedeam o gaşcă de puşti care îşi arătau c*rul sau penisurile, când treceau autobuzele sau, în funcţie de zona geografică a ţării, trenul.

Nimic erotic.

Sincer, decât să te „distrezi" aşa, mai bine faci sex! E mai eficient.

Gândeşte-te cum eşti atunci când, singur/ă fiind, întâlneşti pe cineva care-ţi aprinde inima şi pantalonii?

Arzi!

Simţi că totul e / va fi OK.

E posibil ca şi sexul să pară bun.

Ce faci imediat?

Visezi la o relaţie!

Ei bine, se poate întâmpla ca relaţia aia să înceapă, iar peste 2-3 ani, sexul să nu mai pară atât de bun, sau să nu mai fie deloc.

Ce faci?

Fie dai vina pe circumstanţele vieţii – muncă, stres, copii, spaţiu locativ etc., fie dai vina pe partener/ă: stă prea mult la muncă, nu mai iniţiază nimic, nu mă mai doreşte, „ştiu eu că are pe altul/a".

Niciodată nu te uiţi la ceea ce ai făcut tu, la cum ai participat TU la asta.

Cum s-a ajuns aici?

Nu sunt aceleaşi două persoane cu vulcani în piept, creier şi între picioare?

Apropo, când ai încercat ultima oară o lenjerie, un teasing?

În situaţia cu pricina, aş identifica două explicaţii: fie a fost doar flamă, fără posibilităţi de a atinge conectarea profundă; fie lipsa de educaţie sexuală a stins focul din soba simţirilor.

Sau mai e ceva, ce ţine tot de lipsa de informaţie: prioritizăm orice altceva şi ne culcăm pe o ureche!

Şi ajungem în situaţia absolut idioată în care acceptăm faptul că e OK că nu mai facem sex, că e normal să fie aşa.

Nu, nu e!

Când combini elementele care pot produce adevărate baraje în calea conectării sexuale profunde, cum ar fi: educaţia sexuală precară, sau inexistentă, prioritizarea altor activităţi, credinţe limitative, trauma de natură sexuală, experienţele proaste etc., ajungi să crezi că sexul bun este mai degrabă ceva ce întâlneşti doar în pornografie şi în filme, fiind un lux în viaţa de zi cu zi.

Că tot vorbeam despre credinţe despre sex, alimentate serios de o educaţie precară, putem analiza două unghiuri total opuse de a privi sexul, în sensul că bărbaţii (unii) îl văd ca pe un sport, ca pe ceva performant – inspiraţia pornografiei este evidentă (acolo femeia este o maşinărie gata oricând, oricât, oricum şi are mereu orgasm = total fals, de altfel); iar femeile (nu toate) nu îl văd ca pe ceva important pentru o relaţie plină de bucurie (mai ales după ce apar copiii).

Dacă te uiţi la ce se comentează la articolele despre sex pe care le postez, vei vedea foarte multe femei care fie înfierează sexul, fie îl iau la mişto, fie consideră că nu este important. Dar vor, sau cer, iubire. ☺

Ce nu înţeleg aceşti oameni este faptul că sexul profund, cu conectare, pe care nu ţi-l explică nimeni, ci îl descoperi tu, în procesul de dezvoltare personală (sexul chiar este un proces de dezvoltare personală), este o unealtă care poate repara şi alte zone ale relaţiei!

SEXUL CONSTRUIEŞTE, DAR ŞI REPARĂ!

Ce construieşte?

O conexiune profundă, o echipă solidă, un angajament şi ataşament de siguranţă!

Ce repară?

Boacănele care pot apărea în relaţie.

Repară distanţările, tristeţile, nemulţumirile etc.

Nu mă aştept să fii de acord cu mine.

Însă îţi spun că, atunci când te conectezi la sex, poţi obţine: *deschiderea de a da acces la cele mai intime şi profunde gânduri, emoţii, planuri etc.; bucurie în fiecare zi (nu te speria, n-am spus să faci sex zilnic), o conectare fizică şi emoţională cu celălalt (mai ales după ce ani întregi l-ai luat de bun), o exprimare lejeră a afectivităţii, mai multă generozitate, calm şi stare de bine, siguranţă şi explorare, plăcere şi orgasm, dorinţa naturală de a petrece timp împreună, mai puţină durere (şi fizică şi emoţională), mai multă energie şi vitalitate, te simţi bine în propriul corp.*

Acum, gândeşte-te că eşti într-o relaţie unde viaţa sexuală scârţâie sau s-a oprit, chiar dacă nu a existat o discuţie clară despre asta (şi în cele mai multe cazuri de acest gen nu există).

Să spunem că aţi ajuns să credeţi că e OK să nu faceţi sex.

Câte dintre lucrurile enumerate mai sus sunt absente din relaţia voastră?

Nu vreau să fac estimări, însă aş spune că toate.

Am dreptate?

Oamenii care nu mai fac sex comunică la nivel superficial.

Sau nu mai comunică!

Listele de cumpărături nu înseamnă comunicare, ci necesităţi!

Poate că cei doi au grijă de copii, însă chiar sunt fericiţi?

De ce ajungem acolo?

De ce nu reuşim să avem parte de sex de calitate?

Am simţit de la bun început întrebările astea, le-am simţit suflul în ceafă.

Pentru că există baraje, uneori foarte mari.

Şi aici nu mă refer doar la societate, deci la ceea ce ni se prezintă ca fiind sex, atât în media, sau pe internet, cât şi în zona pornografiei.

Aici mă gândesc la altfel de baraje, cum ar fi:

1. Credinţe limitative

O clientă mi-a spus că simte ruşine atunci când ajunge să facă sex.

La o analiză amănunţită, cu calm, am aflat că se temea de inchizitorul ei – tatăl ei – care îi spusese, încă de mică, că sex fac doar curvele şi că, dacă o prinde, o bate rău.

Micuţă fiind, ea n-a avut capacitatea de a înţelege că, de fapt, tatăl ei se temea de începerea vieţii sexuale a fiicei lui, neştiind cum să gestioneze o etapă firească din dezvoltarea copilului şi a luat de bun ce i s-a spus.

Mai există şi zona credinţelor de natură religioasă – sexul e ceva murdar, animalic, urât etc. şi doar curvele îl fac. ☺

2. Abuzuri sexuale

Din păcate, trăim într-o societate în care şi fetele, şi băieţii au trăit tot felul de abuzuri. Ştiu că nu se vorbeşte prea mult despre aceste lucruri, mai ales despre abuzurile din viaţa băieţilor, însă am lucrat cu tot felul de situaţii: de la atingeri nepotrivite până la viol. Toate lasă urme!

Absolut toate.

Sigur, fiecare se dezvoltă şi se manifestă în felul său, însă efecte există, întotdeauna. Chiar ar fi interesant de văzut ce se află în spatele anorgasmiei.

Dar nu intru acum în detalii.

3. Bullying

Încă din copilărie ţi s-a spus că eşti gras/ă, sau urât/ă, ba chiar ţi-ai auzit părinţii stând la o discuţie „îngrijorată” şi profund inutilă, spunând: *Ce ne facem cu ăsta/asta, e grasă, mică şi urâţică. Cine o să o ia?*

Şi aceste lucruri pot forma adevărate baraje în calea dezvoltării unei sexualităţi sănătoase. În momentul în care treci prin astfel de experienţe de viaţă, fie sexul ajunge să ţi se pară ceva total nesigur, fie ajungi să-ţi spui că el este cu bucurie doar în anumite circumstanţe (fie ele şi clandestine – vezi cazul evitanţilor).

Toate aceste bariere ne opresc din drumul spre conectarea profundă şi autentică.

4. Luăm la mişto sexul

Nu ştim mai nimic despre el, dar râdem de el la greu.

Am văzut că se practică şi genul acesta de abordare, de bullying.

Ce mă iei, bă, cu de-astea? Oricine ştie să facă sex!

Mare şmecherie. Nu mai ştiţi ce prostii să vindeţi.

Chiar mi-a scris un domn ceva de acest gen. Era tare supărat pe mine.

N-a avut sens să îl întreb despre ce a simţit, de-a lungul vieţii, în interacţiunile lui sexuale, deşi cred că ar fi fost interesant...

5. Asocierea cu pornografia

Tot o formă de a lua sexul la mişto o reprezintă asocierea cu pornografia.

Dacă ai ascultat cu atenţie, majoritatea discuţiilor despre sex se referă la imaginea socială a sexului, nu la imaginea reală a lui.

Cei mai mulţi bărbaţi vorbesc despre lungimi şi durate (măsurabile în numărul orgasmelor produse), iar ele vorbesc, interesant, despre acelaşi lucru.

Chiar de curând am auzit o discuţie între nişte doamne de 40+, care spuneau că sexul cu băieţii mai tineri este mai bun, deoarece ei schimbă mai multe poziţii.

Le-am zis, calm, ceva de genul:

Scuze că vă dezamăgesc, dar sexul este despre conectare, nu despre impresie artistică sau performanţă.

Ştiu, sunt un „bătrân" frustrat. ☺

Rar am auzit femei care să spună:

Am făcut sex cu un bărbat care m-a făcut să simt că zbor. Pur şi simplu a fost o experienţă extraordinară. Ne-am conectat superb. Timpul s-a oprit!

La bărbaţi... ce să zic... şi mai rar. Ei nu prea vorbesc cu nimeni despre sex. ☺

Ce lipseşte în ambele zone?

Conectarea la ceea ce înseamnă, de fapt, sex, şi nu la ce ni se arată că ar fi.

Cu orice risc, spun că a-ţi lua informaţii despre sex de la pornografie este mai degrabă un defect, decât o calitate.

Cu cât cultivi un asemenea obicei, cu atât te îndepărtezi de orice idee de conectare profundă.

Sexul chiar este un pilon important al unei vieţi de cuplu fericite, alături de sănătatea fizică şi psiho-emoţională, de iubire şi sănătatea financiară.

Aş pune aici şi sănătatea spirituală.

La cuplurile în care viaţa sexuală nu merge sau încetează este o chestiune de timp până când cineva se va simţi abandonat, respins, şi va aduna un munte de resentimente.

În ciuda faptului că mulţi oameni nu cred şi nu ştiu ce beneficii poate avea sexul, atât asupra sănătăţii organismului, dar mai ales asupra relaţiei de cuplu, îţi voi spune că lipsa sexului ne dărâmă mai mult decât am fi tentaţi să credem.

Am văzut, de curând, un studiu care arată că 28% dintre bărbaţii cu vârsta cuprinsă între 18 şi 30 de ani şi 18% dintre femeile din acelaşi segment de vârstă nu au făcut sex în ultimul an.

Înţelegi?

La bărbaţi, procentele s-au triplat în ultimii 10 ani.

Incredibil.

Care ar fi motivele? Multe. Unul dintre ele, spun autorii studiului, ar fi amânarea căsătoriei. Cred că poate avea sens. Dar nu este singurul, evident.

Sexul nu reprezintă cireaşa de pe tort.

Ar fi penibil să credem în acest fel.

Ar rămâne tortul şi ar părea accesibil şi chiar gustos fără cireaşa din vârf.

Nu, sexul este tortul în sine şi nu este un simplu tort, ci unul extrem de sănătos.

Mai ales când îl savurezi în doze potrivite.

Aici nu mă voi hazarda să ofer păreri.

Fiecare cuplu îşi are propriile reguli de funcţionare.

Ideal ar fi să facem sex!

De calitate, dacă se poate.

Deci de unitate, nu de dezbinare.

Este o nuanţă foarte frumoasă.

Sexul de unitate este acel sex calitativ pentru amândoi partenerii. Amândoi se bucură de această experienţă – rămâne la latitudinea fiecărui cuplu să-şi construiască harta plăcerii. Sexul îi uneşte şi poate fi un motor al relaţiei.

Sexul de dezbinare este acel sex care este calitativ doar pentru unul dintre parteneri, celălalt făcând sex mai degrabă dintr-un soi de obligaţie, decât din dorinţă sau plăcere. În acest caz, lucrurile vor degenera, la un moment dat, astfel încât sexul îi va ţine departe pe parteneri, unul de celălalt, deci va deveni anost inclusiv pentru cel pentru care, la început, a fost calitativ.

Ca o concluzie, ar fi minunat să spunem că sexul este extrem de important pentru relaţii.

Acum te invit să mai legăm puţin legile, vrei?

„Este în interesul tău ca relaţia să meargă", „siguranţă înainte de orice", „sexul construieşte, dar şi repară relaţia".

Îmi place mult cum sună.

Sexul umple relaţia de bucurie, cam ca la începuturile ei.

El te ajută să menţii acea stare de îndrăgostire.

Băi, Vulpescule, mă laşi? Câţi oameni cunoşti tu să facă asta?

Atenţie, ăsta nu este un argument, ci o scuză de a nu încerca, sau de a masca lipsa de interes, pierderea lui.

Chiar îmi pare rău că nu cunosc mai mulţi.

M-aş bucura. N-am dubii că nu există! Dar e clar că nu ajung la consiliere / terapie.

Ar însemna mai mulţi oameni satisfăcuţi de relaţiile lor, mai mulţi oameni zâmbitori, mai mulţi oameni sănătoşi fizic şi psiho-emoţional, mai mulţi oameni care au grijă de starea lor de bine.

Atunci când îţi faci un obicei din a avea sex bun, cu conectare, nu doar cu descărcare, simţi că întinereşti, că te întorci în timp.

Eu am 46 de ani.

Şi mă uit la bărbaţii de vârsta mea.

Cred că se vede imediat bărbatul care este mulţumit din punct de vedere sexual.

E mai motivat, are mai multă grijă de el, arată bine, pielea luceşte frumos, zâmbeşte mai mult, ţine capul sus, priveşte încrezător.

Nu vreau să mă hazardez, însă aş spune că şi la femei este la fel.

Atunci când vezi o persoană abătută, destul de neîngrijită, oare ce crezi că ţi-ar răspunde la întrebarea: cum stai cu sexul?

Nu e nevoie să faci acest test.

Gândeşte-te doar ce se întâmplă cu o femeie care, după ani de stat într-o relaţie care nu a mulţumit-o, care nu i-a adus bucurie sau fericire, ci multe nedumeriri, neplăceri, sau suspiciuni – iar asta nu este neapărat doar despre celălalt, ci şi despre ea –, întâlneşte un bărbat care îi oferă atenţie şi îi face curte?

Nu cumva începe brusc să se aranjeze?

Nu cumva dă fuga la mall sau pe site-urile de haine şi îşi face un update la garderobă? (inclusiv în zona lenjeriei?)

Nu cumva începe să umble şi la cosmetică, machiaj, păr etc.?

Oare de ce?

Nu cumva pentru că i s-a reactivat pofta de... viaţă... de sex?

Întrebarea este: cine i-a scăzut-o în relaţie?

Pentru că, dacă retragerea s-a produs din cauza lipsei de educaţie sau a unor abuzuri, credinţe etc. degeaba se lipeşte de noul venit.

Ea riscă să repete retragerea din relaţia actuală!

Noul venit nu este altceva decât ceva... nou!

Ceva fresh! Până când se învecheşte, la rândul lui.

E posibil ca şi el să se aprindă, însă va spera ca ea să nu se schimbe.

Habar n-are că ea este posibil să fi fost la fel şi în relaţia de bază.

Cu activare pe toate planurile, până când... s-a dezactivat...

Aici mă duc cu gândul la femeile care spun: „oricum pasiunea trece!"

Ele au o construcţie mentală în direcţia asta.

Îşi scriu propria retragere sexuală. Zi de zi.

Nu vreau să par că am ceva cu femeile.

E clar că şi mulţi bărbaţi au acelaşi gen de abordare: suntem tari la început, după care ne obişnuim şi facem orice altceva.

Ne pierdem interesul.

Absolut.

Sunt de acord.

Şi aici vine un exemplu ca o mănuşă.

O clientă a ajuns într-un impas în relaţie.

Ştii tu, genul de impas care apare în statisticile INS (Institutul Naţional de Statistică), care spun că relaţiile din România durează undeva la 8-9 ani.

Ea l-a confruntat pe partener, la un moment dat, el a recunoscut că a vorbit cu o altă femeie şi s-a conectat la reparare.

Ce i-a spus el?

N-am crezut că o să te pierd! Aşa că nu mi-a mai păsat. Ba chiar m-am purtat urât cu tine.

Ce a făcut până atunci?

A fost prea sigur de ea.

Şi nu a mai accesat-o ca înainte.

Ce a produs perspectiva / abordarea asta?

Distanţare!

Arcurile patului lor au început să scârţâie, însă nu de la prea multă folosire, ci de la nefolosire!

Arcurile patului lor au ruginit!

De la „prea multă siguranţă".

El s-a culcat pe o ureche, până când n-a mai văzut-o ca pe o fiinţă sexuală şi atunci ochii lui au căutat în altă parte. Există şi femei care fac la fel. Sunt convins.

Femei care uită, sau refuză, să mai fie sexy, conectate, jucăuşe, dornice şi care, din siguranţa pe care o au în legătură cu bărbaţii lor, produc distanţă.

Nu se mai îngrijesc, nu se mai ocupă de contextul prielnic conectării sexuale, fac orice altceva decât să fie disponibile pentru partenerii lor, uneori se plâng prea mult şi îi devalorizează, iar atunci când ei încearcă să se apropie, ele spun că nu au starea necesară, că sunt obosite, ştii tu „nu azi, iubire, pentru că mă doare capul" etc.

Şi tot ele se supără atunci când ei sar peste gard.

Sexul este despre tine, nu despre celălalt!

Îmi pare rău că o dau atât de tare pe tine. ☺

Însă de acolo începe sexul bun.

De la ceea ce ţi s-a spus despre sex, despre ceea ce gândeşti şi crezi despre sex şi despre ceea ce simţi / ai simţit despre sex, la care se adaugă şi ceea ce ai trăit în legătură cu sexul.

Aşa cum am scris şi în *Colecţionarul de despărţiri*, viaţa poate să îţi ofere conectări extraordinare, unele chiar noi şi surprinzătoare.

Aşa a fost prima şi singura mea experienţă de sex tantric (nu insist prea mult).

Era o femeie care n-avea nicio legătură cu ceea ce vedeam în media, sau în pornografie (aşa cum ţi-am spus), însă era o femeie cu atitudine, o femeie care-şi cunoştea perfect sexualitatea.

Eu am venit cu ceea ce ştiam.

Logic, toţi facem la fel.

Veneam cu ceea ce trăisem până atunci, cu propriul bagaj de experienţe şi trăiri.

Erau ceva experienţe interesante, unele inedite, însă nu din zona asta, să-i spunem, rafinată, altfel.

A fost prima femeie care m-a întrebat:

— *Unde te grăbeşti? Calm, simţim, vorbim, respirăm, ne conectăm.*

A fost o lecţie excelentă.

Şi sunt recunoscător că am trăit-o. De mai multe ori. ☺

Aşa cum sunt recunoscător pentru toate celelalte interacţiuni de calitate pe care le-am avut pe parcursul vieţii.

Slavă Domnului că am cunoscut tot felul de zone de conectare profundă.

Toate experienţele sexuale m-au ajutat să mă cunosc mai bine.

Şi cele excelente, şi cele aşa şi aşa, dar şi cele „de uitat".

Posibil să fi fost ceva şi despre mine, nu doar noroc. ☺

Curiozitate a fost sigur, explorare... la fel.

Dacă mă întrebai acum 20 de ani ce înseamnă sex bun, ţi-aş fi spus anumite lucruri.

Destul de vagi, de altfel.

Dacă mă întrebi azi, îţi voi da câteva variante, diferite, dar care fac parte din sexualitatea mea.

Nu există topuri sau ierarhii, ci trăiri.

Trăiri imposibil şi inutil de comparat între ele.

Acolo unde există topuri bazate pe lungimi, grosimi, sau durate... vorbim despre influenţa pornografiei, nu despre experienţă erotică.

Aşa că îmi permit să-ţi spun că e greu să faci sex cu conectare atunci când nu ştii ce înseamnă conectare, atunci când nu îţi cunoşti temeinic corpul şi ceea ce îţi produce plăcere.

Dacă eşti o persoană care are nevoie de o anumită stare pentru a putea face sex, ar fi OK să îţi faci o autoanaliză cu privire la: credinţe, bullying (inclusiv cel pe care ţi-l administrezi singur/ă), frici, anxietăţi, stres etc.

Există mai multe situaţii în care conectarea nu se poate realiza.

Şi acest lucru este fie despre unul dintre parteneri, fie despre amândoi.

Există şi bărbaţi nesiguri, bărbaţi care nu prea ştiu care e treaba cu sexul şi întreabă: „eu unde termin?"; aşa cum există şi femei care se tem să atingă orgasmul cu partenerul de cuplu, soţii care nu ştiu ce să-i spună soţului, atunci când el întreabă: „ce ţi-ar plăcea să-ţi fac?", cât şi femei care nu şi-au explorat niciodată corpul şi aşteaptă minuni de la celălalt. Nu mai vorbesc despre domni cu graba bifării palmaresului.

Dacă nici el nu şi-a explorat prea bine corpul şi sexualitatea, îţi dai seama ce iese?

Eşec, dezamăgire, disconfort, frustrare... reprimare sexuală.

Atunci când apare reprimarea sexuală în cuplu, din cauza lipsei de cunoaştere de sine, atât tu, cât şi celălalt vă veţi simţi: nedoriţi, nefericiţi, nemotivaţi şi lipsiţi de încredere, atât în voi înşivă, cât şi în şansele voastre de cuplu sexual.

Normal că, în avalanşa asta de confuzie, unul, sau amândoi, va calcula şansele din târg...

Doar că va merge în altă parte cu aceleaşi lipsuri.

În acest context, revin la titlul subcapitolului şi te îndemn să preiei frâiele propriei plăceri. Niciodată nu e prea târziu.

Caută informaţii. Ele există!

Caută oameni care sunt specializaţi. Şi ei există!

Citeşte cărţi, dă-ţi voie să te atingi, lasă-l pe celălalt doar să te atingă, pe tot corpul, fără nicio intenţie sexuală, încearcă să vezi ce anume îţi face plăcere şi unde simţi că există rezistenţe.

Nu fugi de orgasm, dar nici nu-l pune pe un soclu înalt, nu-i oferi obligativitate.

Nu e cazul să te transformi într-o maratonistă a orgasmului.

Ideea e să vezi cum îl poţi atinge.

Nu îmi spune de cifre. Le cunosc.

Ştiu că vreo 15% dintre femei n-au avut orgasm niciodată.

Asta nu înseamnă că nu au nicio şansă.

Ci că, poate, rezistenţele sunt foarte puternice şi e nevoie de mai multă răbdare, calm şi informaţie.

Poate chiar şi de terapie.

Pentru anumite femei, orgasmul este, pe bune, un Big O, adică o mare plăcere, dar pentru altele este, tot pe bune, un big o sau, dacă vrei, un Big NO!

Ador acest joc de cuvinte (nu este al meu).

Realitatea, oricare ar fi ea, n-ar trebui să producă un plus de anxietate şi disconfort, ci o curiozitate suplimentară pentru autoexplorare.

Orgasmul nu este un accident, ci un rezultat al autocunoaşterii, la nivel autentic şi profund.

Aşa cum sunt persoane care vin la terapie şi spun: „am stima de sine scăzută", putem vorbi despre asta şi în zona sexuală.

Ce înseamnă stimă de sine scăzută în zona sexuală?

Modul în care te raportezi la tine din punct de vedere sexual!

Ochelarii, lentilele cu care te vezi.

Din punct de vedere sexual, stima de sine scăzută are mare legătură atât cu credinţele, cât şi cu traumele, sau experienţele neplăcute, care duc la un dialog interior negativ: „nu sunt suficient de sexy", „nu mă descurc", „nu pot să satisfac un bărbat / femeie", „nu arăt suficient de bine" etc.

Toate mesajele interioare negative inhibă dorinţa de a te conecta cu un bărbat la nivel sexual.

Şi la bărbaţi este la fel: „mi-e teamă că nu sunt bun", „n-am un penis ca în filmele porno, deci nu voi reuşi să îi produc orgasm", „n-am pătrăţele", „nu am experienţă şi nu ştiu cum se satisfice o femeie" etc.

Nu te speria – bărbaţii doar par că au o stimă de sine ridicată în zona sexuală.

Nu o au! Unii o au, pentru că au fost curioşi şi au experimentat / trăit / învăţat.

Nici ei nu au avut acces la educaţie sexuală, aşa că s-au educat aşa cum au putut. La fel ca femeile.

Aşadar, hai să spunem lucrurilor pe nume: stima de sine sexuală este, aşa cum îi spune numele, despre tine, nu despre partener. Este despre SINE, nu despre celălalt.

Câtă vreme tu nu îi dai acces, câtă vreme tu stai după zidurile anxietăţii, fricii sau ruşinii, el nu va putea să facă mare lucru.

La final, el va crede că nu e bun, iar tu te vei retrage şi mai mult în ruşinea eşecului.

Valabil şi invers.

Câtă vreme te temi că o vei da în bară, chiar o vei da!

Pentru a ne putea conecta la sexul de calitate, la acest sex profund, este musai să stăm în fereastra de toleranţă, deci în starea de calm.

Şi aici!

Mai ales aici.

Doar nu crezi că poţi să faci sex profund atunci când sistemul tău nervos este în starea de ameninţare la adresa vieţii, nu?

Nu contest faptul că nu ai încercat, fie şi din datorie conjugală!

Nu prea merge, nu-i aşa?

Nu vei putea niciodată să faci sex cu conectare atunci când mecanismele funcţionează la avarie.

Aşa cum este complicat să faci şi atunci când eşti anxios.

Nici nu-mi imaginez ce simţi din punct de vedere sexual din starea de atac de panică.

Mi se pare imposibilă lubrifierea naturală sau erecţia.

Pană la urmă, oricum o dai, o atmosferă sigură, în care te simţi apreciat/ă, înţeleasă, respectat/ă, când simţi că meriţi, îţi oferă mai multe şanse de conectare pe plan sexual (şi nu numai), decât stările de pericol sau ameninţare.

Sex de calitate înseamnă să fii conectat/ă la tine, să ştii şi să faci ceea ce-ţi face plăcere!

Hai să luăm o situaţie de viaţă simplă.

Să presupunem că îi spui partenerului tău să rezolve o situaţie – o factură, ceva la maşină, ceva în legătură cu copiii... orice.

Iar el tot amână rezolvarea situaţiei.

Ce faci? Te superi, nu-i aşa?

Corect. Ai dreptate.

Asta nu înseamnă neapărat că el nu e bun, chiar dacă tu deja l-ai zugrăvit în culorile astea terne.

Nu e nevoie să-mi spui, îţi vine acest gând! Este moda actuală!

Ni se întâmplă tuturor, mai ales atunci când simţim că nu suntem ascultaţi sau că nu contează ceea ce ne dorim.

Să presupunem că tu ai „pus botic”, cum se spune.

Eşti supărată.

A ieşit o mică ceartă sau nu neapărat, vă culcaţi, iar tu dormi cu spatele la el, oftând a jale şi dezamăgire. ☺

A doua zi, de dimineaţă, el se trezeşte, îl vezi cum se îndreaptă spre baie, aranjându-şi prohabul, sau poate erecţia de dimineaţă, după care, câteva minute mai târziu, vine în bucătărie, îţi dă bună dimineaţa, cu un zâmbet uriaş pe buze şi dă să te sărute.

Brusc, mâna lui fie te apucă de şold, fie de sân, sau de fund.

Care este reacţia ta într-o asemenea situaţie?

1. *Îi dai acces din punct de vedere intim (nu e obligatoriu să fie 100% erotic)*
2. *Îi spui: „Pe bune? Mai ai şi tupeul să vii să mă săruţi, după tot ce s-a întâmplat aseară?”*

Din experienţa personală – şi nu am narcisismul suficient de bine dezvoltat / exagerat, încât să o iau ca pe un adevăr absolut –, cred că varianta 2 este cea „câştigătoare” de cele mai multe ori. Doar simt, nu am cercetat, dar ar fi interesant, cred.... ☺

Este varianta aia cu jet.

Şi nu cu un jet de plăcere. ☺

Ceva de genul: *până când nu-ţi ceri scuze în genunchi şi nu faci ceea ce ţi-am cerut, accesul la văile mele umede este total interzis!*

Fac pariu că în momentul ăla îţi vine să ţipi şi că te gândeşti cam aşa: *frate, ce fel de animale sunt bărbaţii ăştia? Cum pot să nu ia în seamă ce le spui? Cum pot să se poarte de parcă nimic nu s-a întâmplat? Cum poate să vrea sex, când ştie că sunt supărată?*

OK, hai să-ţi spun un adevăr, de data asta masculin: tocmai aia e ideea!

Te vrea, pentru că te iubeşte!

Te vrea, pentru că ştie că a dat-o de gard şi vrea să repare, iar sexul este o unealtă foarte bună în acest sens.

SEXUL REPARĂ!

Ţi se pare că ne interesează că n-ai făcut duş la birou?

Vrem sex!

În pragul uşii, dacă se poate!

Ţi se pare că ne interesează că vasele din chiuvetă nu sunt spălate?

Nu! Le spălăm după... sex!

Ţi se pare că ne pasă că suntem stresaţi şi că avem nevoie de o anumită stare pentru sex? Nu!

Vrem sex, pentru că ştim că este un destresor natural de mare calitate.

100% bio. ☺

Ţi se pare că ne interesează cearta de aseară?

Nu! Crede-mă, am fi făcut sex şi aseară, dar...

După cum vezi, noi, bărbaţii, nu avem nevoie de condiţii speciale pentru a face sex!

Atenţie! Mai ales atunci când iubim!

VREM SEX PENTRU CĂ VĂ IUBIM!

CÂND IUBIM, NU AVEM NEVOIE DE CONDIŢII SPECIALE, CI DE PERSOANA PE CARE O IUBIM.

Tu, femeie, eşti condiţia specială, suficientă pentru acel bărbat!

Atunci când vine spre tine dimineaţa şi te atinge, el îţi spune: ştiu că am dat-o în bară, ştiu că te-am supărat, dar sunt aici, lângă tine, te iubesc şi te doresc. Nu vrei să-ţi şi arăt cât de mult?

Ştiu că ultimul lucru la care te gândeşti, mai ales după o ceartă, este să stai goală în faţa lui. ☺

Însă ar fi să înţelegi că ceea ce vede el nu este nesimţire, ci dorinţă!

Nu este ceva animalic, ci dorinţa de conectare, de a repara.

El ştie că te-a rănit şi nu îşi doreşte să simtă vină şi ruşine!

Te iubeşte şi vrea să-ţi arate, vrea să se conecteze cu tine!

Iar tu vrei să-ţi repare direcţia la maşină. ☺

Cum poate fi direcţia mai importantă, când el te vrea pe tine?

Tu eşti direcţia lui!

Nu e vreo mare tragedie să mergi cu Uber. ☺

Partea proastă este că deja sunteţi deconectaţi de la cearta de aseară, iar dacă îl respingi, nu vei face altceva decât să creşti această deconectare.

Cum va interpreta el respingerea ta?

Prin frustrare şi suferinţă!

Nu sunt bun. O să o pierd! Mă respinge.

Adună tu vreo 20-25 de respingeri şi vezi ce se întâmplă...

Oare se mai întâmplă ca dimineaţa să vină către tine cu dorinţă?

Sau dimineaţa rămâi singură în bucătărie?

Gândeşte-te: el te alege chiar şi atunci când ştie că a dat-o de gard.

Tu de ce nu poţi?

Nu era vorba despre împreună şi la bine şi la greu?

Nu spun că greşeşti!

Este viziunea ta, care diferă de viziunea lui.

Însă ce facem cu conectarea?

Nu vreau să ţi se pară că iau partea bărbaţilor, însă îţi spun un lucru: noi am cam înţeles faptul că sexul facilitează conexiunea şi creşte relaţia şi aplicăm asta!

Dorinţa noastră sexuală nu înseamnă doar hormoni şi egoism, aşa cum probabil crezi sau ţi s-a spus.

Unde se produce eroarea?

În zona de comunicare!

Iar aici lucrurile sunt simple: dacă ne dăm acces unul celuilalt şi ne conectăm la modul în care privim lucrurile, putem face punţi de legătură, ne putem apropia autentic.

Ia-ţi două minute şi gândeşte-te: ai obţinut vreodată iubire şi conectare prin respingere şi pedeapsă?

Fă-ţi o trecere în revistă a momentelor din relaţiile tale.

Mai ales a momentelor postceartă.

Ce s-a întâmplat?

Cum v-aţi reconectat? Cine a dat acces primul?

Cine a făcut primul pas către celălalt?

Pedeapsa este marea otravă pe care o aplicăm, sau o consumăm, în relaţii.

Ea nu face altceva decât să distrugă ceea ce am construit, fie şi în perioada de curtare. Niciodată nu vei obţine mai multă iubire prin pedeapsă şi respingere.

Cel mult poţi obţine supunere, adică o persoană care să-ţi facă pe plac.

Să fie acesta scopul unei relaţii? Să avem sclavi?

Ţi se pare că te simţi mai apropiată de el dacă îl ţii la distanţă?

În momentul în care se simte respins, el se poate refugia în alte activităţi, mai puţin plăcute ca sexul: muncă, hobbyuri, prietenii etc.

Uneori, lucrurile astea merg şi în zonele extreme: alcool, droguri, jocuri de noroc, femei, alte femei.

L-ai respins tu, el va încerca să „fie bun" în altă parte!

Va face orice pentru a nu se întâlni cu EU NU SUNT BUN.

Nu există: facem sex doar dacă...!

Nu există: eşti bun pentru mine doar dacă...!

Drept urmare, dacă tot vorbim despre sex şi diferenţe, ţi-aş spune aşa: vrei să fie bine în relaţia ta?

Atunci poate că n-ar fi rău să renunţi la strategia pe care ai aplicat-o până acum şi n-a dat rezultate.

Încearcă să mergi şi pe mâna lui. ☺

Mai lasă biciul ăla... lasă controlul.

Nu te ajută cu/la nimic.

Te iubeşte şi te doreşte şi, chiar dacă uneori o dă în bară, el te alege!

Crezi că poţi aprecia asta?

Şi totuşi, tu, domnule, ce faci?

Ce ar fi să vorbiţi şi despre bărbaţii de 40 (+) de ani, care încep să aibă mici accidente, deşi afişează o dorinţă acerbă?

Asta mi-a comentat o doamnă, undeva la finalul anului 2022, la unul dintre articolele de pe blog.

Oh, greu subiect!

Frustrant! Enervant, de-a dreptul.

Pentru toţi cei implicaţi.

Şi totuşi, eu aş privi şi sub borna de 40, deoarece există probleme erectile mult mai devreme, din păcate. Iar motivele sunt multiple – de la presiunile sociale şi până la alimentaţie, stil de viaţă, gânduri etc.

Sigur, după 40 de ani, lucrurile devin dificile, iar aici vorbim şi despre aspectul sociocultural. Uite, să-ţi dau alt exemplu de serial urmărit pe Netflix.

Se numeşte *Alpha Males*.

Este un serial spaniol, care-i are în prim-plan pe 4 bărbaţi, de 40+, cu problemele pe care le traversează.

Am văzut serialul şi, recunosc, aproape că m-am deprimat.

Nu arată deloc bine imaginea bărbatului în serialul cu pricina. Este praf.

Dacă analizez ceea ce aud în cabinet, nici la noi, pe plaiuri dâmboviţene, nu arată tocmai bine. Cu excepţii, evident. Excepţii fiind, bineînţeles, bărbaţii care sunt în relaţii OK, deci nu ajung la terapie. Tot punctez, ca să fie clar.

Până să ajungem la „micile accidente" care, uneori, nu sunt mici deloc, ar fi să analizăm mai multe zone:

1. *Ce înseamnă bărbat în 2023?*
2. *Ce face bărbatul pentru a rămâne/a fi bărbat în 2023?*
3. *Cum este el în relaţii?*
4. *Ce rol îşi atribuie în relaţii?*
5. *Cât de dispus este să asculte nevoile partenerei? Inclusiv nevoile sexuale.*

În era fraţilor Tate, despre care a vorbit / vorbeşte o planetă întreagă, e greu să ceri ca bărbatul să fie pro relaţii şi să fie pro echipă în relaţiile lui.

Are sute de ani de istorie în spate, de roluri disproporţionate, de drepturi depline, deci în zona de echipă, pentru el este un teren nou.

Or, dacă întrebi 100 de bărbaţi ce înseamnă bărbat în 2023, garantez că vei obţine 100 de răspunsuri diferite, cu nişte puncte comune clare: bani şi putere.

Din punct de vedere sexual însă, bărbatului i s-a spus că masculinitatea lui se măsoară prin accesul pe care îl are la sex sau prin trecerea pe care o are la sexul opus.

Iar aici există 3 direcţii mari şi late pe care le poate accesa:

1. Să fie potent financiar

Aici nu mai contează neapărat cum arată.

Cu cât este poziţionat mai sus în ierarhia socială, cu atât este mai râvnit.

Nu este o invenţie, ci o chestiune studiată.

2. Să fie frumos

Şi, dacă se poate, să fie şi destul de bine plasat social. ☺

Dacă este frumos, însă nu stă bine la celelalte paliere, atunci există şanse să fie doar un accesoriu, o experienţă, ceva ce ţine de palmares.

Ceva de genul: „fată... era atât de frumos, nu ai idee, dar nu avea bani, aşa că...”

3. Să fie celebru

Adică politician, artist, actor, sportiv, medic, antreprenor etc.

Sunt zonele care-i oferă unui bărbat un loc în faţă, deci acces mai uşor la sexul opus.

Ştiu că nu mă vei crede, însă simt asta pe pielea mea.

Poţi să râzi, uneori o fac şi eu, pentru că ştiu ce văd zi de zi în oglindă. ☺

Un urs panda, simpatic, deştept şi bun. ☺

Mă rog, hai să spunem încă ceva important – ursul ăsta panda munceşte mult, are grijă de corpul lui (mişcarea este extrem de importantă), cât şi de sănătatea lui psiho-emoţională, intelectuală, sexuală, spirituală etc.

Aspecte de mare angajament.

Ce poţi să faci pentru a rămâne bărbat şi după 40 de ani?

Simplu: să te iubeşti!

Adică să ai grijă de tine, pe toate palierele.

Mai ţii minte ce am scris la limite sănătoase?

Să le trecem şi aici în revistă:

1. Fizic

Aici intră: cum te mişti (sportul este obligatoriu – tu alegi ce înseamnă sport pentru tine, însă scuteşte-mă cu glumele despre bere şi mititei), ce şi cât mănânci, ce şi cât bei, cum te odihneşti, cum ai grijă de părul, pielea, faţa ta etc.

Sunt nişte aspecte de bun-simţ.

Chiar dacă ai nişte kilograme în plus, dacă ele sunt aşezate „pe tare", cum se zice, adică se vede că faci sport, imaginea ta va fi una mai bună decât a unui bărbat de aceeaşi vârstă, dar care este flasc sau fluffy (deci pufos).

Nu mai spun că imaginea de sine şi încrederea de sine se află în strânsă legătură şi că sportul este antidepresiv, pe de-o parte, dar te şi ajută să-ţi păstrezi funcţionalitatea sexuală.

Iată, deci, că primul element care previne „mici accidente" este superimportant.

Pe lângă asta, mai pun la acest capitol şi analizele.

Fie că îţi place, fie că nu, după 40 de ani este obligatoriu să te verifici anual sau la 2-3 ani.

Mă refer la: inimă (mai ales dacă o arzi mult pe canapea, la meci, cu mici şi bere, sau în rateuri constant pe toate planurile), ficat (dacă eşti prieten cu paharul), plămâni (mai ales dacă fumezi ca o locomotivă), prostată (există analize pentru asta) şi colon — tractul digestiv (o zonă superimportantă).

Nici diabetul nu ar fi de neglijat.

Nu ai idee câţi bărbaţi de 40+ nu se caută la nimic.

Şi stau ani întregi cu hipertensiune şi nu ştiu de ea.

Sau ajung la diabet, sau mai ştiu eu ce.

De altfel, stilul de viaţă se cam vede pe faţă, pe piele, pe păr etc.

Promit ca data viitoare să apelez la un medic, sau mai mulţi, pentru datele astea.

Până atunci, fac o paranteză cardiologică şi îţi prezint ceea ce mi-a transmis pe e-mail Livia Paduraru, medicul care îmi verifică periodic corasonul, la propriu:

„Principala cauză de îmbolnăvire şi deces peste tot în lume este patologia cardiovasculară. Cu alte cuvinte, tot ce ţine de bolile de vase şi de inimă, în speţă infarct miocardic şi accident vascular cerebral. Riscul să dezvoltăm un eveniment poartă denumirea de risc cardiovascular şi este necesar ca acesta să fie evaluat în rândul populaţiei în dorinţa de a diminua probabilitatea apariţiei bolii, prin controlul factorilor de risc. Riscul cardiovascular se accentuează şi trebuie evaluat după 40 de ani, în special în rândul bărbaţilor. Femeile sunt protejate hormonal şi riscul acestora de a dezvolta infarct miocardic sau accident vascular cerebral este mai mic până la menopauză, ulterior riscurile se egalizează, având rate similare, indiferent de gen. Estimarea riscului cardiovascular, altfel spus probabilitatea de a face un eveniment vascular acut în următorii zece ani, se evaluează împreună cu medicul cardiolog, şi constă în principal în decelarea factorilor de risc cardiovascular, dintre care cei mai importanţi sunt: hipertensiunea arterială (valori alte tensiunii arteriale de peste 140/90 mmHg), obezitatea, valori mari ale colesterolului în analizele de sânge, sedentarismul, fumatul, prezenţa unor evenimente vasculare în rândul rudelor de grad I, bărbaţi înainte de 50 de ani, sau femei înainte de 60 de ani. Scăderea probabilităţii de a face un infarct are la bază controlul factorilor de risc, şi anume scădere ponderală, activitate fizică regulată, renunţarea la

fumat, menţinerea la valori optime ale tensiunii arteriale şi ale colesterolului. Orice om, mai ales bărbaţii după 40 de ani, trebuie să facă o vizită cardiologului şi să monitorizeze analizele de sânge anual.”

Vezi? Exact ceea ce spuneam. Eu am învăţat lucrurile astea şi le aplic cu sfinţenie.

De ce? Pentru că îmi pasă de mine.

2. Sexual

Ce înseamnă sex pentru tine, ca bărbat?

Şi aici poţi întâlni păreri împărţite.

Nu contest că nu există bărbaţi care studiază arta sexului şi o dezvoltă, astfel încât să ajungă buni amanţi.

Însă, dacă ar fi să vorbim la modul general, ei sunt excepţiile, nu norma.

Pe bune, de unde îşi construiesc băieţii sexualitatea?

De acasă?

Serios?

Hai să facem un exerciţiu simplu – ţie ce ţi s-a spus acasă despre sex?

Exact! Nimic, sau mai nimic.

Deci să nu te mire că un băiat de 10 ani află despre sex de pe PornHub.

Iar acolo ce vede?

Performanţă!

Şi frustrare! Multă frustrare!

De ce? Pentru că îşi dă destul de repede seama că nu arată ca actorii pe care îi vede.

Ce concluzie trage în urma acestor şocuri?

N-am nicio şansă să am parte de femei care arată ca cele de pe PornHub.

Nu mai spun că ceea ce vede în 7 minute de film porno nu are nicio legătură cu ceea ce înseamnă apropiere de o fată.

Şi nici nu ar trebui să aibă.

De altfel, chiar Titus Steel (actor de filme pentru adulţi) spunea că ceea ce se vede în industria porno este ficţiune. Şi avea dreptate.

Spune-i asta unui copil de la 12-14 ani...

Sau, mai corect formulat, cine îi spune asta unui copil de 12-14 ani?

Părinţii, care nu au timp de el şi habar n-au ce face?

Nu mai spun că părinţii se pot trezi că fiul lor le spune, la un moment dat, că nu mai vrea la şcoală, că el vrea să fie şmecher pe net etc.

Milionar din crypto, proxenet şi prostitor de naivi!

Adică ceea ce predică fraţii ăia...

Revenind la bărbatul de 40+, gândeşte-te că mulţi au crescut cu pornografia ca unică educaţie sexuală.

Deci cu ficţiune!

Cum crezi că văd ei sexul?

Ca pe o performanţă, deci cam asta vor căuta!

Este scenariul unic pe care şi l-au făcut.

Sunt convins că, dacă eşti femeie şi citeşti pasajul ăsta, este posibil să fi întâlnit bărbaţi care să funcţioneze aşa cum am descris.

Conexiune? Neah! De unde?

Vezi? Educaţia sexuală este extrem de importantă.

În plus, dacă pui într-un taler ideea de performanţă sexuală şi în celălalt un stil de viaţă dezordonat, ia gândeşte-te, cam cât durează până când ceva nasol se întâmplă în ecuaţia asta?

Am întâlnit mulţi bărbaţi nesiguri pe ei, iar această nesiguranţă avea o strânsă legătură cu anxietatea de performanţă.

— Eşti sigur că asta îşi doreşte o femeie? l-am întrebat pe unul la un moment dat.

— Păi? Crezi că nu e aşa?

— Nu toate femeile sunt la fel. Sau, dă-mi voie să reformulez. Nu sunt deloc la fel. Sunt complet diferite.

Fiecare are propria viaţă, propriile credinţe despre sex şi, deci, propria viziune (propriile experienţe). Nu ai cum să aşterni peste toate ceea ce vezi pe site-urile porno. Vei produce dezamăgire şi vei fi, la rândul tău, dezamăgit, sau furios.

După părerea mea, un sex de calitate înseamnă conexiune.

Chimie şi potrivire, dar şi vulnerabilitate fără frică.

Nu spune nimeni că, trebuie să ne potrivim cu oricine, aşa că renunţă la ideea că „vremea p**ii trece" – este o vorbă care generează şi mai multă anxietate, deci şi mai multe probleme.

Vorba asta nu este altceva decât o scuză proastă pentru neasumarea responsabilităţilor.

3. Psiho-emoţional

Cum ai grijă de mintea şi emoţiile tale?

Cu bere, jocuri de noroc, sex compulsiv, masturbare la greu, droguri etc.?

Cu un dialog interior îngrozitor?

Cu comportamente autodistructive?

Cu mult stres şi furie, îndreptate fie către sine, fie către ceilalţi (femei)?

Nu ştiu în ce măsură vei avea parte de calm şi structură în viaţa ta cu o asemenea „salată toxică".

Drept urmare, mi se pare inteligent să studiezi zona asta şi să aplici ceea ce înveţi. Eu o fac de mulţi ani şi mă ajută enorm.

Atenţie! Îţi vorbeşte un fost timid, un tip care, în perioada liceului, nu era tocmai versat sau tupeist, în interacţiunea cu fetele.

Cum s-au schimbat lucrurile?

Învăţând! Mult.

Iar acum mi se spune că am o linişte şi o încredere de sine vecine cu narcisismul.

Aşa o fi.

Doar că din afară nu se văd miile de ore de studiu, zecile de încercări, eşecurile, situaţiile jenante, pe scurt, cucuiele pe care le-am avut pe traseu.

Acum nu am nicio problemă să interacţionez cu femeile, cu orice femeie, indiferent de statut (poate fi Charlize Theron).

De ce? Pentru că am suficiente unelte de a răspunde adecvat acestor situaţii.

Aici mi se pare că se face diferenţa, nu în altă parte. La experienţa de viaţă, la portofoliul variat de situaţii prin care ai trecut, pe care le-ai trăit.

4. Intelectual

Şi asta mi se pare o zonă extraordinară. Nu de alta, dar cred că nimeni nu-şi doreşte să ajungă în momentul în care, să zicem după 3-4 ani de relaţie, descoperă că nu are ce să mai discute cu partenera.

În plus, prima întâlnire este incredibilă.

Aici, din nou, cu cât eşti mai flexibil şi mai bine blindat din punct de vedere intelectual, cu atât ai şanse mai mari să te vezi cu ea din nou.

Asta în condiţiile în care nu dai peste o duduie a cărei cultură se opreşte la „Toate diamantele". ☺

Aş mai adăuga ceva, despre femei, de această dată.

Am observat o eroare fundamentală de evaluare vizavi de dating: există destule femei care nu dau şansa de a cunoaşte pe cineva şi taie orice contact după prima ieşire la cafea.

Cum argumentează?

— *Nu am timp de pierdut.*

— *Nu a fost chimie.*

— *Nu mi-a spus nimic.*

Domnule, dacă întâlneşti o astfel de femeie, nu te supăra, este despre ea, nu despre tine. Iar tu, draga mea, învaţă să înţelegi că nu toţi bărbaţii sunt narcisici sau răi, din construcţie. Există şi bărbaţi buni – unii dintre ei au fost bad boys toată viaţa lor –, dar care nu îşi pun viaţa pe tavă la prima ieşire.

Unii au nevoie de 2-3 întâlniri şi de starea de siguranţă – generată tocmai de primele ieşiri, cu informaţiile aferente –, pentru a se deschide.

Or, dacă tu tai totul după prima întâlnire, ratezi orice şansă de a-i cunoaşte, deci te vei plânge degeaba că nu există bărbaţi, pentru că strategia ta este eronată. Nu mai spun că dacă pleci la drum cu ideea că „nu pierd timpul", consideri că timpul tău este mai preţios decât timpul lor, îi tratezi de sus, deci clar nu vrei să cunoşti, ci doar să evaluezi, iar aici ar fi să-ţi analizezi puţin temerile şi rezistenţele.

Nu mă obliga să te întreb cât câştigi pe oră. E posibil să nu deţii această informaţie. El s-ar putea să ştie la leuţ.

Deci?

5. Spiritual

Ştiu, vei avea tentaţia să mă înjuri. Ia o pauză. Nu te trimit la biserică, în ashramuri, sau mai ştiu eu pe unde, pe coclauri, prin Peru.

Relaţia ta cu divinitatea, indiferent care este aia, este treaba ta. Eu mă refer la altceva atunci când vorbesc despre spiritual, şi anume la acea idee de ceva ce trece dincolo de tine, de ceva mult mai vast.

De acel „greater good", cum spun americanii.

Nevoia de contribuţie, dacă vrei.

La ceva ce poate să-ţi dea sens în viaţă.

6. Financiar

Nu are rost să îţi amintesc faptul că zona asta asigură stabilitate. OK, poate că banii nu aduc fericirea, de la un punct încolo, însă absenţa lor sau nesiguranţa în zona banilor, poate să-ţi buşească viaţa extraordinar de mult.

Structură, predictibilitate, plan etc.

Sunt chestiuni necesare pentru a-ţi asigura o oarecare stare de calm.

În plus, aşa cum am mai scris, ar fi interesant să vezi ce înseamnă suficient pentru tine acum, la 40+.

Lunar, trimestrial, anual?

Încearcă să-ţi faci calculul ăsta şi vezi care sunt costurile obiectivului stabilit.

Este evident faptul că, atunci când zona financiară este stabilă şi satisfăcătoare – a se înţelege bună (foarte bun este discutabil, de la individ la individ), te poţi ocupa mai relaxat de celelalte zone.

Aici, fiecare bărbat îşi face propriile calcule, în funcţie de viziunea despre propria viaţă. Eu ştiu exact cât este suficient pentru mine, aşa că muncesc, îmi construiesc anul foarte atent, ştiu exact ce investiţii fac în educaţia mea continuă (pentru că la noi nu se încheie niciodată), am o idee destul de clară despre numărul vacanţelor din 2023 etc.

Să-ţi dau un **exemplu**: în 2022 am fost plecat din ţară de 7 ori. 3 dintre cele 7 plecări au fost vacanţe de o săptămână.

Celelalte au fost de 4-5 zile.

Dacă aduni zilele de vacanţă, e clar că depăşesc o lună. Din 12!

În momentul în care ai o muncă independentă, cum este cea de consilier de dezvoltare personală, psiholog, sau psihoterapeut, poţi să-ţi faci anumite calcule clare.

Sigur, atunci când ai suficienţi oameni cu care lucrezi. Sau suficiente zone care produc.

Eu mi-am făcut un plan clar: la fiecare două luni plec undeva.

Că este o săptămână, un weekend sau 5 zile, plec!

Este structura mea şi mă ţin de ea. Colegii mei au propriile structuri.

Cert este că mi se pare util să ştii exact ce înseamnă suficient pentru tine.

Uneori, muncesc 10 ore pe zi, alteori 4, alteori 2 ore. Nu contează. Ştiu mereu ce înseamnă suficient.

Şi mai am grijă de ceva – de echilibrul dintre muncă şi timp liber / odihnă.

Este un element vital.

Nu-mi dau foc!

Toate aceste chestiuni mă ajută să am o viaţă mai uşoară, o viaţă frumoasă, o viaţă cu bucurie şi satisfacţii pe toate planurile.

Disciplina mi se pare elementul-cheie aici, în zona bărbaţilor trecuţi de 40 de ani.

Şi nu „vremea p**ii NU trece", câtă vreme reuşeşti să-ţi menţii o viaţă echilibrată, cu mai mult plus, decât minus.

Ba mai mult, atunci când reuşeşti să obţii mai multe experienţe pozitive şi să te expui acestor experienţe, reuşind să îţi lărgeşti fereastra de toleranţă, vei observa că vei fi mult mai calm şi relaxat şi nu te vei mai lua după „turma" socială şi după uriaşa armată de „trebuie", ci îţi vei construi propriul drum.

Iar asta, prietene drag, nu poate fi decât o cale către mulţumire, către bucurie şi iubire.

Că tot vorbeam despre acel forum de escorte, pe care am făcut „cercetare", ţi-aş dori aşa: o viaţă în echilibru, cu bucurie, multă bunătate şi, evident, ciocane tari. ☺

CAPITOLUL 4

Stresul de a nu fi suficient de bun

Imaginea este mai importantă decât substanţa.

Profunzimea nu pare să mai aibă valoare!

Cine mai are chef să simtă în ziua de azi?

Mai ales post-pandemie?

Azi, societatea îţi spune să nu simţi, ci să te prezinţi, să arăţi, să te arăţi.

Perfect!

Ţiplă!

De altfel, dacă priveşti cu atenţie, vei observa că oamenii se aleg în urma unei evaluări sumare a brandurilor, nicidecum printr-o explorare relaxată a calităţilor sau a trăsăturilor de caracter.

Filtrele sunt de 100 de ori mai importante decât fereastra de toleranţă, decât conectarea. Nu contează că viaţa ta e un haos total, nu contează că relaţiile tale sunt nişte războaie interminabile, nu contează că îţi încalci constant angajamentele, faţă de tine, faţă de ceilalţi, faţă de lume...

Câtă vreme filtrul pe care-l aplici pe reţelele de socializare te scoate: mai frumos/oasă, mai fericit/ă (încă nu s-a inventat acest filtru, dar pun pariu că cineva are acest obiectiv), mai bogat/ă etc., totul e OK.

Eşti bine!

Inimioarele curg cu aceeaşi viteză ca depresia.

Lupta este mai importantă decât bucuria sau fericirea!

Cam acestea ar fi mesajele pe care ni le trimite societatea actuală, zi de zi.

Practic, dacă stai să te gândeşti puţin, societatea îţi arată, încă de la prima oră a dimineţii, că nu eşti suficient de bun.

Prin toate căile posibile.

Oriunde întorci privirea, iarba pare mai verde în curtea celuilalt, în orice altă curte, mai puţin în a ta.

Despre social media... nici n-are sens să mai vorbim.

Instagramul este o sursă uriaşă de stres.

Cum să poţi fi bine, câtă vreme la fiecare scroll vezi oameni care o duc mai bine ca tine, vizitează locuri în care tu n-ai fost sau pe care nu ţi le permiţi; au parteneri mai frumoşi / frumoase, maşini, haine şi case mai scumpe, ies în zonele frecventate de „lumea bună" etc.

Nu prea ai cum, nu-i aşa?

Parcă-ţi vine să fugi undeva, departe de lume, să nu mai vezi pe nimeni sau, de ce nu, nimeni să nu vadă cât de naşpa eşti tu.

Ruşine!

Asta îţi latră societatea în fiecare zi. An de an.

Nu produci mai mult, nu meriţi!

Dacă eşti bărbat, ai un job absolut normal, nu eşti tocmai vreun Adonis şi nici nu eşti antrenat la capitolul interacţiune cu sexul opus, şansele să „stai în cârciumă şi să-ţi îneci amarul", vorba hitului trupei Cargo, sunt destul de consistente.

Alcoolul! Mama lui de alcool. Zici că zburdă de nebun pe străzi, post-pandemie.

În plus, şansele de hipertensiune după vârsta de 40 de ani sunt direct proporţionale cu numărul de pahare pe care le duci la gură săptămânal.

Dacă eşti o femeie normală, cu un job oarecare, nu neapărat corporate, nu eşti tocmai „ţiplă" şi nici nu te dai în vânt după locurile de socializare cu alcool, butaforie bling şi muzică la maximum, unde un cocktail costă 45 de lei, şansele să te izolezi între patru pereţi şi să-ţi plângi de milă sunt destul de mari.

Posibilul iubi tocmai a dat un seen şi o inimioară unei dudui care bagă opturi pe OnlyFans.

N-am nicio şansă să concurez cu alea, îţi repeţi în gând, coborând suav spre... depresie.

Sunt convins că nu te-ai întrebat niciodată de ce ai o asemenea gândire catastrofică.

Din păcate, generaţia noastră, a celor 40+, este generaţia caracterizată de acest sentiment că nu suntem suficient de buni (*not good enough* – NGE).

A fost tiparul educaţiei noastre.

A fost un soi de „ghidaj".

Ce ni s-a spus?

Că nu suntem în stare, că nu ne duce capul, că fără ei, părinţii, se va alege praful de viaţa noastră etc.

Mesajele sunt extrem de multe, le aud zi de zi în cabinet şi în sesiunile online, sub toate formele posibile, însă ideea este aceeaşi.

Din păcate, în copilărie nu am fost capabili să traducem toate mesajele primite de la părinţi, nu am fost capabili să decodificăm fricile lor, starea lor psihică, traumele lor, lacunele lor etc.

Şi ce am făcut?

Am luat de bun tot ceea ce ni s-a spus.

N-are cum să fie despre mama / tata. Ei sunt zei. E clar despre mine! Eu sunt naşpa!

Zbang! Ruşine!

Mai târziu, în viaţa adultă, când societatea îţi arată că nu produci destul, se activează aceeaşi ruşine. Trigger!

Mă întorc...

Spre exemplu, dacă un coleg de bancă – ăla cu lunete, frizură bizară şi căruia părea că îi este frig veşnic (în realitate crăpa de anxietate) – a luat 10 şi tu 9, fac pariu că ai auzit „el cum de a luat 10?"

Ce mesaj ai primit?

Ce ai înţeles tu, de fapt?

Că nu eşti bun!

Colegul e mai bun, chiar dacă are mari probleme cu mersul pe stradă.

Iar tu ai supărat-o pe mami care, de altfel, este un Einstein nedescoperit. ☺

În realitate, în foarte multe cazuri, mami nu a reuşit pe niciun palier şi a pompat în tine ratarea ei.

În fine... discuţia e lungă şi complicată şi puţini sunt cei care înghit cu uşurinţă discuţii despre pasarea ratării.

În acest context, la vârsta adultă, ajungi să crezi că doar dacă livrezi la nivel de top ai şanse să te bucuri de viaţă sau să accesezi acea stare de bine la care râvnesc (sau nu – sincer am unele dubii) toţi oamenii de pe planetă!

Parentingul eronat al vremurilor copilăriei noastre, la care adăugăm o legătură de presiune socială, ne-a făcut să credem că starea de bine sau fericirea sunt accesibile DOAR DACĂ...

Wow! Asta da sursă de stres!

Te mai miri că depresia este boala secolului?

Eu nu!

Ce înseamnă depresie?

Că există prea multă presiune, iar corpul îşi opreşte sistemele ca să te scape de ea.

Dă-mi voie să-ţi dau un exemplu, ca să-ţi dai seama cât de puternice sunt mesajele astea pentru mintea unui copil.

La un moment dat, cred că prin 2021, am lucrat cu o tânără.

Şi ea, ca mai toţi clienţii mei, avea un puternic sentiment că nu este suficient de bună.

Cum s-a instalat?

Destul de banal. Aproape pe nesimţite, cum s-ar spune.

Să nu crezi că sentimentul ăsta apare cu fanfară, coloană oficială, care alegorice şi dansatori.

Undeva, în copilărie, i s-a spus că dacă va lua premiul 1 la final de an, va primi un anumit obiect (nu e relevant despre ce era vorba).

Evident că, la final de an şcolar, ea nu a luat premiul 1 şi nu a primit obiectul dorit.

Din nefericire, fata nu a verificat la părinte motivul pentru care nu a primit obiectul dorit şi a înregistrat, cu mintea de atunci, ideea că obţine ceea ce îşi doreşte doar dacă livrează la nivelul cerut de părinte, adică top.

Îţi dai seama câtă presiune a pus pe ea?

Sigur că mulţi ani mai târziu a aflat că, de fapt, părintele a uitat de promisiunea făcută, deci nicio legătură cu ideea că ea nu ar fi fost bună.

Degeaba!

Mesajul ăsta, odată instalat, a însoţit-o toată viaţa!

Cu ce notă de plată?

Cu evitare, cu nesiguranţă, cu dorinţa de a perfoma întotdeauna la nivel de top etc.

Şi cu o mare teamă de a nu da greş.

Iată cum, dintr-o simplă eroare de interpretare, s-a ajuns la momentul în care adultul are dificultăţi serioase în a lua decizii importante.

Şi mie mi s-a spus că nu mă duce capul.

Oho, de câte ori. Serios, uneori chiar nu mă duce. ☺

Eu eram atras de citit şi de scris, nicidecum de chimie sau matematică.

Îţi dai seama cum a dat asta într-o familie de chimişti?

Îţi spun eu!

Am fost oaia neagră, „idiotul" familiei, ăla care nu se va descurca.

Am trăit mulţi ani cu stigmatul ăsta.

Şi m-am luptat să le arăt că nu e deloc aşa.

Toată familia a făcut bullying.

Toţi având de-a face cu ştiinţele exacte.

N-am văzut mândrie mai mare. ☺

Eu eram roata care scârţâie, craca strâmbă a copacului familiei. ☺

Ei bine, în anul 2 de formare în psihoterapie integrativă, ni s-a dat să facem exerciţiul intitulat „linia vieţii" (am scris despre el în *Femeile inteligente...*).

În momentul în care am văzut câte realizări am adunat în viaţă, mi-a venit să-mi trag o palmă. Era, de fapt, pumn, dar am renunţat la idee. ☺

Mi-am dat seama că mi-am depăşit ambii părinţi şi am realizat că nu sunt nici roata care scârţâie, şi nici craca strâmbă. ☺

Pur şi simplu am dorit / avut alt traseu.

Atât şi nimic mai mult.

Însă, pentru a ajunge azi, pentru a ajunge să pot vedea lucrurile aşa, am avut nevoie de vreo 10-11 ani de dezvoltare personală şi de terapie (7 luni), evident.

Acum sunt relaxat.

Am înţeles temerile mamei, presiunea de pe umerii ei; nu e uşor pentru o femeie să crească doi băieţi şi ei să performeze, dar şi teama celorlalte persoane din familie – mai ales a celor din ramura tatălui meu – de a nu le fi pătat CV-ul intelectual impecabil. ☺

Stând şi meditând cu atenţie, realizez că am reuşit să mă descurc datorită iubirii primite de la părinţii mei (chiar am primit grupa mare); însă e clar că nu toţi cei care au primit ştampila de „nu eşti suficient de bun" au reuşit la fel.

De altfel, perfecţionismul este o formă de supra-compensare, *workholism*-ul la fel, iar standardele ridicate ascund, la rândul lor, un sentiment de „not good enough".

Îţi propun să iei o pauză şi să te gândeşti: ai simţit vreodată că nu eşti suficient de bun/ă?

Când s-a întâmplat prima oară?

În ce context?

Mai ţii minte?

Ia o foaie de hârtie şi scrie.

După ce ai identificat sursa – de cele mai multe ori ea se află în familie: părinţii, fraţii, bunicii; dar şi în afara ei: educatoare, profesori, alţi elevi etc.; încearcă să te conectezi la prezent şi să răspunzi la întrebarea: de ce crezi azi că nu eşti suficient de bun/ă?

Scrie motivele!

E posibil să apară tot felul de motive: „pentru că m-a părăsit", „pentru că sunt singur/ă", „pentru că nimeni nu mă place", „pentru că m-a înşelat" etc.

În general, acolo unde există sentimentul că nu eşti suficient de bun/ă, oamenii devin disperaţi să aibă rezultate.

De ce?

Pentru că îşi spun că, dacă se opresc din livrat nonstop, nu vor reuşi şi atunci imaginea de sine va colapsa.

Nu ai valoare, nu eşti bun de nimic, nu meriţi!

Ruşine, vină!

Refuz, izolare...

Două emoţii extrem de corozive.

Realizezi cât de periculoasă este ştampila asta?

Practic, dacă stai să te gândeşti la sistemul nervos şi la funcţionarea lui, persoanele care au acest sentiment că nu sunt suficient de bune funcţionează tot timpul în hiperexcitabilitate, deci în zona anxioasă, de luptă, sau fugă, în zona de frică, acolo unde nu prea există conectare reală şi profundă.

Cu nimeni!

Din păcate, principala deconectare este cea de la SINE!

„Trebuia să performez de top pentru a evita întâlnirea cu ştampila!"

Ce se întâmplă atunci când imaginea de sine colapsează?

Cad în depresie!

Ce gânduri se ventilează acolo?

„Nu merit." (iubire, respect, relaţii...)

Ruşine mare!

Greu de gestionat / acceptat.

Bine, bine, dar cum scăpăm de acest sentiment?

Aştept cu interes întrebarea asta şi simt că şi tu aştepţi un răspuns.

În primul rând, ar fi excelent să te întrebi: nu sunt suficient de bun pentru ce anume?

Şi mai ales pentru cine?

Ia încearcă să-ţi faci o evaluare...

Credinţa ta este una realistă?

Mai este justificată azi în viaţa ta?

Am înţeles, în copilărie ţi s-au spus tot felul de lucruri.

Nu eşti singurul/a.

Însă hai să nu mai folosim „traumele din copilărie" ca pe o scuză a incapacităţii actuale de a funcţiona sănătos şi matur.

Adică prezent, cu asumarea responsabilităţii pentru propriile gânduri, emoţii, comportamente, decizii, acţiuni.

Am auzit de atâtea ori formularea „sigur am nişte traume din copilărie", încât mi s-a aplecat.

Să ne înţelegem – nu toţi oamenii care au avut traume în copilărie se plâng de ele!

Dar să revin...

Asumarea responsabilităţii propriei vieţi face parte din acea zonă matură de funcţionare.

Sentimentul are legătură cu realitatea pe care o trăieşti azi?

Dacă ar fi să vorbeşti cu tine despre viaţa ta, ce ţi-ai spune?

Eu am făcut exercițiul ăsta şi am realizat că, mare parte din viața mea, credința a fost alimentată din exterior.

Nu a fost o chestiune care să-mi aparțină, o chestiune bazată pe eşecuri personale.

Nici divorțul – am scris mai devreme despre el, despre drum / proces – nu a avut vreo legătură cu softul instalat în copilărie.

Divorțul a fost pur şi simplu un moment al vieții.

Un moment dificil, bineînțeles, dar nu un final, ci o sincopă, urmată de o continuare, spre înainte şi în sus, din punctul de vedere al dezvoltării mele ca om.

Dă-ți voie să vorbeşti cu tine.

Este extrem de important.

Nu te teme! Nu eşti dus/ă cu capul. Acum, dă-mi voie să-ți mai spun ceva.

Te invit să nu priveşti cu furie modul în care părinții tăi te-au educat.

Atât au putut.

Nu tot ceea ce se întâmplă în lume este just.

Şi, din păcate, nu tot ceea ce ni se întâmplă în familie e just.

Am întâlnit poveşti îngrozitoare, poveşti la care nu te poți gândi că există.

Şi oameni care, în ciuda acestor poveşti (abuzuri oribile), se descurcă aşa cum pot.

Revenind la sentimentul că nu eşti suficient de bun/ă, ce se află la bază?

Ruşinea!

Ce înseamnă ruşine?

Sunt o persoană naşpa, o persoană care nu merită. Deci nu voi fi iubit/ă.

Care este funcționalitatea ruşinii?

Simplu – îi face pe oameni să tacă, astfel încât ceilalți să nu afle despre acest secret şi să-i respingă.

Şi uite-aşa se formează părţi la care nu dăm acces, părţi pe care încercăm să le ascundem de ochii celorlalţi sau le supracompensăm.

Acolo unde există astfel de părţi, n-ar fi rău să se exerseze foarte mult vorbitul cu sinele. Atleţii fac asta foarte des, cu scopul de a se automotiva.

Vorbesc cu ei înşişi, îşi spun lucruri, se ascultă şi aplică!

Este o tehnică excelentă.

Şi te disciplinează!

Ştiu că vor apărea voci „docte" care vor lua la mişto lucrurile astea.

Însă nu e deloc simplu să vindeci credinţele şi sentimentele din acest spectru.

Iar cei mai mulţi oameni nici măcar nu s-au gândit vreodată că ar putea chestiona sentimentul acesta extrem de coroziv.

Nu numai că nu li s-a spus, dar nici nu au îndrăznit.

Criticul lor interior este mult prea puternic pentru a-şi permite să facă astfel de introspecţii complicate.

Cu toate acestea, dacă stai să te gândeşti la întrebarea: „de unde vine ruşinea?", vei vedea că pe linia punctată pot apărea: părinţi exigenţi, religia, societatea, familia extinsă, şcoala, cercul de prieteni.

Privind la această enumerare, sper că îţi va fi simplu să realizezi că acest sentiment nu îţi aparţine, ci este instalat din exterior.

Nu l-ai cerut!

Nu s-a întâmplat niciodată în viaţa unui om ca, imediat ce a învăţat să vorbească, să îi cheme pe părinţi la masă (doar acolo vorbesc românii) şi să le spună:

*De când mi-au băgat medicii din spital luminile alea puternice în ochi şi mi-am luat prima palmă la c*r pentru prima notă de 10, mi-am dat seama că sunt un nimeni, că nu merit, aşa că vă rog să mă jigniţi, să mă bateţi, să mă ridiculizaţi, să mă comparaţi cu alţi copii, să mă neglijaţi,* *să nu-mi spuneţi cum am apărut pe lume (aflu eu când văd cum e treaba cu netul) etc.*

Pe scurt, merit să vă p... pe mine! Şi voi, şi ceilalţi, şi societatea. Sunt un gunoi şi merit ce e mai nasol.

Iată, sentimentul ăsta nu este ceva ce te caracterizează, ci ceva ce ţi s-a ataşat / instalat, de cele mai multe ori, fără să ţi se ceară părerea.

Drept urmare, ia încearcă, măcar pentru o zi, să te porţi ca şi cum ai fi bun/ă.

Uite-aşa!

Nu ţii cont de softul instalat, la un moment dat, în copilărie şi te porţi diferit.

Cum crezi tu că ar trebui să te porţi dacă ai fi suficient de bun/ă.

Mai ţii minte ce înseamnă funcţionalitate sănătoasă?

Exact – rezolvarea de probleme!

Spre exemplu, încearcă să te concentrezi asupra unei realizări din viaţa ta.

Orice consideri tu a fi realizare!

Cum te-ai simţit în acel moment?

Respiră adânc şi încearcă să te conectezi cu propriul tău corp.

Acum, spune-ţi: „sunt suficient de bun/ă aşa cum sunt".

Respiră şi concentrează-te asupra ceea ce simţi.

Nu e simplu, ştiu, dar încearcă.

Este posibil ca primul gând care-ţi vine să fie: „Ce tâmpenii spune idiotul ăsta? Habar n-are ce am trăit eu."

Este în regulă!

Astea sunt rezistenţele.

Dă-ţi voie să treci dincolo de ele.

Este posibil să apară criticul interior, care să-ţi trimită tot felul de argumente: „nu eşti, îţi spun eu, te-a părăsit, te-a înşelat, te-a minţit" etc.

E în regulă, conectează-te la gândurile astea şi la ceea ce simţi.

Şi continuă să-ţi spui: „sunt suficient de bun/ă aşa cum sunt."

Continuă să respiri şi acordă atenţie corpului.

Ascultă ce-ţi spune.

Este posibil să nu te crezi din prima sau chiar să nu te simţi din prima.

Este un semn că această credinţă este extrem de puternică.

Dă-ţi voie să repeţi.

Sunt tare curios ce se întâmplă după mai multe repetări.

Crezi că uşor, uşor, corpul tău va începe să nu mai opună rezistenţă?

Eu cred că da.

Este un prim pas în această călătorie de a scăpa de o ştampilă urâtă, care nu te ajută azi.

Un prim pas care-ţi arată ceea ce nu ştii despre tine – faptul că porţi pe umeri un sac greu, dintotdeauna, de care te poţi elibera.

Întoarce-te la realizare – te-ai simţit suficient de bun/ă?

Sau ai aşteptat „undă verde" de la judecători?

A venit?

De foarte multe ori m-am gândit la momentele în care făcusem lucruri importante pentru mine, dar care nu au fost apreciate / acceptate de cei din jur, de persoanele semnificative.

Aici nu mai vorbesc doar despre copilărie, ci şi despre relaţiile de cuplu.

Şi da, a durut!

Aşa că îţi pot înţelege disconfortul resimţit atunci când încerci să răspunzi la întrebarea: a venit?

Nu te judeca prea tare.

Nu e despre tine!

Ia gândeşte-te: dacă în copilărie, atunci când ţi s-au transmis acele mesaje, care au instalat sentimentul / credinţa că nu eşti suficient de bun/ă, aveai mintea de azi, ar mai fi fost la fel?

Hai să ne mai jucăm puţin.

Dacă în loc să ţi se spună: „De ce George a luat 10 şi tu 9?", ţi s-ar fi spus: „Bravo, este o notă foarte bună, suntem bucuroşi că ai reuşit", ai mai fi crezut despre tine că nu eşti suficient de bun/ă?

Dacă în loc să ţi se spună: „Când n-o să mai fim noi, o să se aleagă praful de tine", ţi s-ar fi spus: „Avem încredere că te vei descurca foarte bine după ce nu vom mai fi" şi ai fi fost însoţit/ă pe drumul cunoaşterii, cu blândeţe, înţelege, susţinere, compasiune, dar şi cu limite sănătoase sau fermitate, evident, oare azi ai mai fi crezut că nu eşti suficient de bun/ă?

Vezi?

Suntem fiinţe care se dezvoltă prin relaţionare.

Întâi cu părinţii – ei sunt priza, cum se spune.

Ei sunt cei care însămânţează!

Iubire sau frică!

Abia apoi, mult mai târziu, pe baza softurilor instalate, putem relaţiona cu noi înşine. Când suntem foarte mici, nu avem capacitatea de a decodifica noţiuni abstracte.

Drept urmare, dacă mama sau tata îmi spun că nu sunt în stare, e clar că e ceva nasol cu mine.

Şi o iau de bună!

Relaţionarea nu este un muşchi cu care te naşti, ci un muşchi pe care îl dezvolţi.

Iar pentru a se dezvolta corect, are nevoie de un mediu propice.

Dacă acel mediu este unul invalidant, muşchiul fie se va dezvolta ciudat, fie se va atrofia.

Te invit, acum, să mergem mai departe şi te rog să te gândeşti de unde ai pornit şi unde te afli acum?

Şi iar apelez la un exemplu personal.

Am trăit într-o familie normală de intelectuali, cu valori şi principii serioase, dar şi cu problemele aferente. Nimic special, sincer.

Părinţii au încercat, atât cât au putut, să ne ofere baza solidă pentru un traseu sănătos în viaţă.

Acum, că eu am fost puţin din alt film, în sensul că nu am urmat traseul lor, este o altă discuţie şi nu spun că a fost vreo strategie a mea. ☺

Sau...

Pur şi simplu am avut alte interese, alte pasiuni şi mi le-am urmat, luptându-mă cu potecile bătătorite de strămoşii mei.

Privind retrospectiv, nimeni din familia mea nu a făcut muzică sau jurnalism şi nimeni nu a scris cărţi (mă rog, una dintre mătuşi a publicat... după mine).

Psihologie/ psihoterapie?

Nici atât!

Nu că ar fi avut cum...

Mă rog!

Însă toţi au performat în domeniile lor.

Este o trăsătură de familie.

Este cultura organizaţională a familiei noastre.

Sigur că, fiind diferit, traseul meu a fost mai greu, însă le voi fi recunoscător pe viaţă părinţilor mei pentru educaţia oferită. Privind la cum trăiesc azi şi la punctul în care am ajuns, pot spune că sunt un om fericit şi împlinit.

Încearcă, te rog, să faci exerciţiul ăsta – să vezi de unde ai plecat şi unde ai ajuns şi vezi ce paşi ai făcut pentru a ajunge unde eşti azi.

Doar analizând traseul vei putea să-ţi contrazici credinţa că nu eşti suficient de bun/ă.

PRIN FAPTE!

Nu te mai compara cu alţii.

Este inutil.

Nu-ţi va fi mai bine. În schimb, încearcă să faci sport.

Iar mă trimiţi la sală?

E ceva rău în această invitaţie?

Sportul te ajută să te eliberezi de sentimentul că nu eşti suficient de bun/ă.

Ţi-am mai spus şi mai devreme, atunci când începi să vezi modificări corporale în urma exerciţiilor fizice, imaginea de sine se îmbunătăţeşte, încrederea de sine creşte şi starea generală se schimbă.

Deci şi acest sentiment că nu eşti suficient de bun/ă.

Nu e uşor.

Este un întreg proces de rescriere a filmului vieţii tale.

Noi ajungem să decidem cine suntem privind în ochii persoanelor pe care le iubim.

Atunci când suntem copii.

Întrebare: la vârsta adultă se mai întâmplă la fel?

Dacă răspunsul este DA, părerea mea este că undeva s-a înterupt drumul de la copilul vulnerabil la adultul sănătos.

Eu cred că, la vârsta adultă, ar fi bine să decidem cine suntem, privindu-ne în oglindă! Deci prin propriii ochi! Asta înseamnă viaţa de adult!

Este adevărat că primele persoane pe care le iubim sunt părinţii.

Şi este firesc să aşteptăm să fim iubiţi înapoi.

CÂND SUNTEM COPII!

În acelaşi timp, trebuie să recunoaştem faptul că ideea că nu îi putem mulţumi pe părinţi, indiferent de ceea ce facem / obţinem, este distrugătoare şi lasă efecte pe termen lung.

De aceea am spus că se întrerupe drumul dezvoltării emoţionale.

Din postura de persoană care nu s-a simţit niciodată văzută, primită, acceptată, iubită, însoţită, validată, ce le-ai spune părinţilor?

Este dureros să munceşti ani întregi cu aşteptarea de a vedea un zâmbet pe figura părinţilor şi să vezi că acel zâmbet nu vine.

Însă nu trebuie să disperi, ci să te întrebi: OK, dacă părinţii nu pot să mă aprobe – şi n-ar fi rău să înţelegi că acest lucru nu este despre tine, ci despre ei –, cine mă aprobă în viaţa mea?

Analizează bine mediul în care gravitezi şi vezi care sunt persoanele care sunt acolo, lângă tine, persoanele care te văd, te primesc, te acceptă.

Tu unde eşti pe lista asta?

Lângă părinţi?

Adică la prezidiul judecătorilor / acuzatorilor?

Sau în banca apărării?

Ce te opreşte să fii acolo, lângă tine, pentru tine, să-ţi oferi aprobarea de care ai nevoie? Să încerci tot timpul să fii suficient de bun este o dramă, este un chin infernal.

E ca şi cum l-ai obliga pe un sportiv să menţină, pe tot parcursul carierei, statutul de campion. Nu mulţi reuşesc şi în niciun caz pe termen lung.

Orice performer are vârfuri şi căderi.

Este pur şi simplu imposibil să menţii poziţia de învingător.

Te rog, nu-mi invoca sporturi care au competiţii la 3 sau 6 luni.

Viaţa ta se întâmplă zi de zi. În ore, minute, secunde.

Nu ai timp nici de recuperare şi nici de prea multă pregătire.

Deci, cam cât ţi-ai propus să le mai faci pe plac judecătorilor tăi?

Cât timp mai ai de gând să speri să primeşti o vorbă bună?

Nu crezi că ar fi momentul să înţelegi şi să accepţi faptul că este un demers inutil?

Şi că lipsa reciprocităţii nu este despre tine?

Marile suferinţe umane rezidă din încăpăţânarea de a ne lupta cu ceea ce este evident!

Din neacceptarea realităţii!

Vrei o vorbă bună?

Nu ezita să ţi-o oferi!

Da, tu!

Vrei o apreciere?

Nu ezita să ţi-o oferi!

Tot tu!

Nu-mi spune că nu e acelaşi lucru. Ba este.

Le primeşti de la o persoană iubită – de la tine!

Conectează-te! Mai ales la tine.

Nu te speria, nu este vorba despre egoism, ci despre grijă de sine, despre iubire de sine.

Să te tot chinui să faci impresie, sperând la ovaţii din partea celor care ţi-au spus că nu eşti în stare de nimic, este otravă curată! Pe care o bei tu, sperând că ei se vor schimba.

O putem numi autodistrugere, autopedepsire, pentru ceva ce nu tu ai decis, ceva ce nu tu ai cerut.

Aici nu este despre a căuta vinovaţi, ci despre acea acceptare radicală despre care am scris în capitolele anterioare.

„Realitatea este aşa cum este!"

Mai ţii minte?

„Am parte de nişte părinţi care nu sunt capabili să mă aprecieze."

Asta e realitatea. Nu are niciun sens să te lupţi cu ea.

Tu pierzi!

Dacă nu au fost în stare să te aprecieze când erai mic/ă, acum, când sunt bătrâni, mi-e greu să cred că vor schimba ceva.

Întrebarea este: de ce mai ai această aşteptare?

Nu ei sunt responsabili pentru viaţa ta, ci tu!

Ei şi-au încheiat treaba de muuuultă vreme.

Imaginează-ţi că acum primeşti un telefon de la mama şi-ţi spune că e mândră de tine! Cum te-ai simţi?

Respiră adânc şi conectează-te la corp.

Ce simţi?

Bucurie, eliberare?

Sau apare instantaneu gândul: „Pe bune? Acum?"

Mai mult, cum ar fi dacă te-ai purta ca şi cum părinţii tăi chiar te-ar fi apreciat?

S-ar schimba ceva?

Gândeşte-te la viaţa ta, la toate etapele ei şi mai ales la etapele care n-au mai implicat influenţa părinţilor.

Ce anume te-a făcut să te simţi bine cu tine pe traseul vieţii tale?

Nimic?

Şi încă nu ai apelat la ajutor specializat?

Nu o lua ca pe o judecată, ci ca pe o invitaţie blândă la ieşirea din coşmarul ăsta.

Dacă nu găseşti motive sau perioade în care te-ai simţit bine cu tine, te invit cu compasiune să apelezi la un specialist.

E păcat să rămâi în starea asta de autobiciuire şi nefericire.

Meriţi!

Să fii iubit/ă, să fii văzut/ă, să fii apreciat/ă.

Faptul că cineva ţi-a spus că nu meriţi nu este o sentinţă!

Nu mai privi în afară, ci în interior.

Care sunt valorile tale?

Ce este cu adevărat important pentru tine în viaţă?

Ce ar trebui să se întâmple ca să consideri că eşti suficient de bun/ă?

Încearcă să devii TU centrul, nu ceea ce cred ceilalţi despre tine.

Ştiu că starea actuală, cea de zi cu zi, care te roade foarte tare, este cea de îndoială, de nesiguranţă. Însă te invit să te joci cu următoarea idee: cum ar fi să te îndoieşti de propria îndoială?

Chiar crezi că este obligatoriu ca temperamentul tău să fie pe aceeaşi lungime de undă cu cel al părinţilor?

Că percepţia lor trebuie să fie aceeaşi cu percepţia ta despre viaţă?

Nu. De multe ori nu se întâmplă.

Şi e în regulă să fie aşa.

Aşadar, ce ar fi să cauţi o persoană, sau mai multe, care să fie capabilă/e să-ţi ofere o perspectivă şi resurse noi?

Ce crezi că s-ar întâmpla cu sentimentul tău că nu eşti suficient de bun/ă?

Încearcă să cauţi o persoană care să nu fie familiară, adică să nu îţi întărească profeţia!

Chiar dacă este dificil să te apropii, încearcă!

Alege, spre exemplu, o persoană ce pare a fi plictisitoare.

Du-te spre ea, fă tu primul pas, cu explorare şi curiozitate.

Sunt convins că ai multe de învăţat de la acea persoană.

Tocmai pentru că e altfel.

E posibil să observi că există oameni mişto, oameni capabili să te vadă şi să te aprecieze, nu doar oameni a căror „sarcină" este aceea de a te face să te simţi mic/ă.

Credinţele vin întotdeauna în perechi: *nu sunt suficient de bun – sunt suficient de bun.*

Până acum, fac pariu că ai trecut preponderent prin experienţe menite să-ţi scoată în faţă sentimentul că nu eşti suficient de bun/ă. Ei bine, găsirea / alegerea unei / unor persoane diferite, care să poată să-ţi ofere o altă perspectivă, îţi poate da acces spre anumite experienţe menite să scoată în faţă perechea, adică ideea că eşti suficient de bun/ă.

Are sens?

Dacă nu merge cu rezolvarea de probleme, încearcă să acţionezi diferit faţă de ceea ce faci în mod normal.

Aşa se întâmplă şi cu oamenii. Mai ales cu oamenii.

Dă-ţi voie să accesezi astfel de experienţe şi conectează-te la ele.

Nu doar raţional, ci şi emoţional.

Ştiu că nu e uşor să vezi pozitivul, însă ia încearcă să-ţi concediezi criticul interior.

Scapă de el!

Uite, imaginează-ţi că te afli pe marginea unui râu, este toamnă şi priveşti cum cad frunzele dintr-un copac. În apă...

Gândeşte-te că fiecare frunză care atinge apa este un mesaj pe care l-ai primit în copilărie: „nu eşti în stare", „nu te vei descurca", „eşti prost", „nu te duce capul", „nu meriţi" etc. Respiră adânc şi imaginează-ţi că priveşti toate aceste frunze/mesaje, rând pe rând, cum se îndepărtează de tine.

Stai în starea asta de contemplare, de observator.

Respiră şi ascultă-ţi interiorul...

Ce spune corpul tău?

Cum se simte fără aceste sentinţe?

Încearcă să faci exerciţiul ăsta timp de 5 minute.

Eşti tu şi sentimentul că nu eşti suficient de bun/ă, care se desface ca o coajă de ceapă în faţa ochilor tăi şi... se îndepărtează de tine.

Stai acolo, priveşte, simte... fără grabă.

Ai tot timpul din lume.

Este timpul tău.

Respiră...

Că tot îţi spuneam să te îndoieşti de propria îndoială...

Ce ai face dacă povestea ta ar fi altfel?

Cum te-ai descurca?

Ce ai crede despre tine?

Ce ai face, concret, în relaţiile tale?

Cum te-ai simţi în lume?

Cum te-ai simţi cu tine?

Cine crezi că ai fi şi încotro te-ai îndrepta?

Ce crezi că ar spune ceilalţi despre tine?

Dacă te-ai privi din afară, cum te-ai vedea?

Ia-ţi câteva minute şi încearcă să te conectezi la aceste întrebări.

Mulţumesc!

Să mergem mai departe.

Cum ţi se pare ideea de a fi imperfect/ă?

Cum te face să te simţi ideea asta?

Crezi că poţi să faci greşeli?

Crezi că e OK să se întâmple aşa?

Permite-mi să-ţi dau un exemplu, încearcă să mergi spre mare şi, la un moment dat, ieşi de pe autostrada A2, voit, bineînţeles, şi mergi pe drumul vechi câţiva kilometri buni. Minunat ar fi să mai fie şi alte persoane în maşină.

Priveşte cu atenţie reacţia lor.

Vezi ce se întâmplă.

Ce îţi vor spune?

Dacă te întreabă dacă s-a întâmplat ceva, spune-le că, pur şi simplu, ai decis să ieşi o perioadă de pe autostradă, că ţi se pare idilic pe drumul vechi, că îţi doreşti să te reconectezi la copilărie, la copacii de pe marginea drumului, dar că pot sta liniştiţi, deoarece la prima ocazie „te urci” la loc pe A2.

Ce crezi că ar face?

Îţi garantez că nu coboară nimeni în drum. ☺

Cu siguranţă nu va coborî nimeni din mers. ☺

Aşa că eşti în siguranţă...

Deci? Cum e?

Nu eşti suficient de bun/ă, sau îţi permiţi să iei decizii pentru tine?

E greu? Bine...

Hai să te readuc în zona de confort...

Şi îţi voi lansa o invitaţie pe care am văzut-o la Michael Yapko şi care mi s-a părut extrem de haioasă:

Încearcă să faci lucrurile perfect. Să faci duşul perfect, pastele perfecte etc. În cât timp îţi dai seama că perfecţiunea nu are legătură cu sentimentul că eşti suficient de bun?

La ce te ajută această invitaţie?

Simplu – te ajută să înţelegi diferenţa dintre a fi eficient şi a avea dreptate.

Mai încearcă ceva.

La următorul eveniment la care primeşti invitaţie, pune pe tine cele mai naşpa haine. Ştii tu, hainele alea de care „ai uitat" de ceva vreme, dar pe care nici tu nu prea înţelegi de ce le mai ţii în dulap.

Ce crezi că se va întâmpla?

Va însemna asta că nu eşti suficient de bun/ă?

Sau că ai decis ca la acel eveniment să porţi cele mai naşpa haine din casă?

Mai departe...

Cântă sau dansează pe stradă!

Asta va spune despre tine că nu eşti suficient de bun/ă?

Sau că eşti liber/ă să iei decizii care-ţi fac bine?

Cine decide azi că tu eşti, sau nu, suficient de bun/ă?

Alţii? În funcţie de ce anume?

De o stare? De nişte haine? De o decizie?

Ţi se pare suficient?

Merită tot efortul de a încerca, în disperare, să ne ridicăm la nivelul aşteptărilor altora? Eu cred că nu!

Apropo, îţi spuneam mai devreme să faci duşul perfect.

Poţi să îmi descrii acest proces?

Poţi să-mi prezinţi paşii?

Ce faci, concret?

Am făcut exerciţiul ăsta în cabinet şi a fost foarte haios.

În general, cei mai mulţi oameni îţi vor spune: mă duc la baie, mă dezbrac, intru în cabina de duş, mă spăl, mă şterg şi mă îmbrac.

Simplu, nu?

Oare ăştia să fie toţi paşii?

Dacă te afli într-o cameră de hotel, crezi că ăştia vor fi toţi paşii?

Uite, în luna decembrie am fost la Barcelona împreună cu iubita mea.

Şi am stat la un hotel situat pe Passeig de Gràcia. Central, cum s-ar spune.

Duşul era foarte interesant: avea sistemul ăla care comută, la o simplă mişcare, furtunul de duş cu duşul din tavan.

La fel şi reglajul apei.

Fin!

Dacă nu ai acasă acest sistem, rişti să te... arzi puţin. Sau să dârdâi.

În plus, paşii sunt mai mulţi, în comparaţie cu duşul de acasă.

Îţi trebuie să ştii unde este gelul de duş şi şamponul, unde este prosopul, cum reglezi duşul, de unde aprinzi lumina, unde îţi pui hainele etc.

Vezi? Ne-am obişnuit să descriem foarte vag procesele banale din viaţa noastră, sărind paşi extrem de importanţi.

De ce fac paranteza cu duşul?

Pentru a realiza că nu există duş perfect!

Există, cel mult, un duş eficient sau nu.

Ce înseamnă eficient? Să meargă fără „incidente".

Cum ar fi să intri în duş şi să realizezi, ud/ă fiind, sau chiar plin de spumă, că prosopul a rămas pe pat, în cameră?

Se întâmplă!

Asta înseamnă că nu eşti suficient de bun/ă? Nici vorbă!

La fel şi cu pastele perfecte. Ai mâncat vreodată paste perfecte? Eu nu!

Şi nici nu am aşteptarea asta.

Am mâncat paste foarte bune, în mai multe ţări.

Însă nu ştiu ce înseamnă paste perfecte. Sau pizza perfectă!

Am mâncat pizza şi la Milano, şi la Roma, şi la Napoli, dar n-aş spune că pizza de pe colţ, de pe Calea Victoriei, de la Centrale, sau de vizavi, de la Pizzamania, nu este tot pe acolo.

Ei bine, dacă nu există duş perfect, pizza sau paste perfecte, de ce şi-ar dori cineva să ne determine să încercăm să fim oameni perfecţi?

Care este scopul?

Iubirea n-are cum să fie condiţionată de performanţă!

Starea de bine n-are de ce să fie condiţionată de performanţă!

Performanţa are importanţa ei în viaţa unui om, însă nu trebuie să o legăm automat de iubire. Sunt planuri diferite şi cred că ar fi excelent să nu le amestecăm. Nu orice om performant poate fi bun şi în relaţii. Aşa cum un om mai puţin performant nu e obligatoriu să fie stângaci în relaţii.

Amestecarea planurilor reprezintă o eroare imensă.

Sigur că societatea încearcă să ne inducă ideea asta.

Iar motivul este simplu: nu îi pasă de starea ta, ci de cât de mult produci, deci de bani!

Eu îmi iubesc fiica pentru ceea ce este, nu pentru ceea ce face ca să-mi fie mie pe plac. Am zero interes să facă aşa ceva. Şi i-am spus lucrurile astea încă de acum foarte mulţi ani.

Poate vei crede că sunt dus cu pluta şi îmi asum asta.

Înţeleg bine dresajul sociocultural din familia română.

Şi îţi voi da ca exemplu Crăciunul.

Cuvintele astea sunt scrise azi, 22 decembrie, 2022, deci în preajma Crăciunului.

Mai devreme, la Digi 24, am văzut un reportaj cu Moşul venit la nişte copii.

Reporterul, „smart", ca majoritatea reporterilor de azi, îi întreba pe copii:

— Aţi fost cuminţi?

Care era răspunsul?

— Daaaa, am fost cuminte. Am făcut ceea ce au spus părinţii.

Bravo!

Sper că sesizezi sarcasmul.

Eu nu înţeleg treaba asta cu Moşul care aduce cadouri doar pentru copiii cuminţi.

Eu aş face pe dos.

Le-aş aduce cadouri, în primul rând, copiilor care nu au fost cuminţi.

Sau doar lor!

De ce? Pentru că au fost autentici!

Şi pentru că au părinţi mişto care, dincolo de firele albe şi de oboseală, îi însoţesc spre a fi autentici.

Iată încă o condiţionare – primeşti cadouri doar dacă eşti cuminte.

Dacă nu eşti cuminte... nu eşti suficient de bun/ă.

Ce mai plâng unii copii din cauza asta!

Şi ce şuturi în fund le-aş da părinţilor care îi chinuie, în loc să-i iubească!

Mai târziu, în viaţa adultă, să nu te miri că vor auzi: „primeşti sex, bani, vacanţe etc. doar dacă faci ce zic eu!"

Iar ei vor răspunde cu supunere...

Iubirea este iubire!

Şi acceptare! Restul este trauma dresajului forţat!

Ca să ne apropiem de finalul acestui calup, te-aş ruga să te gândeşti cum anume ţi-ar plăcea să te vezi şi cam pe unde crezi că te afli acum.

Poţi folosi o gradaţie de la 1 la 10, sau de la 1 la 100.

Apoi încearcă să-ţi imaginezi paşii pe care trebuie să-i faci pentru a-ţi atinge obiectivul dorit.

Este adevărat, este acelaşi proces ca la rezolvarea de probleme.

Asta e viaţa: o continuă rezolvare de probleme, una după alta.

Ideea este să te poţi monitoriza, să-ţi poţi observa dezvoltarea.

Nu uita să scrii. Jurnal, caiet, foi, este irelevant.

Important este să scrii. Nu te baza pe creier. Împieliţatul ăsta face mişto de tine cum vrea el. Oricum e *biased* pe negativ, aşa că nu te baza prea mult pe el. ☺

Dacă, să spunem, azi te evaluezi la 3 din 10, iar peste 7 luni urci la 6 din 10, ar fi extraordinar să poţi să te bucuri de creştere.

Şi să-ţi dai voie să te recompensezi cumva.

Îţi recomand o vacanţă în Madeira.

Insula e superbă, mâncarea este ieftină şi delicioasă, iar vinurile sunt superieftine şi bune. Plus soarele plăcut...

Atunci când vei reuşi să construieşti o nouă viziune a vieţii tale, ea va rămâne cu tine pe termen lung, aşa cum te-a însoţit şi sentimentul că nu eşti suficient de bun/ă.

Dacă tot am ajuns aici, hai să-ţi spun ce i-am propus unei cliente care stă de vreo 20 de ani în abuz emoţional:

Până azi, ai văzut doar partea de „nu sunt suficient de bună", care a fost responsabilitatea lui şi de care, să recunoaştem, s-a achitat „excelent".

Acest sentiment că nu eşti suficient de bună vine în pereche. Iar perechea lui este „sunt suficient de bună". Cum ar fi ca, începând de azi, tu să ai grijă de această parte a vieţii tale? Ştiu că nu este ceva la-ndemână, însă nu eşti curioasă să vezi ce descoperi? Eu sunt aici, pentru tine, şi te voi ajuta să construieşti această parte de adult sănătos a vieţii tale.

În ciuda tuturor chinurilor şi greutăţilor, în ciuda tuturor suferinţelor, există o veste bună: poţi să rescrii modul în care îţi măsori propria valoare!

Tu, nu altcineva!

Bine, hai, fie, tu împreună cu psihologul, psihoterapeutul, coachul, mentorul, popa... sau ce alegi tu. ☺

Ţine minte – contează cum te simţi tu cu ceea ce faci, nu ce cred alţii că ar trebui să faci ca să se simtă ei bine. Eu nu i-aş pune, totuşi, pe toţi în aceeaşi oală, însă am făcut acest compromis pentru că ştiu că pentru oameni nu există diferenţe, deşi anii de şcoală...

Dar asta e o altă discuţie.

Încă ceva, te-ai gândit că poate acei „alţii" nu au capacitatea de a se simţi bine?

Te-ai gândit la acest aspect?

Te-ai gândit vreo secundă la faptul că motivele lor sunt... ale lor?

Şi atunci, ce sens are chinul?

O relaţie nu înseamnă doar servicii.

O relaţie înseamnă, în primul rând, conectare şi contribuţie (reciprocă).

Pe mai multe planuri.

Tu cu ce contribui la binele tău?

Ce faci, concret, zi de zi, pentru tine?

Aştept un mesaj privat, pe Facebook (vulpescu.eu) sau Instagram.

Chiar sunt curios să aflu cum anume contribui la propria stare de bine?

— Nu ţi-e ruşine?
— Nu!

Este posibil să crezi că pun carul înaintea boilor, alegând să vorbesc despre ruşine după discuţia despre sentimentul că nu eşti suficient de bun/ă.

Să lămurim puţin de ce am ales aşa.

Foarte mulţi oameni cu care lucrez manifestă ruşinea – vina – sentimentul că nu sunt suficient de buni – teama de eşec, dar şi teama de singurătate.

Netrăind într-un mediu invalidant, ci mai degrabă într-un mediu al cunoaşterii şi însoţirii, având o mătuşă şi nişte părinţi care ne explicau foarte atent ce şi cum, nu pot spune că am o bază „solidă" de ruşine. Nu sunt antisocial, narcisist, nesimţit, sau cum mă poţi diagnostica, doar pentru că am primit altă direcţie.

Ştiu că e o modă să urmăreşti 2-3 filmuleţe cu Dr. Ramani, de exemplu şi gata, ai găsit narcisistul (este cel mai des diagnostic pe care-l aud), însă te-aş ruga să laşi diagnosticarea pe mâna oamenilor care au învăţat mulţi ani să facă asta.

Să cauţi să dai sens lucrurilor pe care le simţi te poate duce, într-adevăr, în zona asta, însă nu crezi că mai bine te ocupi de tine şi de motivul pentru care te afli în situaţia de a te lupta cu o relaţie abuzivă?

Mi se pare că vei găsi mai mult sens aşa.

Aaaa, nu te poţi vedea?

Nu te poţi observa?

Ooops, păi dacă tot îţi place clusterul B, poate că n-ar fi rău să te întrebi ce cauţi, de fapt, acolo.

În fine, revenind la viaţa mea, chiar funcţionez după nişte principii şi reguli sănătoase, însă nu le-am urmat orbeşte, ci am încercat întotdeauna să le înţeleg bine, ba chiar să le contest, acolo unde era cazul.

Mătuşa mea mi-a spus, la un moment dat: *nu lua de bun tot ce ţi se spune. Încearcă să cercetezi, să înţelegi şi să vezi / afli ce ţi se potriveşte.*

Femeia asta a fost un adevărat model pentru mine.

De aceea spun că nu am simţit ruşine de prea multe ori în viaţa mea. ☺

S-a întâmplat de câteva ori şi a durut îngrozitor.

În rest, am ştiut să fiu prieten cu viaţa şi, în general, să încerc să fac bine.

Iar acest fel de a fi m-a ţinut într-o zonă de siguranţă din punctul de vedere al imaginii de sine. După cum am mai spus, în familia mea eu am fost cel diferit.

Drept urmare, am preluat principiile de viaţă şi valorile: onestitatea, cinstea, onoarea, loialitatea, demnitatea etc., nu neapărat şi procedurile.

Încă de mic am încercat să adaptez tot ceea ce mi se spunea sau citeam la ceea ce credeam că reprezint eu. Sigur, nu a fost simplu.

Când eşti mic, nu prea ai capacitatea să pui prea bine cap la cap anumite noţiuni, cum ar fi cele abstracte.

Însă azi, dacă privesc în urmă, pot spune că m-am descurcat destul de bine. Aş spune că principalul meu prieten a fost curiozitatea (dorinţa de explorare).

Or, dacă tot vorbim despre ruşine, cred că ar fi util să spun că ea are legătură cu sistemul de credinţe, cu standardele impuse – de familie, biserică, sau societate, dar şi cu ideea de adecvare socială. Pe scurt, dacă nu faci ceea ce se cere, pentru a fi acceptat de comunitate, rişti să fii exclus sau pedepsit.

Ruşinea se referă la cine eşti tu!

Nu te conformezi regulilor, eşti o persoană naşpa, o persoană care va fi arătată cu degetul, pedepsită, o persoană care nu merită nici atenţie, nici interes şi, cu atât mai puţin, iubire. În cazul meu, fiind diferit, am fost oaia neagră, însă această poziţie mi-a oferit terenul propice pentru a-mi dezvolta propriul drum.

Aşa cum este lesne de înţeles, ruşinea are o etichetă ataşată – VINA!

Ruşine înseamnă cine sunt, vină înseamnă ceea ce fac!

Cele două fac echipă şi, din păcate, foarte mulţi oameni le amestecă adesea.

Să nu mă înţelegi greşit, ruşinea este o emoţie adaptativă, deci nu mă grăbesc să îi dau în cap, dar chiar are legătură cu submisivitatea şi controlul.

Gândeşte-te cum se manifestă ea când eşti copil.

Uneori prin comportamente menite să evite conflictele, pedepsele etc.

Şi are sens deoarece, fără ruşine, un copil care trăieşte într-un mediu invalidant o va lua razna. El ştie că fără părinţi nu se poate descurca, deci îi va fi greu să creadă că părinţii, aceşti zei de neclintit, sunt duşi cu capul la modul cel mai serios.

Aşa că ia totul asupra lui. Şi se supune!

Iată, deci, că ruşinea nu este doar o experienţă dureroasă, ci şi o emoţie dureroasă.

Şi aici mă gândesc nu doar la copii, ci şi la părinţii care le spun copiilor:

Aveţi grijă să nu mă/ne faceţi de ruşine la şcoală.

Ce ameninţare sinistră!

Copiii nu se vor putea deschide niciodată, nu vor putea fi ei, ci vor sta în permanenţă cu această atenţie anxioasă la orice comportament, cuvânt, acţiune etc.

Îşi vor cenzura şi aerul pe care îl respiră.

E clar, deci, că vorbim despre hiperexcitabilitate, frică sau supunere (hipoexcitabilitate)!

Mai ales când ameninţarea are ataşate tot felul de metode de pedeapsă.

Crede-mă, oricât antrenament ai avea, atunci când auzi despre adulţi care, în copilărie, au fost ţinuţi cu mâinile deasupra flăcării aragazului, n-ai cum să nu ai reacţii. Atunci când ruşinea este indusă astfel, ea va produce retragere, dezangajare socială, evitare. Singura problemă este că, în economia ruşinii, cineva decide ce e bine şi ce nu, fie că vorbim despre familie, societate, religie etc.

Gândeşte-te la copiii abuzaţi – aici mă refer nu doar la abuzul sexual, de altfel extrem de întâlnit în societate, ci şi la abuzul fizic şi emoţional.

Un copil care a crescut într-un mediu invalidant, abuziv, este clar contaminat cu ceva naşpa şi va duce toată viaţa cu el ruşinea (povara) de a fi fost molestat în fel şi chip, acel „de ce mie?", chiar dacă actul în sine nu este despre el, ci despre abuzator.

Ruşinea declanşează o internalizare incredibilă, lipsa de valoare apărând rapid în peisaj.

Cine sunt?

O persoană naşpa, care nu merită.

Care este rezultatul?

Încerc, pe cât posibil să ascund defectele proprii sau, pur şi simplu, evit contactul cu alţi oameni.

Rick Hanson spune o chestiune extrem de interesantă: *atunci când te simţi vinovat, cineva te minte. Uneori, poţi fi chiar tu acea persoană!*

Mai degrabă mai târziu, după ce ai fost minţit ani întregi de adulţii care te îngrijesc.

Am stat şi am meditat ceva vreme la vorba lui Hanson şi mi-am dat seama că are sens. Iar în capitolul despre abuz emoţional vei vedea cât de mult sens are în viaţa de zi cu zi, în relaţiile de zi cu zi.

Drept urmare, atunci când cineva încearcă să-ţi inducă sentimentul de vină (ruşinea fiind imediat dedesubt), fă un pas în spate şi întreabă-te: cine mă minte?

Acela este momentul în care lansezi invitaţia la reconcilierea propriei identităţi morale. Aici ar fi de făcut o distincţie extrem de importantă – dacă eşti adult şi ceva te-a activat (trigger), trebuie să înţelegi faptul că răspunsul tău nu este neapărat despre acum, ci despre ceva ce ţi s-a întâmplat în copilărie.

Aici intervine distincţia, de fapt conştientizarea, faptului că nu mai eşti copil, că nimic din ceea ce eşti azi nu mai are legătură cu perioada aceea de chin.

Atunci când simţi că te-ai activat, fă o pauză, respiră adânc şi gândeşte-te: ceea ce simt acum este despre mine, cel/cea de acum, sau este ceva despre copilul din mine?

Să ne înţelegem, nu toate situaţiile ruşinoase sunt de înţeles. Unele sunt, altele nu!

Să mergi dezbrăcat pe stradă este un comportament inadecvat regulilor sociale şi o decizie absolut de neînţeles pe care cineva, în deplinătatea facultăţilor mintale, o poate lua. Este motivul pentru care cei mai mulţi oameni nu merg dezbrăcaţi pe stradă. ☺

Nu acelaşi lucru se aplică şi pe plajele de nudişti.

Cum se întâmplă la „Plaja de carte" din Vamă.

Acolo toată lumea ştie că se face şi nudism.

Ca atare, dacă ai o problemă cu asta, alegi o altă plajă, decât să stai o zi întreagă cu ruşinea la purtător. Sau cu furie. E păcat de plajă, soare, mare, vin. ☺

Să îţi fie ruşine să ieşi cu un băiat / o fată, sau te pupi cu un băiat / o fată, este tot o ruşine de neînţeles. Este momentul în care poţi să faci un pas în spate şi să te întrebi: cine m-a minţit? Cineva care ţi-a spus cam cum ar trebui să fie lumea, însă tu simţi diferit, dar credinţele sunt puternice şi iată una bucată de conflict interior de toată frumuseţea.

Ce ţi s-a spus?

Că e ruşinos să ieşi cu un băiat înainte de căsătorie, că sexul înainte de căsătorie e un păcat etc. Sigur că sunt chestiuni profund împotriva a ceea ce simţi tu la un moment dat, eventual acum. Şi e normal să fie aşa, deoarece ruşinea este controlată de scheme, multe dintre ele fiind, cum am spus, de subordonare.

Fă pasul în spate şi întreabă-te: cine m-a minţit?

Nu ar fi tare să descoperi că persoana aia nici măcar nu se mai află printre noi?

Mai încearcă un calcul – ce vârstă aveai tu când ai auzit toate mesajele de subordonare? Şi ce vârstă avea persoana care le-a emis?

Apoi, vino în prezent, aici şi acum, şi cercetează cum arată sistemul tău, AL TĂU, de valori, ce înseamnă integritate pentru tine, care sunt valorile cu care te identifici AZI, adică pe care le-ai aplicat, trăit, contestat.

Încearcă să nu stai prea mult în zona de ruşine, şi spun asta pentru că ruşinea este, dacă vrei, o formă de dezgust faţă de sine, iar dezgustul produce de multe ori furie, tot de sine. Mai mult, atunci când se declanşează, ruşinea produce o teroare a recunoaşterii, iar starea în care te vei afla te va duce pe nişte căi care nu-ţi vor plăcea prea mult.

O ruşine de înţeles poate apărea atunci când ai depăşit / încălcat nişte valori care chiar sunt ale tale. Spre exemplu loialitatea / fidelitatea.

Dacă fidelitatea este o valoare importantă pentru tine, iar tu ajungi să o încalci, atunci este firesc să simţi ruşine.

Dacă, în schimb, ţi se spune că faci lucruri pe care nu le faci, iar celălalt încearcă să-ţi inducă ruşinea şi vina, atunci nu ar trebui să migrezi în acea direcţie, ci să spui: *N-am nici cel mai mic motiv să mă simt vinovat sau ruşinat de ceva ce nu fac. Dacă nu încetezi acuzele astea, îmi voi rezerva dreptul de a încheia discuţia, sau chiar relaţia.*

Ruşinea este, mai degrabă, despre putere şi control, nu despre moralitate.

Deci, ar fi important să-ţi creionezi propria moralitate, propriul cod moral, astfel încât tu să fii stăpânul acestor emoţii.

Când devii furios pe tine, există posibilitatea să recurgi la tot felul de comportamente second-hand, distructive: consum de substanţe – alcool şi droguri, jocuri de noroc, sex compulsiv (îţi întăreşti credinţa că eşti, într-adevăr, o persoană naşpa, care nu merită) etc.

O modalitate excelentă de a lucra cu această imagine alterată de sine este jurnalul stărilor. În fiecare zi scrii cum ai fost. Naşpa sau bun?

Încearcă să te conectezi şi la interacţiunile bune, de calitate, dar şi la momentele neutre. Ele te vor face să te vezi cu alţi ochi.

Şi te vor ajuta să faci diferenţa dintre cine crezi că eşti şi cine îţi doreşti să fii.

Ţine minte un lucru important: ruşinea are întotdeauna două personaje – criticul interior şi vulnerabilul, copilul vulnerabil, care crede tot ceea ce spune criticul.

Este celebra schemă: părinte exigent, critic sau punitiv – copil vulnerabil.

Acolo unde există acest critic interior, fie şi după zeci de ani, există un exerciţiu mişto: *Îi dai un nume şi vorbeşti cu el. Pur şi simplu îl iei la mişto.*

Eşti atent la mesajele care intervin atunci când criticul interior se activează – automat în situaţiile care pot trezi ruşinea –, le poţi şi scrie, dacă vrei şi apoi le citeşti, imitând vocile unor personaje din desene animate (de exemplu Donald Duck, Popeye Marinarul, Twitty sau Sylvester), sau, de ce nu, vocile unor mari actori români – de preferat actori de comedie (Dem Rădulescu, Jean Constantin, Puiu Călinescu, Toma Caragiu).

Parcă te aud spunând că sexul este un păcat, cu vocea lui Jean Constantin (Ismail).

Ce zici? Te mai crezi?

La un moment dat, am făcut acest exerciţiu cu o clientă care, la despărţire, a auzit, din pragul uşii, următoarea afirmaţie:

Te-am iubit, dar nu s-a putut!

Iniţial, ea s-a activat puternic pe vină şi ruşine.

Ce faci în situaţia respectivă?

Încerci să dovedeşti că poţi!

Şi cedezi. Faci/dai mai mult.

În cazul ei, în momentul în care i-am interpretat această frază de adio cu vocea lui Jean Constantin, femeia a râs în hohote vreo 5 minute.

Nici urmă de vină şi ruşine.

E? Parcă are sens ce spune Rick Hanson, nu-i aşa?

Fiind o chestiune de subordonare, ruşinea te face să eviţi contactul cu realitatea.

Partea proastă este că uneori te face să te eviţi şi pe tine.

Atenţie! Nu toţi oamenii simt ruşine atât de des. Şi este în regulă.

În acelaşi timp, acolo unde există copilul vulnerabil, deci criticul interior este extrem de vocal, ruşinea poate fi un element determinant al modului în care trăiesc acei oameni.

Dacă ai în preajma ta o persoană care trăieşte într-o stare constantă de ruşine, nu îi vorbi despre greşelile pe care crezi că le face.

Nu o vei ajuta cu nimic. Ba chiar o vei face să simtă şi mai multă ruşine.

Aşa prieten/ă eşti? Ar trebui să-ţi fie ruşine. ☺ Glumesc.

În schimb, oferă-i o faţă prietenoasă, un ton blând şi înţelegător, multă susţinere. Care este scopul? Ca persoana respectivă să se simtă acceptată.

Asta o va scoate din starea de cădere.

Ameninţarea marginalizării sau a singurătăţii reprezintă un rezultat catastrofic pentru foarte multe persoane, iar siguranţa este antidotul pentru această teamă uriaşă.

Siguranţa care vine din acceptare.

Acceptarea îţi restabileşte simţul valorii de sine.

Oamenii care te primesc, te fac să te simţi bine, te pun în valoare, sunt adevăraţii vindecători. Ei nu trebuie să facă mare lucru – pur şi simplu trebuie să fie buni cu tine! Ei te ajută să destructurezi învăţarea din trecut, mesajul catastrofic: nu sunt bun, nu merit, n-am valoare, nimeni nu mă place, voi rămâne singur/ă.

În plus, încearcă să apelezi la autocompasiune.

Doar nu credeai că am vorbit de nebun despre ea. ☺

Încearcă să-ţi creezi o mantră, adică o frază care să te ajute să te linişteşti, vorbeşte cu tine într-un ton de încurajare, vorbeşte cu tine ca şi cum ai vorbi cu cel mai bun prieten, atunci când se află într-un moment dificil.

Ruşinea este o emoţie socială, iar ca să poţi scăpa de ea – şi aici mă refer la ruşinea zidită în interiorul tău în copilărie – ai nevoie de conexiuni sociale pozitive, de calitate, de o reţea de relaţii care să-ţi confirme valoarea, calitatea, bunătatea.

Empatia, compasiunea şi bunul-simţ, pe care le poţi lua din relaţiile semnificative, cu oameni buni, sunt antidotul perfect pentru ruşine.

Nu ai nevoie de 100 de prieteni.

Ai nevoie doar de câţiva oameni buni, care să fie acolo pentru tine şi, evident, tu pentru ei.

Nu mă crezi?

Atunci încearcă să te gândeşti aşa: *ai simţit vreodată ruşine atunci când ai interacţionat cu oameni cu care te-ai simţit în siguranţă?*

Eu am făcut exerciţiul ăsta şi răspunsul a fost clar şi răspicat: NU.

Ştii de ce? Pentru că atunci când te simţi în siguranţă, atunci când criticul tău interior nu are motive să ţipe, nici ruşinea nu are teren pentru a se desfăşura.

Stresul nu e sexy!

Nu-i aşa că afirmaţia asta sună dur, mai ales după un calup întreg legat de ruşine, vină, sentimentul că nu eşti suficient de bun/ă şi teama de eşec?

Sunt de acord, este dur, dar şi adevărat!

Stresul nu poate fi sexy!

La ce mă refer când afirm acest lucru?

La faptul că stresul se vede!

Se vede pe tine. Peste tot!

Dar, până să ajung acolo, dă-mi voie să disec puţin conceptul ăsta de stres, o chestiune pe care o simţim cu toţii, în diferite forme şi contexte ale vieţii, dar despre care nu ni s-a spus mare lucru, mai ales când eram copii.

Azi, de bine, de rău, se mai vorbeşte despre stres, insuficient, ce-i drept, însă se mai vorbeşte. Cam la fel de mult ca şi despre starea de bine. ☺

Ooops, am intrat în zona de plictis? Sper că nu, dar chiar există oameni care asociază starea de bine, bucuria, sau bunătatea, cu plictisul. Un mare neadevăr!

Şi am testat deja acest lucru la prima întâlnire de cafenea de după pandemie – la Dating Talks.

Am vorbit despre dating şi, atunci când am rostit următorul enunţ: „Sunt un bărbat care caută o parteneră alături de care să mă bucur de viaţă" (nu eu, era un exemplu), am văzut ochi daţi peste cap, comentarii şi nedumerire / nemulţumire.

Cineva chiar mi-a reproşat faptul că nu există un obiectiv în acest enunţ.

Cum? La ultima verificare, bucuria era un obiectiv.

Sunt eu nebun? Greşesc?

Mie mi se pare că bucuria este/ar fi un obiectiv major în relaţii.

Revenind, aşa cum la sentimentul că nu eşti suficient de bun/ă ţi-am spus că vorbim despre perechi, cred că şi în cazul stresului putem folosi perechi, în cazul de faţă stres – stare de bine!

De fapt distres – stare de bine.

Aşa se numeşte stresul rău – distres.

Şi fac precizarea asta pentru a înţelege foarte bine faptul că nu orice stres este neapărat rău. Stresul este bun doar atunci când te motivează să faci lucruri, când te face să acţionezi. Deci te menţine activ!

Stresul devine distres, adică rău, atunci când durează prea mult, iar corpul şi mintea ajung să plătească un preţ şi începe să ne fie greu să performăm normal pe toate palierele vieţii.

Îţi propun să luăm perechea distres – stare de bine şi să o punem puţin sub lupă.

Cu starea de bine, lucrurile pot fi rezolvate, pe scurt, cam aşa: starea de bine este capacitatea de a tolera urcuşurile şi coborâşurile vieţii de zi cu zi.

Sigur, ar fi de preferat ca în viaţa noastră să existe mai multe experienţe pozitive, decât negative, pentru a putea vorbi cu adevărat despre stare de bine.

Dacă mă întrebi pe mine, starea de bine nu înseamnă superlativ, ci bine; nu înseamnă wow, ci mulţumitor. Serios, este puţin nefiresc să ai aşteptarea ca toate experienţele dintr-o zi să fie wow, nu crezi?

Acolo unde lucrurile devin intolerabile, deci nu mai există control, ajungem destul de uşor la anxietate, depresie sau abuz de substanţe.

Dacă trecem dincolo, la distres, putem spune, din capul locului, că este o criză de adaptare, ce poate fi: bio, psiho-emoţională şi socială, la situaţii provocatoare.

Care este starea cu care „se pupă" distresul?

Să ne aducem aminte de semafor...

Ai ghicit: culoarea galbenă – cea de pericol!

Adică zona de hiperexcitabilitate, iar aici îţi voi arăta şi cum se manifestă el asupra corpului uman. Atunci când vorbim despre stres simplu, deci cel bun, putem să fim în fereastra de toleranţă şi să-i facem faţă.

Un examen, o primă întâlnire cu cineva etc.

Teoretic, sunt evenimente uşor de manageriat pentru o persoană care are o fereastră de toleranţă suficient de bine dezvoltată.

Ce înseamnă asta?

Că deţine două chestiuni extrem de importante, ce ţin de funcţionalitatea sănătoasă: flexibilitate şi adaptabilitate. Când ai aceste două lucruri / abilităţi, poţi controla destul de bine stimulii sau situaţiile stresoare.

Are sens? Are!

Ce treabă are controlul aici?

Păi are o mare treabă, deoarece controlul este acea variabilă care influenţează proporţiile cu care percepem stresul, dar şi consecinţele psihologice ale acestuia.

După cum deja probabil ai dedus, (dis)stresul este legat obligatoriu de teamă şi de anxietate. Şi aici ar fi bine să distingem lucrurile, pentru că nu înseamnă acelaşi lucru, deşi sunt convins că mulţi le amestecă într-o salată nu tocmai uşor de digerat.

Ei bine, în timp ce anxietatea este o aşteptare catastrofică, orientată spre viitor, teama este un răspuns, un semnal de alarmă, la un pericol prezent sau iminent.

Acum, hai să încep să-ţi spun de ce cred că stresul nu e sexy!

Dacă tot vorbim despre o carte care are ca principală ţintă cuplul, de ce este un mega-ucigaş al relaţiilor? În primul rând, simptomele lui nu sunt nici pe departe atractive, sau ceva ce ai alege cu ochii închişi, dacă ai avea şi alte opţiuni.

Dacă mă gândesc în primul rând la corp, atunci îţi spun aşa: stresul produce oboseală, dureri de cap, dureri abdominale (sub diafragm se simt emoţiile negative), modificări ale tranzitului intestinal, insomnii, palpitaţii, scăderea imunităţii, scăderea apetitului sexual („excelent" pentru cuplu), transpiraţii etc.

Acum, imaginează-ţi că ai avea de ales altceva.

Te-ai opri la ceea ce am enumerat aici?

Aşa mă gândeam şi eu...

Mai încearcă ceva: să iubeşti şi să te conectezi cu altcineva, având toate aceste simptome. Succes. ☺

Să ne mutăm acum spre zona afectivă, pentru că şi acolo apar lucruri interesante foc. Glumesc!

Şi găsim un prea frumos platouaş de: iritabilitate, frustrare, labilitate emoţională, disconfort, furie, tresărire la stimuli (cum ar fi atingeri sau zgomote), sentiment de singurătate, vinovăţie, suspiciozitate!

Spor la iubire!

Sunt sigur că o să-ţi iasă de minune... un război de toată „frumuseţea".

Acum înţelegi de ce atâtea cupluri nu se înţeleg?

Tocmai pentru că „funcţionează" cu aceste caracteristici profund anticonectare şi antiiubire.

Mergem mai departe şi ne oprim la zona cognitivă, adică la gânduri.

Deja adăugăm tuşe tari de tot.

Ele sunt formate din: ruminaţie (îi mai spun şi „bârfa din cap"), fugă de idei, negativism, rigiditate şi îngrijorări constante (ca să nu spun continue).

Nu-i aşa că eşti interesat/ă să cunoşti o persoană care prezintă un asemenea tablou interior?

Fac pariu că asta ţi-ai dorit toată viaţa. ☺

Şi mai fac un pariu: că ai şi dat peste o astfel de persoană.

Eu am dat, cu siguranţă!

Şi pot să-ţi spun că am ajuns, de fiecare dată, să mă întreb: „Oare de ce nu se poate bucura? O fi ceva cu mine?"

Nu intra în „jocul" ăsta. Te va seca total de energie şi resurse.

Acum, îţi propun să-i punem acestui tablou şi o prea-frumoasă ramă.

Cum cu ce?

Cu zona de comportamente. ☺

„Petrecerea continuă", vorba regretatului Toma Caragiu.

Parcă-i văd privirea aia plină de sarcasm...

Aici avem consum de: alcool, tutun, droguri, procrastinare, tulburări de alimentaţie, izolare socială, dificultăţi în luarea deciziilor, neglijarea responsabilităţilor, agresivitate, comportamente autoritare sau gânduri de suicid.

După tot tabloul ăsta, nu crezi că e cazul să luăm stresul în serios?

Eu cred că da!

Cred că e 100% obligatoriu.

Pune două persoane, cu 20% din acest tablou, să formeze un cuplu şi spune-mi şi mie ce crezi că va ieşi.

Nu-mi spune, ştiu că mulţi se adaptează la toate lucrurile astea.

Adaptarea, în cazul ăsta, fiind ceva nesănătos.

Sănătos vorbind, adaptare înseamnă: înţelegerea evenimentului / stimulului stresor, identificarea soluţiilor, aplicarea lor şi apoi evaluarea rezultatului.

REZOLVARE DE PROBLEME!

Adaptarea nesănătoasă, adică ideea de a te obişnui cu răul, nu este altceva decât cedare, predare, renunţare!

Întrebarea este: cu ce preţ?

Sper că eşti conştient/ă de faptul că stresul (distresul) prelungit poate duce la boală de adaptare, adică la o suprasolicitare a sistemelor organismului, şi că, dacă nu faci nimic pentru a-ţi construi starea de bine, adică pentru a dezvolta abilităţi de a tolera evenimentele sau stimulii stresori, te poate chiar ucide.

Aşadar, ar fi cazul să înţelegem, împreună, faptul că, pentru a putea obţine acea sănătate mintală, avem nevoie de: valori, abilităţi (intelectuale şi deprinderi psihomotorii) şi de o afectivitate care să nu fie negativă în mod obişnuit.

Te-am plictisit?

Sunt prea serios?

Am înţeles, aduc imediat nişte apă şi diluez puţin conţinutul. ☺

Revenind la cuplu, partea proastă este că, atunci când unul dintre parteneri sau, de ce nu, amândoi, este stresat şi apar simptomele fizice, afective, cognitive şi comportamentale descrise, conectarea celor doi devine din ce în ce mai dificilă.

Până se ajunge la deconectare totală.

Nu mai spun că, fiind într-o stare constantă de hiperexcitare, fiecare se transformă în leu pentru celălalt, adică în pericol. Te rog din suflet, cu cerul şi pământul, nu-ţi obişnui creierul să-ţi vadă partenerul sau partenera ca pe un pericol.

Mergi pe mâna mea – este ultimul lucru pe care ţi-l doreşti.

În secunda în care bagi sămânţa asta în creier, relaţia s-a încheiat!

De aici şi până la a ajunge să nu mai faceţi sex cu lunile / anii, sau să nu mai discutaţi privindu-vă în ochi, mai sunt câţiva paşi (nu mulţi).

Nu ai idee de câte ori am întâlnit persoane care se aflau în relaţii sau căsnicii, dar nu mai aveau activitate sexuală de luni sau ani buni.

Asta vrei?

Sexul înseamnă conectare şi plăcere, bucurie şi joacă.

Fără aceste elemente, ce aveţi?

Liste de cumpărături, credite, discuţii sterile despre nimic? Zero atingeri şi o minciună de relaţie, în care niciunul dintre voi nu mai crede?

Depresie funcţională, pe care şi unul şi celălalt, de trei ori pe zi, o strigaţi: „iubire"? Acum îţi este limpede de ce am scris mai devreme despre limite sănătoase?

Pentru că ele te ajută să ai parte de mai multă conectare, nu de mai puţină.

În cazul sexului, ele te ajută să te duci spre celălalt şi să-i spui: *Hey, ce facem? Ce e asta? Ai decis să încheiem viaţa sexuală fără să-mi spui? Acest lucru este inacceptabil, aşa că te invit să discutăm despre ce anume ne-a adus aici!*

Din acest punct de vedere, pot spune că o admir pe celebra J.Lo.

Înţeleg (dacă o fi adevărat) că a stipulat, în contractul prenupţial semnat cu Ben Affleck, frecvenţa contactelor sexuale săptămânale.

Te rog să nu-mi vii cu scuza cum că ei sunt vedete la Hollywood şi nu au responsabilităţile tale. Crede-mă, dacă ai avea 10% din presiunea lor, cred că nu ţi-ar fi tocmai uşor.

Oamenii sănătoşi ştiu să pună limite sănătoase, ştiu să-şi negocieze starea de bine şi de conectare în cuplu.

Pe tine ce te opreşte?

Hai să-ţi mai spun ceva important: ***(dis)STRESUL TE FACE EGOIST/Ă!***

Da, ai citit bine.

(dis)STRESUL TE FACE EGOIST/Ă!

Iar traseul nu este tocmai complicat.

Atunci când simţi că nu mai ai control, când stimulii stresori te copleşesc, ai tendinţa de a te închide în propriul cap!

Te bagi acolo, închizi uşa cu toate cheile posibile şi nu mai ieşi de acolo.

Rumine zi la greu, până aproape, sau chiar până la obsesie.

Care este rezultatul?

Nu te mai poţi conecta cu celălalt!

Nici măcar nu te mai interesează să o faci.

Eşti mult prea obsedat/ă de tine şi de „ale tale”.

Ce face celălalt?

Observă această retragere şi vine către tine cu întrebarea:

Hei, cu mine cum rămâne?

O întrebare cât se poate de justificată.

Din păcate, tu eşti pornit/ă pe modul de supravieţuire, adică pe zona unde contează să fie împlinite doar nevoile tale, deci vei fi perceput/ă ca fiind egoist/ă!

Păi? Unde este creşterea în doi?

Ia o pauză şi gândeşte-te la relaţiile tale.

Ţi s-a întâmplat vreodată să te retragi în propriul tău cap?

Ce s-a întâmplat cu relaţia ta?

A mers mai departe?

Cum anume? Ce ai făcut pentru a ieşi din propriul cap. Ai reuşit? Ai reuşit să te reconectezi cu el/ea?

Sau ai schimbat partenerul/a, revenind în scurt timp în aceeaşi stare?

Acum gândeşte-te cum arată o relaţie în care ambii parteneri sunt închişi în propriul cap? Nu cumva ca doi egoişti care dau vina unul pe celălalt pentru propria durere, când, de fapt, niciunul nu este dispus să ofere nimic, ci doar să primească?

Poate că nu e prea târziu să învăţăm să ne întrebăm, dinainte să intrăm într-o relaţie sau, de ce nu, şi pe parcursul uneia: cum vrem să ne simţim în relaţie?

Este adevărat: viaţa este mai bună atunci când eşti într-o relaţie!

Însă formularea nu este completă!

Pentru a o completa, este nevoie de o condiţie fundamentală:

RELAŢIA TREBUIE SĂ FIE SĂNĂTOASĂ! ADICĂ SĂ FIE DESPRE CONECTARE ŞI IUBIRE, DECI DESPRE STAREA DE CALM, DE FEREASTRĂ DE TOLERANŢĂ!

Până când nu vom învăţa cum funcţionăm pe dinăuntru, în profunzime, nu vom reuşi să schimbăm toate tiparele disfuncţionale pe care le-am cărat până în viaţa adultă. Până când nu vom înţelege faptul că starea în care ne aflăm influenţează percepţia noastră despre sine, ceilalţi şi lume, nu vom putea lega relaţii sănătoase şi de calitate. În general, nu doar relaţii de cuplu.

Uite, să-ţi dau un exemplu: ai fost vreodată în depresie?

Care era starea ta? Poţi să o descrii? Mai ţii minte ce gânduri aveai?

Mai ales seara, când te puneai în pat şi încercai să adormi? Mai ţii minte în ce culori vedeai lumea? Lumea era un loc frumos, în care te puteai desfăşura în voie?

Mă îndoiesc! Nu voiai să vezi pe nimeni.

Care lume? Care încredere? Care dorinţă de a trăi? Pentru ce?

Speranţa şi simţul umorului sunt primele sacrificate atunci când cazi în depresie.

Manifeşti o seriozitate scufundată!

Te-ai aflat vreodată în episoade puternice de anxietate?

Ai crezut vreun cuvânt, atunci când ţi s-a spus că totul va fi bine?

Bineînţeles că nu! Nici n-aveai cum să crezi.

Abia după ce ai depăşit episodul şi ai reuşit să te calmezi, ai putut să te conectezi la siguranţă.

Repet, totul ţine de stări!

Poţi tu să crezi că ai controlul cognitiv până mâine dimineaţă.

Corpul va râde de tine în permanenţă şi îţi va arăta faptul că degeaba te închizi în cap, dacă nu înveţi să te conectezi cu el şi să-l asculţi.

În plus, te rog din suflet, nu te mai speria de emoţii.

Ele nu sunt sentinţe sau verdicte, ci informaţii, feedback, despre noi, despre modul în care comunicăm cu noi înşine şi cu alţii, despre ceea ce se întâmplă în mediul nostru imediat.

Toţi trecem prin momente dificile, toţi traversăm felurite momente de durere în vieţile noastre, însă, chiar şi aşa, avem obligaţia de a ne îndrepta şi de a merge mai departe, fiind prezenţi în propria viaţă, cu scopul de a ne păstra starea de funcţionalitate pe toate palierele.

Gata, Vulpescule, jur că m-ai convins. Dar ce putem să facem, concret?

Asta mă duce cu gândul la zona speakerilor motivaţionali, care stau în limbaj abstract nonstop şi îţi spun că trebuie să te iubeşti pe tine, că o să ai o viaţă plină de abundenţă, că va fi bine, că vei reuşi, că vei atinge cea mai bună variantă a ta etc.

Imaginează-ţi sala aia, în care toată lumea aplaudă frenetic, cu lacrimi de bucurie în colţul ochilor, timp în care, undeva, într-o margine, stă un soi de Grinch, care ridică mâna şi întreabă:

Mă iertaţi, am înţeles că sunt multe cuvinte frumoase în propoziţie, însă cum dracu' facem asta?

Moment în care toată sala se opreşte consternată, oamenii se uită unii la ceilalţi şi, încet-încet, panica pune stăpânire pe ei. ☺

Aoleu, ce ne facem? Adică nu o să reuşim să atingem cea mai bună variantă a noastră?

Revenind la întrebare, răspunsul meu s-ar putea să te scoată din sărite şi îmi cer scuze pentru asta.

Concret? Trebuie să lucrăm la rezilienţă, adică la capacitatea de a nu reacţiona compulsiv la impulsurile sau situaţiile stresoare care apar în viaţa noastră.

Iar pentru a face acest lucru avem nevoie de: funcţionarea din ataşament de siguranţă, abilitatea de a rezista acţiunilor impulsive, capacitatea de autoreglare şi practicarea autocompasiunii.

Incredibil cum se leagă toate între ele, nu crezi?

Ataşamentul de siguranţă, deci cel sănătos, este, după cum vezi, o condiţie principală în dezvoltarea rezilienţei.

În cazul în care nu ai avut curiozitatea să-ţi faci testul de ataşament pe care ţi l-am propus la începutul cărţii, mergi înapoi şi rupe-ţi câteva minute pentru a-l face.

Vei afla multe informaţii importante despre tine şi, de acolo, sper eu, vei porni un proces de autodezvoltare bazat pe curiozitate şi observare.

Niciodată nu e prea târziu.

„E prea târziu" şi „Ce rost mai are la vârsta asta?" sunt iar nişte mega tâmpenii care ni s-au băgat în cap, nişte scuze, invitaţii la băltire, la lipsă de acţiune şi, în final, la suferinţă.

Societatea ne spune, prin toate vocile ei, că este în regulă să fim stresaţi, anxioşi, agitaţi, că doar aşa putem obţine starea de bine, succesul, sau fericirea.

Greşit!

Şi ne mai spune ceva: că este absolut justificat să negăm sau să ascundem emoţiile care ne copleşesc.

Este interzis să fim vulnerabili, să simţim!

Trebuie să fim puternici, cu orice preţ.

Rezultatul?

Oamenii bagă în ei pastile, la greu, sperând că grijile lor vor dispărea.

Tot mai mulţi oameni apelează la medicamente pentru anxietate, depresie sau probleme de somn.

Oare de ce?

De curate ce sunt vieţile lor?

Sau din cauza uriaşei cantităţi de stres care îi bombardează zi de zi, atât acasă, cât şi la muncă?

Echilibru? De unde atâta? Are cineva timp pentru el?

Care este rezultatul acestui tăvălug? Tăierea accesului la conectare!

La conectarea cu sinele, în primul rând, şi cel mai important, cu ceilalţi – inclusiv cu cei dragi –, dar şi cu lumea.

Din această stare de deconectare, principala ta dorinţă este aceea de a evita, cu orice preţ, contactul cu distresul.

Adică retragere şi fugă! Neimplicare!

De ce spun că asta îţi doreşti?

Pentru că este profund obositor să stai într-o stare continuă de hipervigilenţă.

Adică să aştepţi ca ceva nasol să se întâmple.

Hai să-ţi dau un exemplu: imaginează-ţi că eşti o femeie care află, după mulţi ani de căsnicie, că soţul ei socializează cu o altă doamnă. Nu eşti sigură că ar fi sau nu; mai mult, l-ai confruntat, el ţi-a confirmat, spunând că nu este nimic, ci doar discuţii, însă pentru tine nu e suficient.

Vrei să afli tot!

Deja te simţi invadată de simptomele prezentate mai devreme. Uşor, uşor, totul se transformă într-un obicei de funcţionare. Practic, nu te mai interesează să te conectezi cu el, ci să-l prinzi!

Exact ceea ce ţi-am spus că nu este indicat să faci: să-i transmiţi creierului faptul că soţul este duşmanul / pericolul. Degeaba vine el către tine, se poartă frumos, spune că te doreşte, îţi răspunde la întrebări... tu eşti 100% sigură că e mai mult şi vrei să-ţi confirme credinţa.

EGOISM!

Nuuuu, rană! De ce eşti rău, Vulpescule, femeia suferă, a fost trădată?!

Eşti bărbat, e clar că n-ai cum să înţelegi...

Sunt convins că asta vei spune.

Rană a fost la început. Mai târziu este egoism.

În momentul în care aţi terminat de discutat despre o situaţie, indiferent că a fost sex cu o prostituată, o aventură cu o colegă, sau pur şi simplu „socializare" online, ar fi bine să renunţi la comportamentele trigger, de exemplu să-ţi iei mâna de pe telefonul lui. Definitiv! Din secunda 2!

Din moment ce amândoi aţi decis că subiectul s-a încheiat, iar el ţi-a spus că te-a ales, gata! Opreşte-te! Dă-i voie să refacă acea conectare pe care aţi avut-o la un moment dat. Altfel, câtă vreme tu îi spui că subiectul este închis, însă te porţi de parcă „socializarea" lui continuă, nu faci altceva decât să cultivi secrete!

Adică trădare!

Ce trădezi? În primul rând pe tine!

Te minţi pe tine, crezând că, dacă îi spui că aţi trecut peste problemă, lucrurile pot reveni la normal. Nu te porţi ca atare, iar el îşi va da seama rapid de orientarea ta.

Îl minţi şi pe el.

El va veni către tine, sperând că îl vei reprimi. Şi ce va obţine? Răceală, retragere, distanţă.

Ce va crede? Că nu ţi-a trecut.

Cum se va simţi? Îngrozitor. Respins, trădat.

Există vreo şansă ca la un moment dat să înceteze să mai vină spre tine? Există! Niciunui bărbat nu-i place să i se spună ceva, dar să descopere că lucrurile stau, de fapt, pe dos.

Nu în ultimul rând, trădezi relaţia, nedându-i şanse să repare cu adevărat situaţia.

Ai înţeles acum de ce spun că rana a fost la început, când l-ai confruntat?

Şi imediat după? Câteva luni mai târziu, tu eşti cea care produce rană şi ruptură, nedând şanse procesului de reparare să aibă loc.

Să nu mă înţelegi greşit, nu este despre vină, ci doar despre o decizie proastă, despre un obicei prost. Lucrurile sunt simple – dacă ai senzaţia că, minţind, poţi să-ţi faci treaba de detectiv în linişte, poate că n-ar fi rău să te întrebi un lucru extrem de important: după toată povestea asta, eu îmi mai doresc să fiu cu omul ăsta?

Nu de alta, dar alegând chinul, nu vei obţine victorii sau bucurie, ci şi mai mult chin.

Atunci când eşti pe val de anxietate, se mai întâmplă ceva: celălalt primeşte trigger după trigger din încordarea ta şi ia totul ca fiind despre el.

„Ea este încordată din cauza mea", va spune celălalt.

N-are rost să-ţi spun ce efecte are concluzia asta asupra unui om care are deja sentimentul că nu este suficient de bun, adică un segment consistent de populaţie.

Ei bine, în momentul în care stările tale de anxietate se transformă în trigger pentru celălalt, el va încerca să evite emoţiile copleşitoare – ruşine şi vină.

Deci, ce va face? Te va evita, pe cât posibil!

Rezultatul? Te las pe tine să-l anticipezi. Deconectare totală!

Mai mult, începe să-şi facă tot mai mult de lucru în afara zidurilor casei – fie iese la pescuit, fie pleacă mai des în delegaţii, fie începe să iasă la fotbal cu băieţii etc.

Deconectarea totală mai înseamnă şi altceva: nu ţi se mai dă acces la nimic despre celălalt. ZID!

Ce înseamnă asta pentru relaţie? Derivă şi şanse mari de încheiere.

Cum e? Ţi se pare roz?

Ce zici? Mai ai chef să profiţi de neatenţia lui, pentru a-ţi urmări strategia de a-i umbla în telefon?

Succes!

Oricum, poate că n-ar fi rău să te întrebi oare cum ar arăta relaţia ta dacă ai alege să faci lucrurile diferit? Cum adică „ce înseamnă diferit?" Să te conectezi la bine!

La resurse, nu la lipsă sau la ce-ţi imaginezi tu că se întâmplă când celălalt nu e acasă.

Te rog să mă crezi, nu am întâlnit nici măcar o persoană care să fi obţinut starea de bine sau fericirea în relaţie cu asemenea strategii bazate pe hiperexcitabilitate!

Nici măcar una.

Întreabă pe cine vrei din cercul tău de prieteni, sau printre colegi, dacă au auzit despre asemenea exemple de „succes".

Îţi garantez că majoritatea fac lucrurile astea, majoritatea pică în plasa detectivismului, în loc să încerce să opteze pentru conectarea cu celălalt. La fel, îţi garantez că toţi au acelaşi gen de rezultat dezastruos.

Ai trecut printr-un moment dificil?

Şi despre infidelitate am scris deja...

Ai trei variante:

1. *Să observi dacă celălalt este capabil să repare şi are intenţia asta*
2. *Să pleci*
3. *Sau alegi mizeria suferinţei continue*

Dacă repararea apare pe masă, sau se întâmplă, atunci trebuie să participi activ la acest proces.

Este în interesul meu ca relaţia să meargă! Ţii minte legea mea?

Ştiu, e a mea, e adevărat.

Tu ce lege ai?

„Dă-l dracu'?" ☺

Mi se pare că această lege, a mea, funcţionează mai ales în astfel de situaţii dificile.

Altfel, minţind şi cultivând secrete, deci trădare, nu faci altceva decât să încalci această lege şi, în acelaşi timp, să-ţi sabotezi dreptul la bine, la bucurie, la fericire.

Dacă însă consideri că nu te mai vezi lângă celălalt, pleacă!

Orice s-ar întâmpla, evită minciuna şi trădarea!

Nu vor face altceva decât să se transforme în obicei de viaţă, deci să te menţină într-o stare de funcţionare dramatică.

Or, aşa cum ţi-am spus, asta înseamnă confuzie şi încălcarea angajamentelor.

Aţi avut o problemă în relaţie, aţi discutat-o şi aţi stabilit că a fost depăşită?

Poartă-te ca atare!

Asta înseamnă funcţionare sănătoasă!

Mai ai nedumeriri? Dă-i celuilalt acces la ele! Cointeresează-l! Dă-i voie să fie lângă tine.

Ţine minte următoarele cuvinte: **valoarea obiectivului îi ajută pe oameni să facă faţă situaţiilor dificile!**

În cazul infidelităţii / minciunii – infidelitate neînsemnând doar sex –, dacă obiectivul vostru este să rămâneţi împreună, el vă va ajuta să fiţi echipă, să vă resudaţi.

Exact ca în cazul cuplului despre care am scris în capitolele anterioare.

Nici nu se pune problema să ne despărţim!

Aşa a spus ea atunci când ne-am auzit prima oară după ruptură.

A fost obiectivul lor, iar ea s-a conectat la el, nu la durere.

Durerea a fost trăită, a fost împărtăşită, în doi, şi apoi au mers mai departe.

Dacă după un episod stresant, cum este trădarea, nu crezi că va fi bine, atunci viaţa ta se va transforma într-o dramă, deci într-un chin continuu.

Stările tale vor fi mizerabile, iar emoţiile vor fi suficient de convingătoare.

Ele îţi vor spune din toţi rărunchii: pleacă de acolo!

În schimb, dacă după un astfel de episod chiar crezi că va fi bine, atunci nu ezita să te conectezi la starea de bine.

Ţine minte un adevăr important, pe care l-am trăit pe propria piele:

O RELAŢIE NU ESTE DESPRE CINE ARE DREPTATE, CI DESPRE CUM REUŞIM NOI, CA ECHIPĂ, SĂ DEPĂŞIM SITUAŢIILE / PROBLEMELE CARE APAR ÎN RELAŢIA NOASTRĂ!

În orice relaţie de lungă durată pot apărea sincope.

Asta nu înseamnă neapărat că s-a încheiat, ci că poate fi doar un episod pasager.

Este greu să aştepţi ca celălalt să trăiască o viaţă cu ochelari de cal şi cu lacăt pe emoţii.

Ia gândeşte-te... tu poţi? Nu trebuie să-mi răspunzi.

Îţi garantez că foarte mulţi oameni au o mare problemă atunci când vine vorba despre disciplină sau despre respectarea angajamentelor.

Mulţi oameni se află în depresie şi nici nu ştiu despre asta.

Ce fel de decizii crezi că iau ei? În ce culori crezi că văd ei lumea?

Sincer, eu aş face un experiment. Aş face o echipă de colegi şi aş merge într-o clădire înaltă de birouri – când toţi ar fi prezenţi la program, nu în perioada de lucru de acasă (altă decizie aberantă care produce rupturi socioumane).

Ce aş face? Aş aplica scala Burns a depresiei!

Tuturor – de la CEO şi până la femeia de serviciu.

Cu ce scop? Simplu! Să vedem cum stau oamenii dintr-o clădire la capitolul depresie.

De ce vorbesc acum despre luarea de decizii? Pentru că este un proces extrem de important, un proces care te ajută să minimalizezi cantitatea de distres din viaţa ta.

Tu crezi că iei decizii care sunt spre binele tău?

Ia jurnalul şi scrie răspunsul la această întrebare.

Pe ce te bazezi atunci când spui „da"?

Pe ce te bazezi atunci când spui „nu"?

Notează!

La final, priveşte ceea ce ai scris şi vezi cum te simţi.

Apoi scrie: „Ce pot să fac?"

Încercuieşte această întrebare, repet-o de câteva ori, închide jurnalul şi continuă să citeşti. Lăsă întrebarea să-şi facă de treabă prin mintea ta.

Atunci când starea ta este viciată, deci eşti fie în hiper, fie în hipoexcitare, tu contribui la propriul nivel de distres prin deciziile pe care le iei.

Observi – defineşti – cum participi.

Atunci când te afli în aceste stări, deciziile tale sunt viciate, deoarece percepţia ta despre tine, ceilalţi şi lume este viciată!

În acest context, ar fi util să înveţi foarte bine să faci diferenţa dintre ceea ce alegi vs ceea ce ţi se întâmplă. Ar fi bine să faci diferenţa dintre ceea ce poţi controla şi ce nu, dintre ce este despre tine şi ce este despre alţii.

Mi se pare fundamental, deoarece în foarte multe cazuri oamenii ajung să sufere tocmai pentru că încearcă să controleze ceva ce nu este despre ei.

Se chinuie ani întregi şi sfârşesc epuizaţi şi profund dezamăgiţi.

Mai ales de ei înşişi!

Drept urmare, te îndemn să rupi acest tipar distructiv şi să te orientezi spre:

O creştere a situaţiilor / trăirilor pozitive.

Ele îţi coboară nivelul de distres într-o zonă pe care nu o mai percepi ca fiind ameninţătoare.

În anii de practică, am reuşit să observ un lucru interesant: persoanele care stau de mulţi ani în stări defensive, anxioase, cu nivel de stres ridicat, nu mai ştiu să-ţi spună ce anume le face plăcere. Ele funcţionează dintr-o inerţie semianesteziată, fără să mai aibă bucurii adevărate, palpabile, în viaţa lor.

Mai mult, nici nu sunt curioase să vadă ce anume le făcea plăcere înainte să se instaleze această stare. Nu mai ştiu cine sunt / au fost!

Am întâlnit persoane care nu ştiu să se relaxeze, persoane care nu au ştiut să indice măcar o zi în care să fi simţit asta.

În cazurile astea, totul trebuie luat de la zero.

E nevoie de stimularea curiozităţii şi a flexibilităţii, de instalare de abilităţi noi, de ajutor în reducerea nivelului de ruşine şi vină; de asemenea, este necesar să-i înveţi să fie creativi cu resursele pe care le deţin (mai ales cele din zonele / părţile care funcţionează în viaţa lor) şi să îi faci să aleagă curiozitatea şi conectarea în locul evitării.

Este un proces complicat, care are nevoie de timp, răbdare, compasiune şi mult exerciţiu.

Iar pentru a ne ajuta, ne putem folosi de întrebări de genul: cine, ce, unde, când?

Cine sunt oamenii din viaţa mea care mă stârnesc, cu adevărat, într-un mod pozitiv?

Care sunt lucrurile pe care le fac pentru a-mi fi bine?

De exemplu: faci sport, găteşti, te plimbi, faci muncă de voluntariat, călătoreşti, stai des la soare, meditezi, dansezi, mergi la concerte, ai activităţi creative etc.

Care sunt locurile care îţi activează stări pozitive?

Nu este obligatoriu ca acasă să fie un asemenea loc.

Uneori chiar nu este, mai ales atunci când acasă se află pericolul, leul sau leoaica. ☺

Dacă provii dintr-un mediu ostil, de război, aşa cum spuneam la începutul cărţii, nu ai cum să ai stări pozitive în prezenţa declanşatorilor.

Sigur, e posibil să fi învăţat să gestionezi răspunsul la stimuli, însă dacă ar fi să-ţi fac măsurători în timpul interacţiunii cu aceste persoane – soţ, părinţi, bunici etc. – e posibil ca cifrele să arate că starea de război este acolo, prezentă, în corpul tău.

Nu e obligatoriu ca locul care-ţi activează stări pozitive să fie real.

El poate fi şi imaginar.

Important este să îl poţi accesa, ori de câte ori e necesar, pentru a-ţi regla starea interioară.

Când apar momentele în care te simţi bine?

Dacă răspunsul este: „atunci când el nu este acasă", poate că n-ar fi rău să analizezi bine această informaţie.

Nu cu mult timp în urmă, mi-a scris o fată.

— Andrei, ce facem dacă nu suntem compatibili? m-a întrebat ea.

— Ce înseamnă compatibili? am întrebat-o la rândul meu.

— Adică nu ne înţelegem. Ne certăm des.

— OK, compatibilitatea e mai puţin relevantă. Simţi că poţi fi tu în această relaţie?

— Nu!

Şi cam acolo s-a încheiat discuţia.

Aşa cum am scris şi în *Femeile inteligente...*, degeaba spui că ai o relaţie, câtă vreme nu te poţi manifesta 100% în ea, câtă vreme nu poţi fi tu, câtă vreme simţi că trebuie să sugrumi permanent părţi din tine.

În realitate, chiar nu ai o relaţie! Tot ce faci este să te minţi că o ai!

Care este nivelul tău de agitaţie? 8 din 10?

Ai chef să atingi 10 din 10 ca să pleci de acolo?

Ai luat în calcul ideea că, dacă ajungi la 10 din 10, va fi extrem de greu, dacă nu imposibil, să pleci?

Pentru a putea să gestionezi situaţiile de stres, este nevoie să te conectezi la valori şi la obiectiv.

Or, pentru a te putea conecta cu aceste lucruri, ai nevoie de un set de limite sănătoase şi de ancore. Iar calmul este o ancoră! Respiraţia care calmează este o ancoră.

Fie că foloseşti 5-5-5, sau 4-4-4-4 (i se spune respiraţie pătrată), sau orice altă tehnică, ele sunt menite să-ţi calmeze sistemul nervos autonom.

Îţi mai recomand una, super interesantă: dublă inspiraţie şi o expiraţie lungă. Este cercetată şi dă rezultate excelente împotriva distresului.

Iar asta mă duce cu gândul la actorul din *Thor* şi la serialul *Limitless*, de pe National Geographic.

În primul episod, Chris este confruntat cu o situaţie de stres extrem: el se pregăteşte să meargă pe o macara suspendată la aproape 300 de metri deasupra solului. Să nu-ţi imaginezi că urcă de nebun acolo.

Nici vorbă, omul se pregăteşte intens, în condiţii de stres variat, pentru a învăţa să se conecteze la stările de luptă / fugă, deci la hiperexcitabilitate.

Şi, apoi, pentru a învăţa să le controleze.

Fie că se scufundă, cu mâinile legate la spate, sau intră în foc, la un exerciţiu al pompierilor, el este pus în tot felul de situaţii pentru a se putea conecta la propriul stres şi, ulterior, pentru a-şi controla corpul.

În final, actorul reuşeşte să meargă pe macaraua cu pricina, chiar dacă, la un moment dat, gândurile negative reuşesc „să-şi facă treaba” şi să-i urce pulsul la 145 de bătăi pe minut.

După ce aplică tehnicile de respiraţie şi afirmaţiile pozitive, învăţate de la psihologul care l-a asistat în acest demers, el reuşeşte să-şi îndeplinească sarcina cu un puls în jur de 100 de bătăi pe minut.

De ce dau acest exemplu?

Pentru a înţelege că pentru anumite situaţii avem nevoie de pregătire.

Sigur că nu oricine se urcă pe macarale înalte, nici nu traversează înot fiorduri îngheţate. Însă ar fi necesar să înţelegem faptul că pentru orice stimul stresor avem nevoie de pregătire şi de autocunoaştere.

Acum aproape 30 de ani, când am fost înşelat prima oară, am crezut că pică cerul pe mine. Am suferit ca un nebun (ca să nu spun ca un bou).

Eram un bou la început de drum. ☺

Un Ferdinand lipsit de experienţă. Am mai scris despre asta.

Ulterior, pe măsură ce alte experienţe similare au apărut – uneori sub forma de socializare, discuţii, texte etc., răspunsul meu s-a schimbat.

Ce anume s-a întâmplat?

Am căpătat experienţă în astfel de situaţii. Am învăţat să privesc diferit şi să răspund diferit. Am învăţat să mă conectez rapid la rezolvarea de probleme, în loc să cad în funcţionarea dramatică.

Astfel, aş fi capabil să pun pariu că azi, dacă ar fi să mi se întâmple, probabil că ar fi două zile (primele) extrem de încărcate din punct de vedere emoţional, apoi câteva zile de întrebări şi răspunsuri, după care m-aş orienta direct spre obiectiv, spre ceea ce pot să fac, spre ce variante am.

Să-ţi dau un exemplu de ce aş face.

După ce aş ucide egoul: ăla care-ţi spune că nu eşti bun, că tu eşti de vină etc., m-aş conecta la cine sunt.

Şi aş spune aşa: *sunt un bărbat tânăr, cu un set de valori sănătoase, care are unde să stea – deci nu rămân pe străzi; care are o carieră serioasă, în care investeşte constant; care are venituri peste medie, care are grijă de fizicul, gândurile şi emoţiile lui, un om care are un copil superb, adolescent, un om care ştie exact ce-şi doreşte în viaţă şi ce are de oferit. Un om care vrea să se bucure de viaţă.*

Ei bine, toate lucrurile enumerate aici m-ar face să spun: „n-am niciun dubiu că nu mă voi descurca sau că nu îmi voi găsi pe cineva potrivit."

Înţelegi?

Ia gândeşte-te ce se întâmplă cu sistemul meu nervos.

Nu cumva intră în fereastră de toleranţă?

Conectându-mă la cine sunt eu, la experienţele anterioare, ideea că „nimeni nu mă ia" ar dispărea în 2 secunde. Asta înseamnă, după părerea mea, o metodă utilă de a depăşi situaţii de stres: conectarea la tine şi la cine eşti!

La valorile şi obiectivele tale!

Este o tehnică simplă, dacă îţi dai voie să te accesezi profund.

Aici mai există un exerciţiu foarte mişto din mindfulness.

Se numeşte Mindful SEAT, unde:

S înseamnă *senzaţii,*

E înseamnă *emoţii,*

A înseamnă *acţiuni*

T înseamnă *gânduri.*

El se aplică în situaţii dificile de stres.

Începem cu S – Ce vezi? Ce simţi? Ce gust ai? Ce mirosuri simţi? Ce simţi în corp? Ce senzaţii îţi aduce această situaţie dificilă?

Respiră adânc până când nu mai simţi atât de tare bătăile inimii, până când simţi că te-ai relaxat.

Eşti aici şi acum şi nu-ţi dai voie să o iei la vale spre... trecut.

Mergem la emoţii.

Care sunt emoţiile predominante? Învaţă să le identifici şi să le descrii.

Şi aici e nevoie de calm. În grabă nu vom putea accesa niciodată un limbaj emoţional util. După ce ai identificat emoţia sau emoţiile, treci la acţiune şi întreabă-te: ce simt nevoia să fac? Ce impulsuri am?

Atenţie! Primul lucru care îţi vine în minte este automat!

Priveşte-l, dar nu îi da curs!

Dă-ţi voie să cauţi şi alte variante. Nu te opri la două.

Încearcă să găseşti măcar trei.

Închei cu gândurile.

Care sunt gândurile care îţi stăpânesc momentul?

„Nu mă iubeşte", „Nu îi pasă de mine", „Nu mă doreşte", „Îl/o urăsc" etc.

Încearcă să notezi toate gândurile negative, de sabotaj, şi vezi ce anume este real la ele şi ce este, pur şi simplu, presupunerea ta.

Nu crezi că majoritatea acestor gânduri sunt, de fapt, despre ceva ce ţine de celălalt? Te invit la grijă...

Presupunerile se află în strânsă legătură cu percepţia pe care o ai, mai ales despre tine şi, evident, de starea în care te afli.

Drept urmare, atunci când surfezi pe valul hiperexcitării, dă-ţi voie să cobori în fereastra de toleranţă înainte de a trage concluzii.

Dacă te afli într-o situaţie dezechilibrată şi ştii exact cine te poate regla, nu ezita să apelezi la persoana respectivă. Dacă nu, dă-ţi voie să te iei în braţe.

Uşor, cu calm şi să-ţi spui ceea ce ţi-ar spune, la greu, cel mai bun prieten.

Este vital ca, atunci când ne aflăm în asemenea stări, să apelăm la propriile resurse pentru a ne repara. Sigur, dacă vezi că nu poţi recăpăta controlul, fie şi după ce ai apelat la o persoană care te poate regla (uneori este fix persoana care te-a rănit), atunci nu ezita să ceri ajutor specializat.

De aceea spuneam că cel care o comite are obligativitatea de a nu-l lăsa pe celălalt cu rana deschisă. Dacă te trezeşti în situaţia în care celălalt are grijă de el şi pe tine te lasă baltă, atunci obiectivul tău ar trebui să fie ieşirea din relaţie, nu cultivarea unor aşteptări nesănătoase, de genul: „poate că după un timp îşi va da seama că a greşit şi îşi va cere scuze" etc.

Ia-ţi angajamente şi ţine-te de ele.

Dacă procesul de reparare este în derulare, ceea ce este foarte bine, luaţi-vă angajamente împreună şi ţineţi-vă de ele, fără agende secrete!

Vestea bună este că starea de bine există şi că poate fi accesată, fără să fie nevoie de lupte şi războaie interminabile.

Vestea şi mai bună este aceea că accesarea stării de bine ţine foarte mult de modul în care învăţăm să luăm decizii care să ne ajute să funcţionăm sănătos, deci pe ceea ce numim rezolvare de probleme, şi nu în dramă.

Pentru a ne putea înscrie pe acest drum, trebuie să ieşim din turmă, să rupem lanţul dramei din jurul nostru şi să ne ocupăm de ceea ce contează pentru noi, deci de noi înşine, pe toate planurile.

Indiferent de traumele din copilărie, pe care le enunţi, sau de interacţiunile defectuoase, pe care le-ai avut pe parcursul vieţii, te poţi apuca de procesul de autocunoaştere şi, cu răbdare şi ghidaj, poţi schimba contextul vieţii tale sau măcar îl poţi ameliora şi tot e o mare realizare.

Să spui: „e prea târziu", „ce rost mai are la vârsta asta?" etc. nu face altceva decât să te menţină în starea de confuzie / dramă în care te afli, uneori dintotdeauna.

Ţi se pare o strategie câştigătoare?

Mie nu!

Închei acest capitol cu o vorbă care-mi place mult: **atunci când te schimbi, adică dezvolţi abilităţi diferite de a răspunde anumitor situaţii care apar în viaţa ta, se schimbă şi persoanele care se simt atrase de tine!**

Deci, cum s-ar spune, accesezi o altă bulă, alt segment de oameni.

Este o chestiune trăită pe propria piele, un adevăr pe care nu am cum să-l contest.

CAPITOLUL 5

Eşti nebun/ă! E doar în capul tău!

Cum ţi s-a părut până acum această nouă provocare pe care ţi-am lansat-o?

Cum ai primit această invitaţie la conexiune cu profunzimile tale?

Cu sinele? A fost uşor? Ai simţit că nu eşti pregătit/ă pentru o astfel de abordare?

După o viaţă trăită în căutarea ataşamentelor, deconectat de la sine, nu este simplă reconectarea. Însă, cu siguranţă, este eliberatoare.

Acum, ajunşi aproape de finalul călătoriei noastre, aş vrea să facem o incursiune în lumea abuzului emoţional.

Cred că este momentul să intrăm în această lume încărcată de urât şi mizerie, în această lume care apasă dur umerii atâtor oameni, în această zonă care nu are ce să caute în relaţii, în general şi, cu atât mai puţin, în relaţiile de cuplu.

De ce am denumit capitolul aşa?

„Esti nebun/ă! E doar în capul tău?"

Pentru că este o adresare pe care o aud aproape în toate cazurile de abuz emoţional din relaţii / familii. Tiparul parcă este tras la xerox.

Uneori, simt că aş putea să scriu o carte despre această formă sinistră de abuz.

De fiecare dată produce suferinţă, lacrimi, anxietate, depresie, vină şi ruşine, sau teamă de singurătate.

Înainte să începem această discuţie, deloc simplă, despre abuzul emoţional, îţi propun să clarificăm cu atenţie ce anume înseamnă acest termen.

În primul rând, te-aş ruga să nu confundăm abuzul emoţional cu detaşarea emoţională. Chiar nu înseamnă acelaşi lucru.

Detaşarea emoţională, de o situaţie, sau de o persoană, nu este întotdeauna ceva negativ, ci poate fi un mecanism de coping, care te poate ajuta să manageriezi mai bine distresul, durerea, sau anxietatea.

Detaşarea emoţională înseamnă inabilitatea, sau lipsa dorinţei, de a te conecta cu alţii la nivel emoţional. Rămâi pe cap, cum s-ar spune.

Adică o conectare la nivel raţional, fără a atinge acea profunzime, acea conectare la ceea ce simt alţi oameni.

Sunt sigur că ai întâlnit în viaţă persoane de acest gen, persoane despre care ai simţit că nu pot simţi şi înţelege ceea ce simţi tu. Deşi acest gen de interacţiune poate afecta viaţa socială şi privată a unei persoane, nu îl putem încadra în zona abuzului emoţional.

Abuzul emoţional este „un comportament nonfizic, sau o atitudine, destinat să controleze, subjuge, să pedepsească, sau să izoleze o persoană, prin umilire şi frică" (Engel, 2002).

Pe scurt, mă folosesc de emoţiile tale negative, cu scopul de a te subjuga.

Întrebare: are loc iubirea în tabloul subjugării?

Niciodată! N-ai cum să spui că iubeşti o persoană, când tu nu îi dai voie să existe, când tu nu faci altceva decât să îi distrugi / anulezi orice gând, emoţie, dorinţă, nevoie, intenţie, aspiraţie!

Ce fel de iubire e aia?

Partea proastă a abuzului emoţional este aceea că victimele lui sunt deja abuzate, astfel încât nu sunt capabile să vadă cu claritate dinamica abuzului. Abuzul este ceva familiar pentru ele.

Unele persoane consideră că aşa e normal, că aşa se întâmplă în relaţii.

Şi îţi spun: „aşa sunt bărbaţii, mai impulsivi şi foarte geloşi". Sau: „aşa sunt femeile, cu gura mare şi veşnic nemulţumite".

Sau: „ai văzut tu vreo relaţie fericită?"

Şi înghit toate mizeriile pământului, sub iluzoria umbrelă a unei iubiri care numai iubire nu este. Cum să pui lucrurile astea pe seama iubirii?

Nu are niciun sens, nu ţi se pare?

Pe lângă faptul că sunt deja abuzate, în diferite forme, victimele abuzului emoţional ajung să creadă că totul e din vina lor.

De altfel, am întâlnit cazuri de femei care au auzit, luni, dacă nu chiar ani întregi: „vezi, dacă n-ai avea gura asta mare şi ai face cum spun eu, am fi fericiţi."

Sunt oameni care ajung să rumineze nonstop vina care le-a fost aşternută pe umeri, cu o meticulozitate demnă de filmele cu criminali în serie.

Sper că îţi este clar că, ajunşi într-un asemenea punct, somnul odihnitor este ceva extrem de greu de obţinut.

În tot la fel de multe cazuri, ele îmi cereau să le învăţ cum să se adapteze la mediul în care gravitau şi cum să evite confruntarea cu abuzatorul, nicidecum căi prin care să scape, să se elibereze. În aşa hal de subjugare ajung aceste persoane.

Pur şi simplu nu concep viaţa fără călăul vieţii lor emoţionale.

Uneori, nivelul de abuz este dus atât de departe, încât abuzatorul nici nu trebuie să fie prezent. Mesajul lui de frică puternică este însuşit de victimă, iar supunerea este totală.

Cineva mi-a spus, la un moment dat:

— *Andrei, ştii ce am observat?*

— *?*

— Că nu mai pot vedea alţi bărbaţi. Pur şi simplu, nu mă atrage niciunul.

— Dar mai ieşi în lume?

— Nu. M-am izolat total. M-a acuzat de atâtea ori că sunt curvă şi că mă uit după alţi bărbaţi, încât prefer să nu mai ies, ca să nu îi dau apă la moară.

Înţelegi cum stau lucrurile?

El nici nu trebuie să (mai) fie prezent! Şi-a făcut treaba înainte, acum doar întreţine. Sună des, uneori cu video, verifică... impune frică!

Ce este abuzatorul emoţional?

Marele hoţ al vieţii tale emoţionale!

Este un tiran, un despot, un dictator fără scrupule!

Din acest punct de vedere, narcisiştii sunt campioni mondiali, însă nu doar ei abuzează emoţional. În cazul lor, am întâlnit o grămadă de moduri prin care umileau – mulţi îşi asociază victimele cu animale: şobolani, şerpi etc., gândaci sau tot felul de insecte, în general urâte, asociate cu ideea de gunoi.

N-ai idee câţi viermi, gândaci, sau şobolani, mi-au stat pe canapea!

Ei, regii? Niciodată!

Îmi pare rău. Eu nu greşesc cu nimic. Tu ai probleme pe care trebuie să ţi le rezolvi.

Asta este placa pe care o tot repetă!

Care este terenul fertil pe care intră oamenii ăştia?

O copilărie dominată de părinţi abuzivi verbal sau fizic, o lume care a inclus critici constante, umilire, comparaţii, refuz etc., un mediu care l-a privat pe copil de o atmosferă propice pentru a-şi putea exprima furia, lipsindu-l astfel de experimentarea unui întreg spectru de emoţii utile pentru dezvoltarea sa ulterioară.

Un mediu cu uşa dată la perete, deci fără limite sănătoase.

Interesant este că acelaşi mediu invalidant te poate transforma şi în abuzator, şi în victimă. Chiar dacă unul dintre părinţi este iubitor, iar celălalt abuzator, primului îi va fi greu să compenseze efectele abuzurilor celuilalt părinte.

Am cunoscut multe cazuri în care doar un părinte era abuzator. Celălalt, părintele iubitor, era privit fie ca o victimă neputincioasă, care nu a ştiut să-şi apere copiii, fie ca o persoană pasivă, inexistentă, un model de nepreluat.

Or, în condiţiile în care modelul iubitor nu este de preluat, oare ce model pare mai eficient? Ai ghicit!

Cel al abuzatorului.

Abuzul emoţional petrecut în copilărie poate produce durere, anxietate, depresie, autocritică, stimă şi imagine de sine scăzute şi dificultăţi în a forma relaţii de încredere.

Oare cum să formezi relaţii de încredere, câtă vreme starea constantă în care ai trăit este cea de frică, deci de defensivă?

Hmmm...

Facem ce facem şi tot la stări ajungem! La stări şi la limite sănătoase.

Acum înţelegi cât de importante sunt?

Ei bine, acolo unde a existat un istoric de familie cu multă tensiune, nu întotdeauna găsim şi aceste limite sănătoase, adică acea capacitate de a-ţi susţine cauza, de a-ţi lua apărarea în faţa persoanelor care te atacă.

Semnele nu sunt întotdeauna directe şi vizibile

În anumite cazuri, semnele abuzului emoţional nu sunt atât de pe faţă, cum se spune în popor. Ele pot fi extrem de subtil ascunse în discurs.

Uneori se poate întâmpla ca ceea ce pare a fi o glumă să fie de fapt un steag roşu cât se poate de serios.

Imaginează-ţi doi tineri, aflaţi în perioada de curtare, cu un el destul de iritat de abilitatea ei de a atrage priviri / like-uri / inimioare prin ţinute, machiaje sau poziţii cât se poate de sexy. Nu doar pe Instagram, ci şi în viaţa de zi cu zi.

La un moment dat, pe parcursul unei discuţii neutre, este posibil ca el să spună:

Bucură-te cât mai poţi! După ce ne căsătorim, n-o să mai pupi decolteu şi rochii cu crăpătură până sub fund. Şi nici Instagram.

Acest gen de avertisment poate apărea într-o discuţie generală, în cercul de prieteni şi toată lumea aflată la masă poate să râdă. Drept urmare, şi ea este posibil să nu fie atentă la decodificarea clară a mesajului.

Chiar şi aşa, există cazuri în care abuzul emoţional nu implică ameninţări sau monitorizări atente (este la ordinea zilei controlul profilelor de pe reţelele de socializare).

Hai să-ţi dau nişte exemple: tu spui ceva, oferi o perspectivă, iar celălalt spune că e de căcat, că nu ştii despre ce vorbeşti, fără să încerce măcar o secundă să o înţeleagă.

Hai să-ţi mai dau unul: deşi nu-ţi spune franc, celălalt te face să te simţi că eşti inferior/oară. Cumva, îţi spune că eşti prost / proastă, însă nu neapărat prin cuvinte – iese din cameră, ia telefonul şi butonează, dă ochii peste cap, oftează dezamăgit/ă etc. Sau te serveşte adesea cu sarcasm, dându-ţi senzaţia că nu eşti bun/ă de nimic sau că nu însemni nimic.

Aici există o trăsătură comună a tuturor abuzatorilor: ei critică, induc ruşine, vină şi umilesc alte persoane, cu scopul de a deţine controlul şi puterea în relaţiile lor.

Drept urmare, atunci când te trezeşti umilit/ă, reacţionează fără ezitare şi spune:

Ce e asta? Cum îţi permiţi?

Limitele sănătoase se aplică instantaneu.

Nu există: „nu a fost atent", sau „poate a fost o greşeală".

Niciodată nu este o greşeală!

Oamenii spun adevărul şi atunci când glumesc, şi la nervi.

Celălalt trebuie să ştie imediat că a călcat o linie roşie şi că nu eşti dispus/ă să accepţi eventuale repetări.

Acest lucru este valabil şi pentru bărbaţi, şi pentru femei.

În momentul în care ai permis, iar celălalt vede că merge şi că nu există consecinţe, cu siguranţă va repeta! Breşa a fost făcută.

Abuzul emoţional nu mai are diferenţe de gen. El este întâlnit şi la bărbaţi, şi la femei.

Nici măcar abuzul fizic nu pare să mai aibă prea multe diferenţe de gen, din moment ce aud, din ce în ce mai des, femei care o „dau parte-n parte" cu bărbaţii lor.

În plus, atenţie mare: abuzul emoţional poate fi un predictor, un prevestitor al abuzului fizic.

Nu întotdeauna, însă ar fi să nu iei la mişto semnele.

Andrei, cum recunosc abuzul emoţional? mă vei întreba.

Prin faptul că se repetă!

Aşa cum am scris în definiţie, este un comportament sau atitudine care are prevalenţă. Nu este un incident izolat. El se repetă cu meticulozitate.

Şi, pentru a face şi mai bine lumină, dă-mi voie să-ţi prezint câteva semne ale abuzului emoţional, pentru a fi mai uşor să îl recunoşti atunci când te întâlneşti cu el.

1. Monitorizarea şi controlul exercitat asupra comportamentelor / obiceiurilor tale

Aici intră: persoanele cu care-ţi petreci timpul (cercul de prieteni, colegii, familia) sau cu care îţi cheltui banii. Dacă persoana nou-venită în viaţa ta încearcă să îţi taie contactele cu aceste persoane sau să te îndepărteze de persoanele semnificative, generându-ţi stări de vină de fiecare dată când îţi doreşti să te vezi cu acele persoane, fugi! Nu pierzi absolut nimic, ci câştigi dreptul de a fi tu!

Mie îmi e greu la muncă, mă simt naşpa, şi tu? Ce faci? Ai chef să te vezi cu fufele alea, care vorbesc doar despre genţi?

Este un exemplu.

Care este mesajul transmis? „Nu-ţi pasă de mine, nu te interesează de suferinţa mea."

Ce preiei tu? VINA! Incapacitatea lui de a se „regla" singur. Şi ruşinea, mesajul subliminal fiind: „mă întreb dacă meriţi să-mi petrec timpul cu tine."

Care este reacţia ta automată? Să încerci să eviţi vina şi ruşinea!

Are sens? Cum faci asta? Alegând să stai cu el, deşi asta nu înseamnă, în mod extraordinar, nimic şi nu schimbă cu nimic situaţia lui.

Apropo, cu prima ocazie, n-ar fi rău să testezi reciprocitatea şi să vezi dacă el face la fel. Aş fi dispus să fac un pariu că NU!

2. Ameninţări la adresa siguranţei tale sau la adresa siguranţei celor dragi.

Dacă m-ai trăda, te-aş ucide! Şi pe tine, şi pe părinţii, sau pe copiii tăi.

Sincer, nu mi se pare ceva cu care să te mândreşti.

De genul: „Mvai, cât de capabil e ăsta să mă iubească", ci un semnal de alarmă incredibil. Dacă auzi asemenea „complimente", fugi tare.

Nu cred că vrei să verifici dacă blufează sau nu.

Nicio persoană zdravănă la cap nu va apela la acest gen de ameninţare!

Aşa că nu lua la mişto astfel de „avertismente".

3. Izolare totală

„Nimeni nu e bun! Toţi vor să te ardă", aşa că el/ea te rupe de toată lumea pentru a fi fericit/ă.

„Îţi vreau doar binele, de ce eşti fraier/ă? Nu-ţi ajunge că mă ai pe mine?"

Nu!

Atenţie! Principalii vectori ai fericirii umane sunt: calitatea relaţiilor şi conexiunile sociale! Deci nu el sau ea!

Ai nevoie de o întreagă reţea de relaţii, nu doar de una!

Aşa că ar fi bine să îi spui că nu, nu-ţi ajunge. ☺

4. Devalorizare şi umilire

Să zici mersi că te-am ales. La cât de urâtă şi proastă eşti, ai fi cojit etichetele de cola în club şi azi. Nu s-ar fi uitat nici dracu' la tine.

Cum să nu iubeşti aşa o generozitate grandioasă?

Mai că-ţi vine să-i faci o statuie.

Nu te uiţi cum arăţi? Ce femeie crezi că se uită la tine?

Acelaşi lucru.

Crede-mă, nu renunţa la curiozitate, mai ales când auzi lucruri de genul ăsta.

Cel mai bun răspuns ar putea suna ceva de genul:

— *Vrei să vezi ce femeie se uită la mine? Hai să vedem! Te ţine?*

— *Vrei să vezi cine mă ia? Hai să vedem! Pa!*

5. Gelozie extremă, acuzaţii referitoare la lucruri pe care nu le faci şi paranoia

Câtă vreme nu există motive temeinice, gelozia este o formă de abuz emoţional, sau de tulburare delirantă (cea patologică), de a prelua controlul şi puterea în relaţie. Nici vorbă despre iubire aici.

Lasă, că ştiu ce faci la prânz, la masă. Te duci cu colegii şi flirtezi cu ei. Crezi că nu ştiu ce am ales?

Repetă asta vreo 70 de zile şi ia să vedem cum te duci tu cu sendvişuri la sufertaş şi te izolezi de orice persoană cu care ai putea sta la masă. ☺ De sex opus, evident.

Crezi că eu nu ştiu că faci sex? Toate faceţi aşa! Fostele mele au fost nişte curve.

Ooo, tocmai ţi-a spus că şi tu eşti. Nu pierzi nimic dacă pleci de lângă un asemenea individ. ASAP!

Oricât de mult îţi plac hainele mulate pe gât, nu cred că-ţi doreşti să trăieşti într-un asemenea lagăr emoţional.

6. Te critică nonstop

N-ai şters praful; n-ai dus gunoiul; iar ai lăsat o şosetă la vedere; iar n-ai lăsat capacul de la WC; n-ai plătit nu ştiu ce factură; n-ai ascultat ce ţi-am spus; nu mi-ai luat flori; nu m-ai dus la restaurant etc.

Lista asta poate să dea înconjurul Pământului de câteva ori şi tot să se mai găsească ceva de criticat. De ce permiţi?

Ce obiectiv ai de la relaţionarea cu o asemenea persoană?

Aaaa, vrei să-ţi menţii viu sentimentul că nu eşti suficient de bun/ă?

Succes!

Încearcă, timp de o zi, să-i întorci oglinda. Adică să-i aplici acelaşi tratament. Crezi că i-ar plăcea?

7. Te ia constant la mişto

Şi în privat, când sunteţi voi doi, cât şi în public.

Deşi aici mi se pare interesant – mulţi abuzatori au mare grijă de imaginea lor socială. Drept urmare, este posibil ca ceea ce arată în public să nu aibă nicio legătură cu ceea ce se întâmplă acasă. Astfel, dacă s-ar ajunge la despărţire, ei să apară drept victime în ochii celor din jur.

Ai văzut cum mă port cu ea. Exemplar! E nebună, geloasă şi a luat-o razna complet. Sigur şi-a găsit pe vreunul şi dă vina pe mine ca să se justifice.

8. Te accept doar dacă...

— *Iubire, noi când mai facem sex?*

— *Nu ştiu, mă mai gândesc!*

— *Ce vrei să spui?*

— *Păi, meriţi? Ai făcut... şi aici intră lista aia care dă ture de planetă.*

Te accept doar dacă faci cum spun eu! Condiţionare!

O formă splendidă de abuz emoţional. Laser pe suflet, nu alta.

Există doar „vreau să te f*t" („să fac dragoste cu tine" – pentru pudici), deci te doresc pentru că te doresc, nu „vreau să te f*t doar dacă..."

Aia nu mai este dorinţă, ci subjugare şi preluarea controlului / puterii în relaţie.

9. Sufocarea

Simţi că celălalt îţi consumă aerul. Simţi că n-ai loc nici măcar să tragi „o sfântă beşină", cum spunea un băiat simpatic din Cluj.

Relaţia voastră este legată prin cordon ombilical.

Tu nu ai voie să ai timp pentru tine. El/ea vine cu tine peste tot. Dacă ar putea şi la budă... O, stai, chiar vine. ☺

10. Îţi distruge aspiraţiile şi planurile

Ai planuri, sunt convins/ă că Dumnezeu râde cu poftă. Ha-ha-ha!

Săracul bărbos... El nu râde. Nu are timp. ☺

Mă gândesc că are treburi mai importante. Partenerul, sau partenera, râde cu poftă şi îţi şi spune asta.

Păi nu? Nu te face el/ea să te uiţi la el/ea ca la Dumnezeu?

Doamne-ajută! Într-un asemenea mediu, ai toate motivele să te simţi „cel mai iubit dintre pământeni", dacă înţelegi ce vreau să zic. Ne vedem la parastas. La parastasul vieţii tale emoţionale şi sexuale.

11. Te face să te îndoieşti de propriile decizii şi să te simţi fără valoare!

Adică îţi sparge orice sistem de apărare. Muci ţi-l face.

Dacă nu faci asta, nu mă iubeşti.

Credeam că mă iubeşti, dar văd că...

Aparent, sună nevinovat.

În realitate, este o adevărată breşă care se produce în sistemul tău de limite sănătoase. Dacă nu ridici rapid de la sol avioanele F35, ai pus-o.

Te vei trezi total nesigur/ă de propriile decizii, plin/ă de anxietate, ruşine şi vină şi vei simţi că nu contezi, că nu ai valoare. Ghici cine se va bucura de asta.

Cu siguranţă nu tu.

Ghici cum e să duci luni, sau ani întregi un asemenea tratament...

12. Te face să te îndoieşti de propriile experienţe.

Se mai numeşte gaslighting.

— Cum poţi să spui aşa ceva? Nu s-a întâmplat deloc aşa. Când te-am întâlnit erai un trist, depresiv. Nu da vina pe mine pentru nefericirea ta. Mi-ai zis chiar tu că nu ştii să fii fericit.

Este genul de discurs care te face să te închizi puţin şi să spui:

*— De unde c*cat scoate femeia asta asemenea prostii?*

Repetă fraza asta de vreo 200 de ori şi hai să vedem dacă îţi mai pui asemenea întrebări sau vei reacţiona automat, ba chiar te vei simţi vinovat pentru tot ce se întâmplă în relaţia ta.

Mai ţii minte fata aceea tânără despre care am scris la începutul cărţii?

Cea căreia i se spusese că „dacă faci cum spun eu, vom fi fericiţi"?

Ei bine, ea avea cu vârf şi îndesat aceste dubii.

— *E vina mea. Dacă tăceam, era bine.*

Se simţea îngrozitor de vinovată. Şi nu era prima oară. Profilul ei de victimă i-a scos în cale un nou abuzator.

De altfel, i-am şi spus:

— *Până când nu vei lucra profund la imaginea ta de sine, la acceptarea a ceea ce s-a întâmplat în viaţa ta şi până când nu vei instala şi apoi exersa limite sănătoase, băieţii ăştia te vor vedea dintr-o sută şi vor veni la tine glonţ, cu acelaşi rezultat din punct de vedere emoţional.*

Că tot vorbeam despre gaslight, aici intră perfect formularea din titlu: *eşti nebun/ă! E doar în capul tău! Nu fac nimic, nu greşesc cu nimic. E clar?*

Iar viaţa lor sexuală nu mai există de mulţi ani. ☺

Şi este doar un exemplu.

Crede-mă, niciodată, dar niciodată – şi am întâlnit zeci de cazuri în care s-a folosit această formulare – nu a fost doar în capul lor!

Întotdeauna – şi insist – întotdeauna, au existat secrete / trădare / minciuni crâncene.

Mai mult, o clientă mi-a spus că soţul i-ar fi transmis, sec: *Ştiam că-ţi fac rău, dar mi-a plăcut!*

WOOOOOOW!!!

Sfânta triadă antisocial-narcisic-machiavelic.

Îţi dai seama cum e să auzi aşa ceva? Cred că te rupe bucăţi!

Ceva de genul: *Da, mă, te-am minţit şi mi s-a rupt de ce simţi tu!*

Ce produce acest gaslight? Dramă!

Care erau caracteristicile dramei?

Nu cumva: confuzie, ambiguitate şi nerespectarea angajamentelor? Eu aşa ţin minte... La ce duce drama?

La anxietate, la furie – îndreptată întotdeauna către sine, în loc să fie îndreptată către făptuitor –, la depresie şi la pierderea contactului cu realitatea.

De aceea se şi spune: acolo unde găseşti o persoană în depresie, n-ar fi rău să te uiţi după un narcisist. E posibil să-l găseşti la baie sau pe canapea, uitându-se la meci. ☺

Tulburările de personalitate din Clusterul B: narcisism, borderline, antisocial şi histrionic se lipesc ca mierea de limba ursului de ideea de abuzator emoţional.

Ştiu, societatea nu vorbeşte prea mult despre această formă extrem de nenorocită de abuz.

La noi, la români, dacă nu e cu sânge şi vânătăi, nu e abuz.

— *Hai, dom'le, ce mare căcat i-a spus? Că e proastă? Extraordinar! Noi am auzit asta toată viaţa de la părinţi şi uite ce bine am ajuns.*

Şi gata!

S-a terminat cu abuzul emoţional. I-am pus capac şi ne vedem de viaţă.

Numai că, din păcate, abuzul emoţional este chiar mai dur decât cel fizic.

Abuzul fizic este rar şi are o anumită ciclicitate – el vine acasă rupt de beat şi o bate! De partea cealaltă, abuzul emoţional este constant, fără pauze.

Chiar nu e nevoie de alcool pentru a exista. Cei mai mulţi o fac dintr-o stare sinistră de... calm.

De ce stăm în relaţii abuzive?

Excelentă întrebare! Numai că răspunsul este destul de stufos şi complex.

Privindu-i din afară, este greu să îi înţelegi pe cei care aleg să rămână în relaţii în care „şi-o iau" nonstop. Emoţional, fireşte (deşi uneori apare şi abuzul fizic).

Iar dacă te apropii de ei şi încerci să afli motivele care îi ţin acolo, vei găsi un evantai întreg, extrem de interesant.

Unii îţi vor spune că merită! Şi te vor lăsa cu gura căscată.

Nu vei înţelege nici măcar o secundă şi pot fi de acord cu acest unghi.

Însă, în interiorul relaţiei lor, victima ajunge, în multe cazuri, să aibă o percepţie asupra sinelui şi a relaţiei atât de distorsionate, încât să nu mai aibă capacitatea de a vedea că este abuzată. Abuzul este parte din viaţa victimei, ceva firesc, ceva cu care persoana respectivă convieţuieşte în „pace".

Pe lista motivelor mai poţi găsi: frica de singurătate – *Este extrem de greu în lumea asta să găseşti pe cineva potrivit. Pe ăsta măcar îl ştiu.* –; constrângeri de natură financiară, grija pentru „binele" copiilor (oare cum se dezvoltă ei într-o casă în care există abuz emoţional între părinţi?), o imagine de sine şifonată grav etc.

Te invit să ne ocupăm de cogniţiile distorsionate.

Adică de gânduri!

Atât despre sine, cât şi despre relaţie / relaţii, sau despre lume.

Ai văzut tu vreo relaţie frumoasă, fără probleme?

M-am săturat de câte ori am auzit asta. O scuză mai „frumoasă" pentru a înghiţi mizerii nici că am pomenit.

Şi ce te opreşte ca relaţia ta să fie frumoasă?

Este replica mea la fiecare ascultare a acestui gen de scuză.

Te rog să mă crezi, stupoarea este totală! Revenind la cogniţii, o persoană care trăieşte într-un mediu abuziv din punct de vedere emoţional, trăieşte, fără îndoială, într-o zonă dramatică, acolo unde, aşa cum ţi-am spus, există: confuzie, ambiguitate, îndoială şi vină, îndreptate în special spre sine.

La greu! Nici vorbă de funcţionalitate sănătoasă, iar de rezolvare de probleme… cu atât mai puţin.

În condiţiile astea, percepi realitatea propriei vieţi prin lentila persoanei care nu mai are control asupra propriei existenţe, deci prin lentila devalorizării şi depersonalizării. Adică din genunchi! Capul plecat... nu vede soarele...

Mi se întâmplă ce mi se întâmplă din cauza mea.

Sunt naşpa şi nu merit ceva diferit.

Zero limite sănătoase.

În situaţiile de acest gen, e nevoie de multă compasiune şi răbdare şi de înţelegerea ritmului persoanei care a ajuns în această postură. Sau, în cazul unui abuz emoţional moderat, poţi auzi formulări de genul:

Nu ştiu cum am ajuns în situaţia asta. Nu eram aşa. Eram o fire veselă, vie, jucăuşă, glumeaţă, şi acum...

De obicei, persoana care îţi spune asta priveşte pierdut, undeva, în zulufii covorului de pe podeaua cabinetului. Întreaga postură a corpului este una de ruşine şi regret.

Picioarele sunt apropiate, mâinile parcă sunt în căutarea de ceva, corpul este orientat spre înainte, însă nu ca o poziţie de atac, ci mai degrabă ca una căzută, scufundată, umerii sunt, la rândul lor, căzuţi în faţă.

Sincer, pe mine mă provoacă imaginea asta, plus acest discurs.

Serios, chiar mi se pare că este o resursă de lucru.

De ce? Pentru că, dacă reuşeşti să treci dincolo de empatie şi de ceea ce trăieşte clientul/a din faţa ta, te poţi conecta la acel dor de sine care răzbate printre cuvinte.

Pur şi simplu parcă auzi că îţi spune:

Mi-e dor de mine, mi-e dor de cine am fost.

Este cea mai frumoasă invitaţie la a scoate acea persoană din zona abuzivă.

În cabinet, chiar mi s-a întâmplat să aud acest mesaj şi să-i spun:

— Eşti curioasă/dispusă să plecăm în căutarea acestui sine pierdut? Îţi doreşti să te reîntâlneşti cu tine, cea care ai fost înainte de povestea asta?

— *Crezi că se mai poate?* vine întrebarea, însoţită parcă de o rază de lumină pe frunte.

— *Nu-ţi fac promisiuni, însă sunt aici, lângă tine şi te voi însoţi pe acest drum. Imaginează-ţi că aici eşti într-un laborator unde poţi să experimentezi tot ceea ce-ţi doreşti, fără să existe judecători sau critici. Ce zici?*

Un alt exemplu:

— *N-am crezut că există abuz emoţional, că se poate să te rupă atât de rău cuvintele.*

După cum vezi, de principiu, la capitolul limite sănătoase... gheaţă la mal!

Or, atunci când ajungem la depersonalizare, mai întâlnim ceva, extrem de nasol: o valoare de sine scăzută sau chiar distrusă.

— *Mă simt singură şi neînsemnată! Mă simt ca ultimul om.*

Am auzit recent genul ăsta de formulare.

Femeia lăsase total garda jos! Era revoltată, furioasă, ba chiar dezgustată... de sine.

În momentul în care discutam despre relaţie, revolta ei era atât de mare, încât somatiza la nivelul braţelor. Simţea că îi amorţesc.

Îţi dai seama ce război interior intens? E nevoie de timp să poţi lucra cu aceste efecte. În plus, nici acceptarea radicală nu funcţionează imediat.

Sigur, suntem diferiţi şi fiecare avem ritmul nostru, însă e clar că nu toată lumea acceptă cu uşurinţă faptul că a întâlnit o asemenea experienţă.

Nu toată lumea acceptă că cineva a aplicat tehnici de subjugare şi, pe deasupra, a reuşit.

Pe bună dreptate, cui îi place să se simtă slab, supus?

Dorinţa de luptă – chiar dacă în anumite cazuri, după terminarea acestor relaţii, ei / ele nu mai au cu cine să lupte – ar fi de înţeles, chiar dacă este inutilă şi poate produce mai multe probleme decât a produs relaţia în sine, pe timpul desfăşurării ei.

Mergem mai departe şi atingem un motiv delicat pentru care anumite persoane aleg să rămână în relaţii abuzive: FRICA! Iar frica este alimentată de ameninţările reale la adresa vieţii – uneori şi a victimei, şi a copiilor.

Uneori, li se spune cât se poate de ferm şi cinic: *Dacă îndrăzneşti să pleci, te omor! Şi pe tine, şi pe copii! Nu mă interesează că mă duc la puşcărie!*

Din păcate, genul ăsta de ameninţare este de luat cât se poate de în serios, iar numărul de cazuri care s-au soldat cu crime cred că este elocvent.

În cazul de faţă, psihologul / psihoterapeutul nu mai este suficient. Aici ar fi nevoie, dacă mă întrebi pe mine, de o echipă întreagă, formată din: psiholog, avocat, poliţist, asistenţi sociali, precum şi de o legislaţie cât se poate de fermă în direcţia asta. Din păcate, există persoane care au comis crime cu tot cu ordine de restricţie. Din acest punct de vedere, limitele sănătoase şi criteriile de selecţie sănătoase, despre care am vorbit la începutul acestei cărţi, capătă valoare de viaţă şi de moarte. Pe bune!

Vă cer scuze pentru paranteza întunecată, însă nu-mi place să ocolesc subiectele grele, ce pot produce adevărate tragedii umane.

Pentru a mai îndulci puţin povestea, aş trece la salvator.

Deci tot în zona de funcţionare dramatică.

Ţi-am spus mai devreme că niciunul dintre rolurile din triunghiul dramatic nu are ceva nobil în el. Repet, vorbim despre dramă, deci despre generarea de şi mai multe probleme, de cele mai multe ori cu galerie, cum se spune la fotbal, deci nici vorbă de rezolvare de probleme, deci de sănătate relaţională.

Care e treaba cu salvatorii? Cred că îi pot salva pe abuzatori!

– Am crezut că, dacă îi ofer iubire, va renunţa la agresivitate verbală, alcool şi violenţă fizică.

— Pe ce te-ai bazat când ai avut această credinţă?

— Am crezut că iubirea poate să schimbe oameni.

— Minunat. Şi eu am crezut că nu o să îmbătrânesc niciodată. Şi uite că am 46 de ani şi număr, şalele dor, mici riduri, fire albe... ☺

Atenţie mare – nu toţi oamenii pot fi vindecaţi cu iubire!

— Am vrut să-i arăt că există şi altceva.

Jur că am auzit-o şi pe asta.

— Nu cumva tu ai fost cel/cea care a vrut să vadă/simtă altceva?

Terminaţi cu rolul ăsta de salvator! Chiar nu e treaba voastră să salvaţi pe cineva.

Mai ales când vorbim despre oameni care au probleme ce necesită ajutor specializat.

— Am vrut ca cei mici să aibă o familie!

O altă formulare ce scuză ani şi ani de abuz.

– Şi? Ce fel de familie au avut? Ce au avut de câştigat?

— Nimic, acum îmi spun că trebuia să plec de multă vreme de lângă tatăl lor.

— Normal, aşa se întâmplă când copiii ating vârsta la care îşi permit să spună lucrurilor pe nume. În general, asta se petrece prin adolescenţă.

Doamnelor, cu părere de rău vă spun şi, în acelaşi timp, cu toată dragostea: este OK să existe un tată în viaţa copiilor, însă ar fi excelent să fie unul iubitor şi prezent, nu un bătăuş alcoolic sau depresiv şi absent.

Haideţi să fim concreţi în dorinţele noastre, să nu fim vagi, aşa cum am fost eu în copilărie. Pentru că toată lumea va avea de suferit.

Un alt motiv pentru care unele persoane rămân în relaţii abuzive este IZOLAREA!

Este efectul cuştii care a fost construită cu migală de abuzator, luni, poate chiar ani.

Nu am unde să mă duc. Nu mai am prieteni, cu familia nu mă mai înţeleg.

Cam aşa sună adevărul extrem de dureros.

Iar el se leagă şi de teama de singurătate, mai ales dacă persoana abuzată are o vârstă ce nu o mai plasează tocmai în fruntea listei de „căutări" în piaţa datingului, adică a trecut de 40 de ani.

— *Vulpescule, ai luat-o razna? Mai gândeşte cineva aşa?* mă vei întreba.

— *Nu ai idee. Da. Credinţa asta este cât se poate de vie. Doar nu crezi că s-au modificat credinţele atât de rapid.*

Sigur, ceva schimbări există, în sensul că văd destule femei de 40+, ba chiar şi de 50+, care arată extraordinar şi care au grijă de ele, însă nu ar fi indicat să credem că este o chestiune generală. Nu este!

Iar la bărbaţi, din păcate, mi se pare că situaţia este şi mai rea.

Un alt motiv, pe care l-aş enunţa la finalul acestui subcapitol, ţine mai degrabă de abuzul financiar, de CONSTRÂNGERI, dacă vrei.

Simt că nu am încotro. Nu am un job bine plătit, întotdeauna am depins de el şi de banii pe care îi aducea acasă, am doi copii şi nu îmi permit să plec. Mi-e teamă că îmi va face şicane cu pensia alimentară, sau va încerca să-mi ia copiii. Nici familia nu are cum să ne ajute, fiind departe de noi.

Aici chiar este o situaţie complicată. Şi în acest caz mi-e teamă că e nevoie de o echipă de oameni care pot oferi soluţii, precum şi de, o spun din nou, legislaţie care să fie pro-mame care se află în situaţii similare. După cum vezi, treaba cu abuzul emoţional este complicată şi poate produce dezechilibre serioase în vieţile oamenilor.

De aceea consider important să ne aliniem şi, împreună, să generăm o mişcare. O mişcare prosănătate relaţională. O mişcare orientată spre valori, iubire şi înţelegere.

Ştiu că par idealist, însă dacă vom continua în haosul în care ne aflăm, vom avea generaţii şi generaţii de oameni cu probleme, cu din ce în ce mai multe probleme.

Cum pleci dintr-o relaţie abuzivă?

Greu! Uneori există mai multe încercări.

Chiar citeam undeva că numărul încercărilor de ieşire din relaţia abuzivă poate ajunge la 12. Un prim pas este acela al confruntării realităţii.

Greu, mon cher. Greu de tot.

Îţi dai seama că o persoană care stă de mulți ani în abuz constant îţi va spune, cu toate cuvintele din DEX, că îşi iubeşte abuzatorul / abuzatoarea.

Am întâlnit destule cazuri de genul ăsta.

În realitate, vorbim despre obiceiuri puternic bătătorite, nu despre iubire.

Frică multă, anxietate grupa mare, teama de nou, probleme de adaptare etc.

Andrei, îmi dau seama de ceea ce mi se întâmplă, dar nu pot să mă rup.

Nu ştiu cine sunt, mi-e frică să plec. Nu cred că mă pot descurca fără el. Pur şi simplu simt că sunt doar o anexă a lui.

Asta mi-a spus cineva. O poveste grea şi complicată.

Este greu ca o persoană căreia i s-a spus că nu merită, că nu este bună, că nu o va mai alege nimeni, că este urâtă şi proastă etc. să recunoască faptul că este într-o stare mizerabilă şi că îşi doreşte să fie bine.

Uneori este imposibil să vizualizeze acest bine.

De aceea, munca noastră, a celor care lucrăm cu aceste persoane, se bazează pe multă răbdare şi pe multă psiho-educaţie despre ceea ce înseamnă abuz emoţional, care sunt efectele lui, ce înseamnă relaţie funcţională, iubire, stare de bine.

Practic, obiectivul este acela de a-l face pe client să-şi recapete ideea de valoare de sine. De speranţă, de dorinţa de a fi, de a se simţi primit/ă, acceptat/ă, însoţit/ă, dorit/ă, iubit/ă...

Mai mult, este nevoie ca persoanele care se află în relaţii abuzive să îşi acceseze resursele care să le activeze curajul de a da acces altor persoane, nu doar terapeutului, la propria suferinţă, astfel încât să primească susţinere, acceptare, iubire. Aici mă refer la familie sau prieteni – în cazul în care încă mai există legături cu aceste persoane. Nu este suficientă o oră de terapie pe săptămână. Sau două! O persoană care se află în abuz constant are nevoie să-şi lărgească reţeaua de relaţii pozitive, are nevoie de oameni care să echilibreze acest abuz, cu bine, cu iubire, cu acceptare, înţelegere şi răbdare, astfel încât să înceapă să schimbe culorile / lentilele cu care vede viaţa, sau pe sine.

Persoanei respective nu este suficient doar să i se spună că se poate şi altfel, ci şi să simtă că se poate, iar rolul persoanelor dragi/ semnificative este extrem de important. Aici cred că putem să ne folosim şi de grupurile de suport.

Sigur, există posibilitatea ca acele persoane semnificative să fi fost îndepărtate.

Am întâlnit şi asemenea cazuri.

Asta nu înseamnă că nu te poţi duce către aceste persoane şi să le spui: *Îmi pare rău, am greşit, am crezut că va fi bine dacă aleg să fac aşa, însă acum îmi dau seama că am nevoie de oamenii dragi mie. Crezi că mă poţi primi înapoi în viaţa ta? Nu trebuie să existe ruşine aici. Şi nici vină. Ci reparare.*

După conştientizarea abuzului prin care trece, persoana abuzată trebuie să încerce să-şi refacă reţeaua de relaţii semnificative, de calitate, reţea pe care a ales să o taie la presiunile abuzatorului. Aşa cum am mai scris, un indicator extraordinar în economia fericirii umane nu este relaţia de cuplu, ci reţeaua de relaţii şi calitatea acestora.

Drept urmare, indiferent de ce spune posibilul nou partener, ar fi bine ca această reţea de relaţii semnificative să nu intre la masa negocierilor. Nimeni şi nimic nu poate suplini rolul acestor persoane.

Este util ca persoana abuzată să apeleze la cât mai multe persoane importante, astfel încât să poată conştientiza mai bine abuzul prin care trece sau a trecut.

În cazul în care eşti parte a unei asemenea reţele, ar fi bine să înţelegi că persoana abuzată este ca un animal ţinut captiv. Se teme, nu are încredere şi nu ştie încotro să o apuce. Este ca ursul acela salvat de la zoo, care este dus în sălbăticie.

Să nu crezi că va zburda de nebun prin pădure. Îi va lua timp până când se va adapta la libertate. Aşa şi persoana căreia i s-au tăiat conexiunile sociale, acea persoană care a fost controlată nonstop şi căreia i s-a distrus personalitatea.

Victima va avea nevoie de timp pentru a-şi recăpăta controlul asupra propriei vieţi şi, apoi, să poată vedea o direcţie de funcţionare autonomă.

După ce ai învăţat să recunoşti abuzul – ştiu că pare ceva anormal; uneori, după ani întregi de chin, ţi se alterează percepţia despre cum arată o relaţie normală –, ar fi bine să-ţi stabileşti un obiectiv clar, care să nu aibă legătură cu abuzatorul: *vreau să-mi recapăt încrederea în mine* sau *vreau să îmi fie bine* sau *vreau să mă regăsesc.*

Tu devii propriul obiectiv. Asta înseamnă să înveţi să nu-ţi mai faci griji despre cum poţi să-i faci pe plac „stăpânului/ei".

Învaţă să te reconectezi la propriile nevoi, dă-ţi voie să începi să le cunoşti / explorezi, uşor, uşor să începi să ţi le împlineşti – spre exemplu, să poţi ieşi la o cafea cu o prietenă / un prieten fără să stai să te gândeşti la ce va spune abuzatorul. Ce să spună?

Acelaşi lucru pe care îl spune şi dacă nu ieşi – că nu eşti bun/ă, că nu meriţi, că ar trebui să fii recunoscător/ oare că există în viaţa ta etc. Este aceeaşi placă de care sunt convins că te-ai săturat până peste cap. Dă-ţi voie să ieşi în lume, să discuţi cu oameni, să respiri, să simţi, să vezi, să te bucuri, să te reconectezi la ceea ce-ţi plăcea la un moment dat. În plus, este foarte important să apelezi la oameni care-ţi pot oferi momente pozitive, experienţe pozitive cât mai multe, oameni care să îţi ofere siguranţă, astfel încât tu să poţi avea grijă de obiectivul stabilit.

În tot acest timp, poţi să începi să faci sport, să schimbi alimentaţia şi să te odihneşti mai bine. Lucrurile acestea îţi vor da voie să te conectezi mai bine la corpul tău.

Urmează un alt pas important: LIMITELE SĂNĂTOASE!

Adică ce nu mai sunt dispus/ă sub nicio formă să accept!

Poţi să-ţi faci o listă:

1. *Nu mai accept să ţipe la mine*
2. *Nu mai accept jigniri*
3. *Nu mai trebuie să fiu disponibil/ă la orice oră, oricum, oricât.*
4. *La prima palmă, îmi iau bagajele şi plec*

Sunt nişte seturi de angajamente pe care ar fi excelent să le şi respecţi. Pentru tine!

Sigur că nu e uşor, sigur că celălalt te va persifla, sigur că te va ridiculiza, sigur că va apela la toate tehnicile de manipulare, cu scopul de a te face să te întorci.

Însă fermitatea cu care-ţi respecţi angajamentele te ajută să te eliberezi, în timp, de relaţia abuzivă.

Ei bine, după ce ai luat aceste angajamente cu tine însuţi / însăţi, ar fi bine să-l anunţi pe abuzator (abuzatoare) despre ce se va întâmpla dacă va face ceea ce ai scris pe listă. Dacă nu îţi poţi imagina ce consecinţe ar trebui să existe în asemenea situaţii, nu ezita să ceri feedback, adică să te consulţi fie cu terapeutul tău, fie cu persoanele semnificative pe care le-ai readus în viaţa ta.

— Andrei, nu mai am cu cine să ies. Am tăiat toate legăturile de mulţi ani.

— Şi cine te opreşte să le reiei?

— Cum aş putea?

— Simplu, pui mâna pe telefon, îi suni şi le ceri scuze pentru că ai ales să te îndepărtezi sau să îi îndepărtezi. Sigur, poate că nu toţi vor dori să te reprimească, însă dacă au fost prieteni buni, mi-e greu să cred că nu vor accepta scuzele. Cât timp alegi să nu o faci, cât timp alegi izolarea, protejezi mai degrabă aşteptarea ca abuzatorul să se întoarcă.

Nu ezita să ceri scuze oamenilor la care ai ţinut şi de care ai ales să te desparţi. Este important. Şi ca act faţă de tine, şi ca reparare faţă de ei.

Iar acest lucru ţine de ceea ce numim limite sănătoase – să îţi poţi repara greşelile impuse de altcineva. Faptul că nu ai avut limite sănătoase la începutul relaţiei şi ai permis toată seria de abuzuri care ţi-a fost aplicată nu înseamnă că este prea târziu şi că nu poţi învăţa să impui aceste limite.

Încă ceva şi mi se mai pare important:

NU VORBI DESPRE LIMITE PE CARE NU INTENŢIONEZI SĂ LE RESPECŢI!

Te vei minţi singur/ă şi vei suferi şi mai mult.

Un alt pas ar fi acela de a delimita ceea ce este despre tine de ceea ce este despre celălalt. Ştiu că există sentimente de vinovăţie, însă ar fi bine să înveţi, încet-încet, să te delimitezi de el. O persoană vinovată nu-şi doreşte să schimbe ceva sau să impună limite sănătoase, ci o nouă şansă, deci „spălarea păcatelor".

Ce înseamnă „spălarea păcatelor"? Încălcarea şi celor mai mici limite rămase.

Aşadar, renunţă la vină, ruşine şi greşeală – nu le mai căuta (da, oamenii îmi calcă pragul cu aceste lucruri) şi expune-te unor situaţii şi oameni pozitivi.

Asta înseamnă să reînveţi să respiri de unul/una singur/ă. Nu te mai considera vinovat/ă pentru ceva ce nu numai că nu este despre tine, dar nici nu poţi controla.

Această perspectivă vine la pachet cu conştientizarea faptului că nu, nu ai cum să-l / s-o schimbi. Nu asta este treaba ta într-o relaţie.

Treaba ta este să te bucuri, să te conectezi, să puteţi construi o atmosferă frumoasă şi sănătoasă în relaţie şi să încercaţi, evident, să depăşiţi împreună, deci ca echipă, situaţiile de conflict.

Iar pentru a reuşi este nevoie de doi.

— Andrei, învaţă-mă să nu mai pun la suflet.

— Nu asta ar trebui să fie obiectivul tău. Ceea ce-mi ceri sună a ceva de genul: învaţă-mă să înghit mizeriile lui fără să mă doară. Adică învaţă-mă să sufăr mai bine. Nu pot să te învăţ aşa ceva, pentru că nu este sănătos. Ceea ce poţi învăţa este să răspunzi adecvat abuzului, deci să înveţi să te îndepărtezi de el. Celălalt alege să te abuzeze, adică să îţi producă emoţii negative cu scopul de a te subjuga.

Asta nu înseamnă ca tu să alegi să fii de acord sau să i te supui. Tu poţi să alegi ceea ce e bine pentru tine. Ai acest drept. Tu nu poţi să-i controlezi acţiunile, însă poţi să înveţi să controlezi ceea ce ţine de tine, adică să pleci de lângă el.

Asta înseamnă răspuns adecvat – să tai contactul cu abuzul, nu să înveţi să îl tolerezi. Hai să presupunem că ai învăţa să îl tolerezi, crezi că ţi-ar fi mai bine? Crezi că ar înflori iubirea în viaţa ta? Nu e simplu – el se va prinde că tu începi să schimbi ceva şi te va ataca din toate poziţiile.

Există abuzatori care, atunci când văd că victima începe să se trezească, devin brusc calzi şi iubitori, frăgezind dorinţa victimei de a schimba, după care vor reîncepe să-şi exercite manipulările, astfel încât să controleze din nou situaţia.

— *Ştii că te iubesc, ştii că doar eu te pot face fericită. Cum poţi să-i asculţi pe toţi proştii?*

Am auzit de zeci de ori genul ăsta de afirmaţie.

— *Andrei, nu l-am văzut niciodată atât de cald şi iubitor.*

— *Exact! Tocmai asta ar trebui să dea de gândit. Dacă ar fi cu adevărat cald şi iubitor, nu te-ar face proastă, curvă, zdreanţă, mizerabilă etc. ci te-ar iubi. Exact cu acea căldură pe care o vezi acum. Or, din moment ce nu face asta, însă acum, când simte că schimbi ceva la tine şi începi să capeţi încredere, te-ai gândit de ce scoate pe masă această armă? Cât crezi că va ţine?*

Îţi spun eu – nu ţine! Niciodată nu ţine!

Ba chiar poţi să auzi:

— *Ce proastă eşti! Ţi-am arătat cât eşti de praf. Credeai că te iubesc? Nu, proasto! Nu te iubesc. Nu meriţi să te iubesc. Te-am păcălit, iar tu ai crezut ca o fraieră.*

Am auzit şi asta. Şi este cumplit pentru victimă.

De ce? Pentru că, deşi există şansa să conştientizeze abuzul, victima tot speră că la un moment dat va apărea o schimbare în bine şi lucrurile vor merge aşa cum „e normal". Crezi că abuzatorul nu ştie? Ştie şi se foloseşte la maximum de lucrurile astea. Nu te-a iubit niciodată şi brusc te ia în braţe şi e tandru? Nu sări la fentă!

Vei suferi enorm. Ascultă-mă bine: oricât de mult vei încerca, nu vei reuşi să faci lucrurile la nivelul cerinţelor lor! Iar motivul este simplu – chiar nu îi interesează ca lucrurile pe care le faci să fie la nivelul cerinţelor lor.

Uneori, abuzatorii chiar ştiu că nivelul aşteptărilor e o vrăjeală şi îl ridică special pentru a se juca, privindu-te cum te agiţi să fie bine.

Unii şi spun:

— *Mi-a plăcut să te văd cum te târăşti la picioarele mele.*

Ştiu, îţi vine să înjuri grav când citeşti nenorocirile astea. Aşa e. Ai dreptate!

Chiar este de ţipat. Însă lucrurile acestea se întâmplă în viaţa reală, acum, când citeşti aceste rânduri.

Posibil în viaţa oamenilor care stau lângă tine, la plajă, în autobuz, la cafenea, la curs etc. De aceea am spus că reţeaua de relaţii semnificative contează enorm – pentru că el/ea nu numai că nu poate, dar nici nu vrea să îţi fie ţie bine!

După ce ai conştientizat abuzul, după ce ai refăcut reţeaua de relaţii semnificative, ai început să-ţi recapeţi valorile şi direcţia la terapie, ai început să structurezi şi să impui limite sănătoase, urmează pasul planului de ieşire din relaţia abuzivă.

Este un calcul deloc simplu, ce implică mai multe planuri, în funcţie de contextul vieţii tale. Sunt persoane care au fost subjugate atât de tare, încât au ales să fie dependente total de abuzator – nu au job, au copii, nu au nicio proprietate pe numele lor, iar familia poate fi la distanţă mare. Chiar şi aşa, ar fi bine să calculezi exact ce poţi să faci şi cine te poate ajuta.

Discută planul tău cu cineva apropiat – membru al familiei, prieten, coleg, terapeut şi vezi ce poţi să faci, astfel încât atunci când decizi să pleci să nu existe consecinţe fizice, adică abuzatorul să nu recurgă la alte genuri de persuasiune – abuz fizic, ameninţări cu moartea, urmăriri, hărţuiri...

Şi aici ar fi indicat să vezi care sunt variantele legale prin care te poţi proteja.

Ţine minte – *orice persoană care reuşeşte să se elibereze de o relaţie abuzivă poate deveni model pentru alte persoane care se luptă să scape din asemenea chinuri.*

ÎN LOC DE CONCLUZII

Iată că am ajuns la finalul acestei călătorii. Sper că şi de data asta am reuşit să-ţi ofer idei, experienţe de viaţă, tehnici şi soluţii utile. Spre deosebire de titlurile anterioare, acum am considerat că este necesar să vin şi cu poveşti din practica de consiliere. Sunt poveşti extrem de interesante, unele dintre ele cu puternic impact emoţional, poveşti grele de viaţă, însă, în esenţă, este vorba despre oameni frumoşi, buni, oameni care, dincolo de ceea ce au trăit în copilărie sau recent, în viaţa adultă, îşi doresc acelaşi lucru – să le fie bine sau să fie fericiţi!

Nu asta ne dorim cu toţii? Eu cred că da. Sper, din tot sufletul. Altfel, ce sens ar avea?

Mi-am permis să intru în nişte subiecte mai puţin dezbătute în spaţiul public românesc. Ştiu, despre ataşament se tot vorbeşte, însă am observat că unii au rămas cumva în urmă, analizând doar 3 dintre cele 4 stiluri de ataşament.

De ce am început cu ataşamentul? Pentru că este un pas minunat în relaţia sine-sine. Tu cu tine.

Un simplu test, precum cel la care am făcut referire în debutul acestei cărţi, îţi poate da nişte direcţii clare, nişte informaţii extrem de preţioase despre modul în care te „mişti" în lumea asta. Şi poţi afla şi de ce.

Un simplu test te poate deschide spre un drum fantastic al cunoaşterii de sine.

Am mai spus-o şi o repet – ataşamentele nu sunt bătute în cuie.

În funcţie de dinamica relaţională, de lumea în care gravităm, de oamenii cu care ne înconjurăm, ele se pot modifica. De altfel, deşi acum am ataşament de siguranţă, nu întotdeauna a fost aşa, iar relaţiile, de fapt dinamica lor, m-au dat de pereţi de mai multe ori, ajungând la anxietate şi atacuri de panică şi, apoi, la depresie.

Am fost acolo, ştiu cum e să nu vezi luminiţa de la capătul tunelului, ştiu cum e să fii prea serios, să nu râzi şi să nu te bucure nimic. Ştiu cum e să trăieşti lipsit de simţul umorului şi de speranţă. Însă de acolo se iese! Pot fi doar episoade.

În cele mai multe cazuri – şi, ca om trecut pe acolo, nu voi ezita să repet – pot fi doar episoade.

Viaţa chiar merită trăită – o altă zonă „atacată" în debutul cărţii, în primul capitol.

Chiar merită! Viaţa este un dar extraordinar pe care, chiar şi cu cele mai grele poveri care ni s-au pus pe umeri (întotdeauna de alţii), să-l onorăm, dacă se poate, cu zâmbetul pe buze şi încredere. Tot în primul capitol am scris despre autocompasiune, o chestiune despre care nu prea se vorbeşte în spaţiul public.

Şi e mare păcat, dacă mă întrebi pe mine. Autocompasiunea este o zonă extrem de importantă din ceea ce numim mindfulness. Alte două direcţii pe care le-am dezbătut la debutul cărţii sunt: trauma (exerciţiul Step Inside the Circle m-a emoţionat mult, mai ales când l-am aplicat în comunitatea mea de pe Facebook) şi limitele sănătoase. Cele două sunt legate cum nici nu te gândeşti.

Limite sănătoase! Wow, cât de importante sunt limitele.

Fără limite este imposibil să construieşti relaţii sănătoase.

Simt că te zgârie puţin în urechi cuvântul „limite" şi că, undeva, în popor, oamenii cred că relaţiile sunt un spaţiu fără reguli, în care eşti liber să faci ce vrei, un soi de sat fără câini însă, în realitate, relaţie sănătoasă nu înseamnă aşa ceva. Deloc!

O relaţie sănătoasă este o relaţie cu reguli şi limite clare, sănătoase, negociate de ambii parteneri, astfel încât amândoi să simtă satisfacţie şi siguranţă.

În capitolul doi m-am îndreptat către cuplu, această celulă de bază a familiei.

Ştiu că mulţi intră în relaţii cu scopul de a forma familii şi, cred eu, este ceva firesc. Să nu punem lacăt peste perpetuarea speciei. Însă nu familia este celula de bază a societăţii, ci cuplul. Fără cupluri solide şi sănătoase, nu vom avea familii solide şi sănătoase, sau vom avea familii rescrise, în fel şi chip, deci destrămate.

Am luat cuplul şi i-am aplicat o prea-frumoasă analiză. Aştept să-mi spui dacă eşti de acord, sau nu, cu ideea / propunerea mea.

Sigur, fiind un capitol despre cuplu, n-aveam cum să ratez încrederea şi trădarea, două chestiuni pe care le întâlnesc, cu deficienţele sau efectele de rigoare, zi de zi, în interacţiunea cu clienţii mei. Trădarea încrederii este la ordinea zilei.

Şi, dacă tot am ajuns la capitolul ăsta, mi s-a părut util să intru mai adânc în zonele de sex şi infidelitate. Nu de alta, dar cuplu înseamnă, în primul rând, sentimente şi sex, aşa că m-am gândit că un întreg capitol despre aceste două chestiuni este necesar. Sper să-ţi fi plăcut abordarea mea despre sex şi infidelitate.

Nu ezita să îmi dai feedback printr-un mesaj privat pe Facebook. Este important pentru mine.

Sper că ai realizat cât de importantă a fost punctarea limitelor sănătoase în capitolul de început. Ei bine, capitolele 4 şi 5 au în prim plan alte teme / topicuri despre care se vorbeşte puţin, spre deloc în România. În capitolul 4 m-am gândit să abordez teme precum: vină, ruşine şi sentimentul de a nu fi suficient de bun, însă şi o zonă utilă despre stres şi efectele lui asupra bunei funcţionări, atât în relaţia cu tine, cât şi în relaţiile romantice. Sunt nişte teme importante, de actualitate – nişte emoţii puternice, supercorozive, greu de gestionat, atât de bărbaţi, cât şi de femei, aşa că mi se pare normal să le aduc în dezbatere. În plus, din păcate, şcoala românească – şi aici mă refer şi la psihologie, evident – nu te învaţă prea multe despre cum să lucrezi cu ele. Aici mi se pare că este necesar ca lucrurile să se schimbe rapid, deoarece ruşinea, vina, sentimentul că nu eşti suficient de bun, teama de eşec şi, bineînţeles, teama de a nu rămâne singur/ă sunt teme principale în cabinete. Nu sunt antisistem, nu este o critică. Doamne fereşte, însă îmi doresc un sistem adaptat perfect la cerinţele de azi ale clienţilor, la chestiuni utile şi practice. Serios, nu prea poţi să faci psiho-educaţie şi nici intervenţie eficientă, fără să ai o bază solidă în aceste zone. Lucrurile se mişcă, nu zic nu, şi apar tot felul de noutăţi (cum ar fi formările în Somatic Experience, EFT[5], ACT[6], DBT[7] sau în Teoria Polivagală), ceea ce mi se pare excelent. În fine, sper să nu-mi sară colegii în cap, însă ştiu că nu sunt singurul care gândeşte în acest fel.

Ei bine, abuzul emoţional este o altă zonă care mi se pare numai bună de adus în discuţie pentru economia relaţiilor.

Şi aici există o corelare cu limitele sănătoase, bineînţeles. Nu sunt lucruri simple, ştiu, însă cred că sunt informaţii, sper eu, de calitate.

Cel puţin asta am încercat să ofer şi cu acest titlu. Să vin cu o abordare nouă, uşor de urmărit, fără prea mulţi termeni complicaţi, astfel încât oricine citeşte să se

---

5 Emotional Freedom Techniques (EFT) este un tip de intervenţie de consiliere care stimulează punctele de presopunctură prin presarea, lovirea sau frecarea acestor puncte în timp ce se concentrează asupra unor situaţii care reprezintă temeri sau traume personale, cf. Wikipedia (n. red.).

6 Acceptance and Commitment Therapy (terapia ACT) este un tip de psihoterapie conştientă care ajută concentrarea asupra momentului prezent şi acceptarea gândurilor şi a sentimentelor fără a le judeca (n. red.).

7 Dialectical Behavior Therapy (DBT) este o formă de terapie prin vorbire. Se bazează pe terapia cognitiv-comportamentală (CBT), dar este special adaptată pentru persoanele care simt emoţiile intens (n. red.).

conecteze cu uşurinţă la informaţie. Nu mi-am dorit nicio secundă să fie o carte academică sau pentru profesionişti. Aşa cum te-am obişnuit, am încercat să fie o carte despre oameni, ca mine şi ca tine, despre poveşti de viaţă şi întâmplări, unele mai haioase, altele extrem de dure, o carte care să vină în întâmpinarea celor care îşi doresc să afle mai multe informaţii despre aceste teme, neavând neapărat idee cam de unde să se apuce să caute. Dacă vrei, cartea asta este un soi de ghidaj.

Nu mi-am propus să mângâi pe nimeni pe cap. Ştiu că zona de grijă este puternică în psihoterapia autohtonă, însă am preferat să mă ocup de celelalte două: ghidaj şi limite sănătoase! Şi mă bucură tare să văd că şi alţi colegi fac acest lucru.

Înainte de sărbătorile de iarnă, i-am scris unei colege de formare de la IRPI (Institutul Român de Psihoterapie Integrativă) — Alexandra Popa Năstase — cu bucuria că şi ea a abordat tema limitelor sănătoase. Imediat, ne-am conectat, imediat am rezonat şi, rapid, am gândit să pornim o serie de workshop-uri pe tema limitelor sănătoase, dar şi evenimente de cafenea pe teme de sănătate relaţională.

Azi, când citeşti aceste rânduri, ele sunt deja în plină desfăşurare, aşa că, cine ştie, poate ne vedem la un pahar cu vin. Nu ai idee cât de mult mă bucur să văd că lucrurile se urnesc şi se scutură de praf, venind puternic spre om şi problemele lui de zi cu zi. Sigur că subiectul este vast. Acum, în această carte, doar am zgâriat puţin suprafaţa, însă e clar că mă voi ocupa de el mult mai serios.

Încă nu mi-e clar cum, însă n-am nicio îndoială că vei afla la momentul potrivit. ☺

La începutul acestui an, la primul modul de supervizare, am trecut în revistă, împreună cu Mara Priceputu (preşedintele F.R.P) şi colegii mei, câteva teme extrem de importante ale societăţii actuale. Mi s-a părut un brainstorming extrem de interesant.

Care au fost temele importante?

1. *Marginalizarea bărbatului*
2. *Excesul de autonomie al femeilor şi dependenţa lor de independenţă*
3. *Negativ vs pozitiv în psihologie*
4. *Absenţa competenţelor de adaptare la schimbare (a oamenilor, în general – deci inflexibilitate)*
5. *Necesitatea formării şi dezvoltării competenţelor de autoobservare*

Ni s-au părut teme interesante şi importante, în acelaşi timp, teme care produc efecte serioase în societatea noastră şi aşa puternic afectată de anii de pandemie.

Dar şi de direcţiile de feminism şi masculinitate, ambele exagerate, ce par a fi în război pe faţă, nicidecum în direcţia de conectare şi armonizare.

Am şi scris, de altfel, că marea problemă a programelor de feminitate / masculinitate este aceea că sunt orientate antisex opus, nicidecum spre sănătate relaţională.

Aş începe cu marginalizarea bărbatului.

Este un subiect care va trezi anumite reacţii printre dumneavoastră, doamnelor, însă îmi asum şi sper să citiţi cu atenţie, fără să judecaţi, ci cu scopul de a înţelege, mai ales că este un subiect care se leagă strâns de punctul 2, adică de excesul de autonomie al femeilor şi dependenţa lor de independenţă.

Iar acest lucru se vede dintr-un fapt simplu: şi bărbaţii single, dar şi femeile single mă întreabă „unde sunt femeile / bărbaţii?" Nu ţi se pare bizar că, deşi trăim într-o lume a tehnologiei, într-o lume în care putem accesa la două clickuri o altă persoană, de oriunde, avem de-a face cu o epidemie / pandemie de singurătate şi cu o mare prăbuşire a nivelului comunicării dintre bărbaţi şi femei?

Pur şi simplu ai senzaţia că toţi au uitat ce au de făcut.

Aici aş puncta doi factori hotărâtori:

1. *Pandemia – care i-a făcut pe oameni să stea departe unii de ceilalţi şi*

2. *Feminismul – care l-a deposedat pe bărbat şi de cuvânt, dar şi de drepturi.*

Corelând aceste două aspecte cu excesul de autonomie al femeilor, dar şi cu dependenţa lor de independenţă, femeile au ajuns să îi vadă pe bărbaţi ca fiind nişte incapabili, de multe ori nedându-le voie să-şi exercite rolul în relaţii, iar bărbaţii au ajuns să creadă că trebuie să fie un soi de semizei, pentru a intra în graţiile lor.

Standarde ridicate, disperare, anxietate şi depresie... în toate părţile.

În acest context, prea puţini bărbaţi mai aleg calea clasică: adică să-şi cultive abilităţile sociale, dar şi fizicul, intelectul etc.

Dacă te uiţi la modul general de abordare, cei mai mulţi visează să fie puternici, deci să aibă funcţii şi bani, fără să le mai pese de maniere sau de eleganţa intelectuală. Acum, să nu mă înţelegi greşit. Să nu crezi că doar bărbaţii au decăzut. Nici vorbă.

Totul funcţionează în pereche, mai ţii minte?

Şi femeile au participat, cu vârf şi îndesat, la această stare de fapt.

Şi uite-aşa, am ajuns să nu ne mai intereseze prea mult cine este persoana din faţa noastră. Nici măcar nu îi mai dăm voie să se apropie, câtă vreme nu prezintă elementele de identificare socială: anumite branduri, anumite locuri pe care le frecventează, anumite zone în care să locuiască etc.

Totul pare să fie despre bani, imagine şi filtre, un histrionism îngrozitor, total lipsit de substanţă, un puternic generator de vid interior, depresie şi lipsă de sens.

Dopamină, servită shot după shot, care, pe măsură ce avansează, duce la căderi în depresie.

Care să fie rezultatul?

DECONECTAREA!

Şi autosabotarea şanselor de a cunoaşte pe cineva. Este valabil şi pentru bărbaţi, şi pentru femei. Am şi scris despre modul în care şi unii şi ceilalţi îşi sabotează şansele, iar feedbackul a fost pozitiv.

Hai să trecem în revistă aceste autosabotări ale şanselor.

Încep cu bărbaţii:

1. Nu se îngrijesc.

Ideea că „cine mă place, mă place aşa cum sunt" nu mai funcţionează în vremurile actuale. Deci nu te-aş sfătui să mergi pe ideea asta. A te îngriji înseamnă hotărâre, iubire de sine, deci probitate, dacă vrei. O faci pentru tine, nu pentru ele!

A nu se confunda grija de sine cu excesul de grijă de sine, deci sprâncene pensate, unghii date cu lac, epilat definitv etc. Măsura o decizi tu, însă e clar că absenţa îngrijirii oferă informaţii despre modul în care te vezi tu pe tine şi te prezinţi în lume. Pe de altă parte, ar fi util să înţelegi că eşti bărbat şi că nu e tocmai în regulă să petreci mai mult timp în baie decât partenera ta. Şi încă ceva – nu ţi se pare puţin ciudat că tu ceri să faci poze cu apusul de soare, stând cabrat, pe marginea piscinei, în vacanţa exotică? Doar întreb...

2. Nu îşi dezvoltă minime abilităţi sociale.

În ultima vreme aud tot mai des despre bărbaţi care încearcă să păcălească femei cu statut, folosind metoda din Tinder Swindler, iar asta mă înfioară (se dau ceea ce nu sunt). De unde au apărut bărbaţii ăştia? Mi-e greu să spun. Cert este că degeaba spui despre tine că eşti „bărbat adevărat" – jur că n-am înţeles niciodată ce înseamnă acest termen – câtă vreme tu nu poţi să-ţi asiguri nevoile de bază.

Prosteala nu înseamnă nici succes, nici masculinitate, ci prosteală.

Nimic de apreciat aici. Cât despre viziunea de viaţă, ea nu este pentru a fi ales de o femeie, ci pentru tine, pentru a te putea motiva, zi de zi, să cobori din pat şi să faci lucruri. Chiar nu e obligatoriu ca toate femeile să fie de acord cu viziunea ta despre viaţă. Este în regulă. De aceea este viziunea ta, nu a lor. ☺

3. Cred că toate femeile sunt materialiste. Şi le tratează ca atare.

Adică fie încearcă să le cumpere, fie le tratează de sus. Zero conectare.

La un moment dat, la un eveniment, am cunoscut două femei independente, cu bani şi statut, care mi-au spus că sunt extrem de dezamăgite de bărbaţii români. Doamnele nu trăiau în România. Mă rog, una dintre ele. Însă erau consternate de modul în care le abordează bărbaţii.

Andrei, au senzaţia că sunt nişte regi. Şi aşa se poartă.

Nasol. S-au obişnuit cu un anumit model de femeie, intens susţinut de media de scandal în ultimii 10 ani şi, atunci când dau peste femei care sunt bine pe picioarele lor şi care au succes peste hotare, eşuează lamentabil. Eu numesc asta şmecherie de doi lei.

Ce îşi dorea femeia respectivă? Bani? Are! Ea îşi dorea un bărbat care să fie capabil să-i ofere iubire, înţelegere, companie, emoţii pozitive.

Nu mai spun că mi-a povestit că, la un moment dat, într-una dintre călătorii, un partener petrecea mai mult timp ca ea în baie, iar seara, la apus, el era cel care poza, nu ea. Deci...

Când aud asemenea poveşti, jur că mă simt extraterestru, deoarece am o viziune clară despre viaţă, principii şi valori sănătoase, dar şi că ofer / primesc, fără să ezit.

4. Cred că toate femeile sunt dive porno.

Şi le tratează ca atare. Din nou vorbim despre educaţie sexuală făcută pe canalele porno. Din nou vorbim despre ficţiune pe care mulţi încearcă să o transforme în realitate.

În zona de curtare, asta se traduce prin mârlănie şi *dick pics*.

Nu cu mult timp în urmă, am făcut un sondaj: le-am întrebat pe doamne cum sunt abordate de bărbaţi şi ce cred despre „stilul" lor de abordare.

Dincolo de doamnele care susţineau că depinde şi de ele – şi sunt de acord cu acest unghi –, peste 80% erau dezamăgite. Fie vorbeau despre lipsă de imaginaţie în abordare, fie despre agresivitate – mai ales atunci când nu le răspundeau –, fie despre aceste poze cu organul.

Hey, prietene, nu ştiu de unde ai auzit tu sau cine ţi-a spus faptul că femeile pică în şpagat la vederea unor poze cu organe. Nu pică!

Crede-mă! Aşa cum nu sunt nici vedete porno.

Ceea ce este foarte bine, pentru că, oricât de cerb te crezi tu, nu cred că ţi-ai dori ca doamna să vină în dormitor însoţită de: regizor, electricieni, DoP, machiaj etc.

Vrei porno? Du-te la un casting!

Vrei o femeie? Învaţă să te conectezi cu ea.

Revenind la stilul de abordare, sigur că au existat şi doamne care au fost abordate cu bun-simţ şi care au dat curs invitaţiilor. Iar acest lucru m-a bucurat.

Nu cred că lucrurile stau atât de rău cum sunt zugrăvite, însă nici nu pot să ignor cohorta de mesaje de dezamăgire. Semn că ceva e în neregulă, semn că bărbaţii (unii) pur şi simplu nu mai ştiu să iniţieze o discuţie.

Şi spun „nu mai ştiu" pentru că pe vremea mea nu existau discuţiile astea, iar bărbaţii nu se temeau să intre în vorbă cu o fată / femeie. Uite, undeva, prin luna februarie, am ieşit la o cafea cu o prietenă cu care nu mă mai văzusem de mulţi ani. Parcă văd că îmi vei spune că nu e acelaşi lucru, că nu a existat alt interes.

Aşa este, nu a existat, însă am stat de vorbă câteva ore şi ne-am bucurat de revedere, fără niciun fel de problemă.

Te rog să mă crezi că şi dacă ar fi să ies la o cafea cu o femeie pe care nu o cunosc, nu am nicio problemă să interacţionez, să discut cu ea.

Este vorba despre exerciţiu – un alt lucru care pare să fi dispărut după pandemie.

Iar munca de acasă a adâncit şi mai tare prăpastia de comunicare dintre bărbaţi şi femei.

5. Cred că femeile doar profită şi vor ceva de la ei, fără să fie capabile să ofere ceva.

Aici nu mă refer doar la bani. Unii cred că femeile vor să-i transforme în taţi pentru copiii lor, alţii cred că vor să îi facă soţi, deşi ei nu simt asta etc.

Nu contest, pot exista cazuri. Dar nu toate. ☺ În tot acest timp, sexul este la liber, peste tot, fără prea mari bătăi de cap, aşa că, dacă pui lucrurile în balanţă, ce crezi că se alege? Ai ghicit.

6. Îşi aleg partenerele pentru show-off, nu pentru bucuria unei relaţii.

„Trebuie să am o femeie cu care să mă afişez şi să stârnesc invidia celorlalţi”, nu o femeie pentru care simt, cu care mă conectez, pe care o iubesc. Imagine.

Câtă vreme dă bine pe Instagram şi cota mea, de cocoş, creşte, atunci este bine.

Nu este, dar... succes! Ca să dai din buric pe *Toate diamantele*, nu ai nevoie de conectări profunde. O sticlă de vin roze prost şi un anturaj dubios sunt suficiente.

7. Nu învaţă să-şi gestioneze emoţiile şi bubuie în compulsii: jocuri de noroc, alcool, droguri... femei.

Aici nu sunt prea multe lucruri de spus. Societatea îi spune bărbatului că, dacă nu face bani, va muri ca un fraier. Şi nu este o exagerare. Aproape că i se spune că fără bani nu are nicio şansă. Or, aşa cum am scris în capitolele anterioare: ruşinea, vina, sentimentul că nu eşti suficient de bun sau frica de eşec sunt chestiuni care apasă foarte greu, producând presiuni extraordinar de greu de dus.

Şi, aşa cum ne arată viaţa, nu toţi suntem capabili să gestionăm asemenea presiuni şi să ne formăm un drum. Unii aleg aceste căi second-hand, alţii se îngroapă în stres şi muncă şi, din păcate, riscă să ne părăsească prematur.

Gestionarea emoţiilor este vitală pentru bărbaţi, ideea de viziune despre viaţă şi sens, la fel, şi mă bucur că din ce în ce mai mulţi bărbaţi aleg să vină şi să vorbească despre ceea ce simt. Din acest punct de vedere, pot spune că observ o oarecare schimbare la nivelul bărbaţilor. Mică, timidă, dar o observ şi mă bucur.

Ne aflăm într-un moment de tranziţie, în care bărbatul este pus la colţ, devalorizat, făcut vinovat pentru orice şi ar fi excelent să schimbăm rapid acest unghi din care este privit / tratat, începând cu stilurile de parenting şi continuând cu şcolarizarea şi încadrarea în muncă.

Nu spune: „mvai, sărăcuţul". Chiar nu e cazul.

În plus, cred că şi media ar trebui să înceapă, până când nu e prea târziu, să prezinte modele sănătoase, modele masculine puternice, integritate, flexibilitate şi adaptabilitate.

8. Nu îşi dezvoltă abilităţi minime de comunicare.

Iar lucrurile acestea pleacă şi de acasă, părinţii fiind fie critici, exigenţi sau punitivi, fie absenţi. De unde să înveţe băiatul tău să vorbească cu o fată, câtă vreme tu nu îi dai voie să spună ceea ce simte / crede şi nu îl încurajezi să exploreze, să fie curios, chiar dacă poate să fie refuzat sau să o dea de gard?

Mai târziu, pe măsură ce copilul devine adolescent, el nu va îndrăzni să iniţieze o discuţie, fiind privat de softurile de bază. Privare ce poate să-l facă agresiv sau retras / depresiv, se poate compara negativ cu băieţii „cu tupeu" etc.

În viaţa adultă? Crezi că se schimbă? Dă-l la sporturi de echipă. De mic.

Lasă-l să interacţioneze şi cu alţi băieţi, cu alte stiluri, să vadă şi alte căi.

Degeaba îl dai la tenis. Nu îl va ajuta prea tare în interacţiuni.

Sporturile de echipă sunt extraordinar de bune pentru dezvoltarea unui băiat, mai ales acolo unde nu există un tată prezent. Mai târziu, te rog să mă crezi, este greu să modifice ceea ce nu i-a fost instalat.

9. Îşi formează educaţia sexuală din pornografie, iar viaţa lor devine o ficţiune

Acest punct se leagă, cumva, de punctul 4. Atunci când te duci către o femeie doar cu sex, iar ea te va invita la relaţie, vei avea tendinţa de a o judeca pentru că te refuză, să o abuzezi verbal sau să o devalorizezi. În schimb, poate că n-ar fi rău să înţelegi faptul că femeile, dincolo de dorinţele lor sexuale, indiferent de statutul pe care îl au, îşi doresc siguranţă şi stabilitate. Le va fi greu să ofere sex fără siguranţă şi stabilitate, mai ales emoţionale. Degeaba o ai tu ca în filme, câtă vreme ea nu se poate simţi în siguranţă în proximitatea ta. Vei rămâne cu masturbarea.

10. Nu înţeleg ce înseamnă relaţie în 2023.

Adică doi! Şi mi se pare trist să văd câţi băieţi, pentru că nu îi pot numi bărbaţi, îmi spun că, dacă oferă, dacă se conectează, dacă au grijă de partenera lor, dacă sunt oneşti şi loiali, sunt „sclavi ai femeilor". Mi se pare îngrozitor tiparul ăsta de gândire.

Emitenţii chiar nu-şi dau seama că, privind lucrurile aşa, n-au nicio şansă să vadă ce înseamnă cu adevărat conectare, ce înseamnă traiul în doi, în iubire, nu în abuz.

Asta e. Treaba lor.

11. Cred că *bad boy* înseamnă mârlan.

Altă eroare grosolană. Mârlanul este mârlan. Şi atât. În DEX scrie aşa: „om prost crescut, necioplit şi grosolan”. Nici vorbă de *bad boy*.

În viziunea mea, *bad boy*-ul este şarmant, dar rebel, însă nu este nici prost, nici necioplit. Fetele / femeile se uită după el, deoarece le poate oferi protecţie, pe de-o parte şi nişte senzaţii tari, pe de alta. Din păcate, în ziua de azi, de când a apărut bombardierul, termenul a devenit desuet, iar *bad boy*-ul a devenit doar *bad*.

Iar cu asta nu pot fi de acord. Nu sunt fanul gherţoiului cu private jet, indiferent de unde este el. Dar, pentru că există, din nou, un dar, câtă vreme totul s-a manelizat, mi-e teamă că tot ceea ce ştiam noi în societatea de acum 30 de ani, când nu exista afişajul ăsta manelistic – şi aici nu mă refer la genul muzical –, s-a cam dus.

Mârlanul 2.0 a devenit majoritar şi mi-e teamă că are suficiente mârlance care îl girează.

12. Cred că gentleman înseamnă costume şi vestuţe, nu eleganţă în conduită.

Să nu crezi că am ceva cu eleganţa, cu costumele *bespoke*, sau cu vestuţele. Nici vorbă! Sigur, trec peste faptul că prea puţine locuri din oraş suportă o asemenea ţinută, însă eu mă refer la fake, adică la ambalaj şi atât. Te rog să mă crezi – sunt sătul de „domni” bine îmbrăcaţi, dar care, atunci când deschid gura, produc un exil al otoliţilor (săculeţii din urechi) şi, în acelaşi timp, o groaznică senzaţie de vertij.

Eu am cunoscut domni, acei domni care au trăit Bucureştiul interbelic. Am avut acest privilegiu. Oho, ce ţinută aveau, ce principii şi valori, ce discurs impecabil, ce lexic... oameni citiţi. Admirabili domni.

13. Nu înţeleg faptul că femeia nu este duşmanul.

Şi chiar nu este. Îţi spune un om care a cunoscut destule. Cu câteva am trăit, între 1 an şi 13 ani, cu altele am încercat şi nu s-a legat nimic, cu altele pur şi simplu am făcut doar schimb de amabilităţi libidinale. Femeia nu este duşmanul. Trebuie doar să înţelegem – şi cred că este valabil şi pentru ele – că nu este obligatoriu să ne potrivim cu toate. Este atât de simplu.

Dacă tot crezi că femeia este duşmanul, atunci încearcă, de ce nu... cu un bărbat. Şi aşa aud de la prietenii mei gay că este plin Grindr-ul de bărbaţi căsătoriţi. ☺

14. Învaţă lecţii de masculinitate de la psihopaţi, sau golumi, cu ifose de regi.

Chestiunea asta cu trăitul în Matrix, cu *red pill, blue pill, purle* etc. mi se pare o cretinitate sinistră. Băi, băieţi, bărbaţii ăia, despre care am vorbit mai devreme, îşi respectau soţiile, nu vorbeau niciodată, dar niciodată, urât despre ele, nu bârfeau aiurea şi nici nu fugeau repede la femeile pe care voi, azi, le consideraţi a fi modele, deşi, la vremea lor, erau prostituate, fie şi de lux. Masculinitate înseamnă maniere, înseamnă dezvoltare pe toate planurile: fizic, psiho-emoţional, intelectual, sexual, financiar, spiritual etc.

Ăia erau bărbaţii care au prins un război extrem de greu, bărbaţi care au simţit şi trăit vremuri grele, pe bune.

De aceea se spune că: *vremurile grele produc bărbaţi puternici, bărbaţii puternici produc vremuri bune, vremurile bune produc bărbaţi slabi, iar bărbaţii slabi produc vremuri grele.*

Azi, dacă ne uităm bine pe glob, ne aflăm în această fază a fătălăilor care produc vremuri grele. În aceste condiţii, apariţia unor psihopaţi, cu feţe de Golum şi ifose de don-i, este de înţeles. Naivitatea e mare, prostia, aşijderea, aşa că... de ce nu?

Oricum, tot un fel de bombardieri sunt şi ei. Dacă bărbat modern înseamnă proxenet şi combinator pe pieţe financiare dubioase, atunci mă declar „bărbat pe vechi”. Prefer munca!

15. Se poartă ca milionarii, dar fug de muncă sau chiar nu muncesc.

Îi admir din toată inima pe bărbaţii care fac bani prin muncă. Jos pălăria. Iar când spun bani, nu mă refer la milioane. Uite, ţi-l dau exemplu pe Bromania. Omul a investit mult în industria de film şi a reuşit. Produce, umple sălile, bate recorduri de audienţă, aducând în faţa publicului nume noi, fresh.

Îl admir? Absolut. Nu e deloc uşor ce face. Riscurile sunt imense.

În plus, mi-a plăcut mult surpriza pe care i-a făcut-o tatălui lui.

Jos pălăria, Bro! Şi nu este singurul.

Există foarte mulţi oameni talentaţi în ţara asta, în toate domeniile.

Numai că, din păcate, în faţă ies ciurucurile cu gura mare. Vezi politicienii. ☺

Şi cei care, în loc să îi înveţe pe tineri cu munca, le spun să renunţe la şcoală şi să se bage pe combinaţii. Fie cu crypto, fie cu fetiţe şi videochat, fie cu mai ştiu eu cu ce bijbocăreli. Băieţii au nevoie, ca de aer, de modele masculine sănătoase, de oameni care au reuşit prin munca lor, indiferent că sunt: medici, avocaţi, actori, muzicieni, scriitori, pompieri, oameni de afaceri etc.

E nevoie mare de tot de modele de masculinitate adevărate. Nu de impostori, frumos îmbrăcaţi, dar care... nu prea au cine ştie ce în CV la capitolul realizări.

Pfiu, gata! Am terminat lista autosabotărilor bărbaţilor.

Sigur, unii mi-ar putea râde în nas, spunând că tot ceea ce am enumerat mai sus este, de fapt, undă verde, nicidecum autosabotaj. Aşa cum spuneam, depinde din ce unghi priveşti.

Eu nu am cum să girez nimic din cele enumerate mai sus. Nimic, nimic.

Nu voi înceta să cred că există bărbaţi mişto, bărbaţi care se dezvoltă pe toate planurile, bărbaţi care muncesc, ştiu să interacţioneze cu femeile şi au încredere în interacţiuni bărbat-femeie, fără scenării idioate, sau paranoia.

Cunosc destui, aşa că nu mă tem. ☺ Nu mă tem nici de generaţiile care vin. Da, există o sete pentru show-off, există afişaj, poate chiar şi superficialitate, însă, aşa cum a fost mereu, cred că fiecare generaţie are vârfuri, aşa că mă aştept ca tinerii care vin din urmă, sau parte dintre ei, să readucă puţin o anumită tuşă de normalitate masculină. Eu sunt aici, pentru a le fi de folos, ori de câte ori au nevoie. Nu mă erijez în a fi vreun model, deşi mi-am cam făcut cunoscută prezenţa în toate domeniile în care am activat, însă sunt un bărbat interesat de sănătatea semenilor mei. Atât din punct de vedere fizic, cât mai ales de cea mintală.

Bun, acum îţi propun să respirăm adânc – dublă inspiraţie şi o expiraţie lungă –, măcar de 4-6 ori, după care să îmi permiţi să îmi cer scuze, deoarece este posibil ca în următoarele minute să-ţi şterg zâmbetul de pe buze.

Urmează autosabotajele doamnelor!

Să le luăm pe rând:

1. Strigă în gura mare că nu mai există bărbaţi.

Bărbaţii nu mai sunt ce au fost. Am auzit şi aud în continuare, extrem de des, această formulare. Uneori zâmbesc, alteori, mă uit în altă direcţie...

Însă, în general, prefer să mă amuz şi să întreb:

— *Dacă nu sunt indiscret, câţi bărbaţi ai cunoscut până azi?*

— *Ce vrei să spui?* îmi răspund ele.

— Ce auzi! Câţi bărbaţi ai cunoscut până azi?

— Cu câţi am fost?

— Nu am întrebat asta. Ci câţi ai cunoscut?

— Nu mulţi.

— Am înţeles. Şi atunci, pe ce te bazezi atunci când spui că nu mai există sau nu mai sunt ce au fost?

— Păi nu vezi în jur?

— Ba văd. Şi văd oameni. Şi bărbaţi şi femei. Nimic schimbat faţă de perioada de dinainte de pandemie. Te-ai gândit, măcar vreo secundă, că pandemia e posibil să-ţi fi schimbat puţin unghiul din care priveşti lumea, viaţa etc.? Crezi că este OK să spunem că bărbaţii sunt...”? Şi dacă ei spun că „femeile sunt...”, unde ajungem? Poate că n-ar fi rău să îţi pui întrebarea dacă nu cumva te uiţi tu aiurea, sau dacă nu cumva ceea ce consideri tu ca fiind bărbat este, de fapt, altceva.

Dacă mă întrebi pe mine, femeia care ţipă că nu mai există bărbaţi, de fapt, nu îşi doreşte relaţii. Nu are nici măcar curiozitatea să vadă care mai e treaba prin târg.

Blochează. De ce? De frică!

Se teme, ca dracul de tămâie (deşi nu sunt sigur că afirmaţia asta e adevărată), de suferinţă. De infidelitate, de abandon, de alte femei. Aşa că preferă să spună, chiar să ţipe, că nu mai sunt bărbaţi, pentru a-şi acoperi frica.

Ţine minte: frica de suferinţă este mai puternică decât curiozitatea de a cunoaşte pe cineva.

Nu mai spun că, după câţiva ani de singurătate, nici nu mai ai chef şi nici chemare spre relaţii. În concluzie, aş spune că această formulare este doar un mecanism de evitare a interacţiunii.

2. Nu se mai consideră atractive sau valide.

Mai ales pentru partenerii de acasă. ☺ Nu generalizez, însă băieţii de 30-37 de ani au mare treabă cu doamnele de 40+, uşor „ruginite” de viaţa conjugală sau de relaţii lungi. Nu toate, evident. Există femei care nu se mai văd atractive şi, fără să ţină cont de părerea partenerilor, decid să închidă, unilateral, viaţa sexuală de cuplu.

Vorba unui băiat de oraş: „sting nota de acasă şi o aprind în altă parte."

Nu mai sunt senzuale, nu se mai îmbracă sexy, nu mai sunt jucăuşe etc.

Hai să-ţi spun ceva: bărbatul nu vrea să te schimbi. El încă o doreşte pe femeia de care s-a îndrăgostit. Oare ce o fi în capul tău atunci când decizi să nu mai onorezi asta? Ce crezi că vei obţine? Fericire? Stabilitate?

Aaaa, ai nu ştiu ce plică abdominală? OK. A zis el ceva? Nu?

Dezbracă-te şi jucaţi-vă împreună! Probleme să-ţi faci dacă nu te mai doreşte.

Hai să dăm puţin refresh şi să trăim în prezent, în secolul 21, acolo unde vezi femei de 50+ care arată de senzaţie. Sigur, muncesc pentru asta, dar pe tine ce te opreşte?

Nu-mi spune „copiii". Dacă ai 45-48 de ani, teoretic, copiii ar trebui să fie aproape de BAC sau chiar studenţi, deci...

3. Nu ies în cluburi sau la evenimente: „eu nu sunt «de-aia»".

Nu te supăra, „de-aia" de care?

Ador să întreb! Nu ştiam că pentru asta s-au inventat cluburile.

Şi, mai mult, nu ţin minte să fi agăţat vreodată în club, cu atât mai puţin să ajung să fac şi sex. De altfel, dacă excludem zona de cerere-ofertă, adică fete pe onorariu şi „domni generoşi", sunt tare curios să aflu cam care ar fi procentul celor care agaţă sau fac sex după o noapte în club? Nu cred că lucrurile sunt atât de roz cum par.

Estimez, din ochi, undeva sub 5%. Uneori, mai ales atunci când eşti într-o pasă mai proastă, o ieşire la club îţi poate oferi un *boost* consistent de stare, te poate scoate din anumite stări de disconfort. Măcar pentru că te îmbraci elegant sau sexy şi tot e o treabă. Simţi că faci ceva, simţi că vei atrage priviri, iar joaca flirtului îţi poate da motivaţie, îţi poate schimba starea pentru acea seară.

Este important? Eu cred că este! Eu nu sunt un tip care iese des în club. Nici vorbă.

Ies destul de rar, mai ales vara, la mare. Însă nu sunt deloc împotrivă.

Dacă tot cauţi un partener, n-ar fi rău să-ţi extinzi plaja de oportunităţi, nu să o limitezi. Are sens? Oricum, nu există doar cluburi, ci şi tot felul de manifestări, petreceri, evenimente, unde poţi întâlni oameni. Aşa că, încearcă să nu blochezi, tot din frică, ci ia lucrurile aşa cum vin. Curaj. Fără să încerci, crede-mă, nu are cum să-ţi pice partenerul potrivit din cer.

4. Ies la cafea cu agenda de „relaţie serioasă”.

— Eu îmi doresc o relaţie serioasă. Nu îmi place să pierd timpul.

— OK, perfect, atunci stai acasă. Nu vei obţine ceea ce-ţi doreşti.

— Eşti pesimist.

— Eu? Nici vorbă. Sunt realist, poate prea realist. Aş putea spune, cu destule argumente, că tu eşti.

— De ce consideri asta?

— Pentru că nu-ţi dai voie să cunoşti, să explorezi, să te bucuri de o ieşire. Nu pierzi timp, chiar deloc. O relaţie serioasă se construieşte în timp. Uneori, poţi să stai 1 an sau 2 cu cineva şi tot să nu ai certitudinea că va fi o relaţie serioasă. Mai mult, ce dracului înseamnă relaţie serioasă?

Dacă noi doi ieşim de câteva ori la cafea sau vin, petrecem timp împreună, poate şi decidem să plecăm într-o vacanţă, facem şi sex, e ceva neserios? Vorba asta – „relaţie serioasă” – mă scoate din sărite. Este o formă de evitare extraordinar de eficientă. ☺ Numai să o auzi şi fugi.

Îmi şi imaginez dialogul dintre o ea şi un el, cu ea spunând, din vârful unghiilor, aşa:

— *Eu nu am timp de pierdut. Nu fac sex aiurea. Vreau o relaţie serioasă. Totul sau nimic!*

În tot acest timp, el stă, picior peste picior, îşi micşorează ochii, ca la poză şi o întreabă cu calm:

— *OK, poţi să-mi dai lista cu toate responsabilităţile pe care trebuie să mi le asum ca să putem face sex?* ☺

Jur că m-aş amuza grozav.

Draga mea, o cafea nu este o invitaţie la nuntă şi nici de a ne muta împreună, ci o invitaţie la bucurie, la explorare şi cunoaştere reciprocă.

Lasă listele, de fapt FRICA, şi bucură-te. Nu ţi se întâmplă nimic. Nu te ia nimeni cu japca, nu te obligă nimeni la nimic. Dar dacă stai în frică, nu te vei putea conecta niciodată cu cineva. Este alegerea ta: poţi să te temi sau poţi să te bucuri.

5. Nu folosesc aplicaţii de dating sau site-uri de matrimoniale.

— *Eu? Nu fac aşa ceva. Să-mi scrie toţi analfabeţii?*

— *Aşa este. Sunt convins că toţi analfabeţii vin numai la tine.*

Oare de unde ţi-ai format ideea că bărbaţii sunt superficiali sau analfabeţi şi, dacă asta e convingerea ta, pentru ce spui că-ţi doreşti o relaţie? Am înţeles, de fapt nu vrei, ţi-e frică, dar e la modă să spui că vrei un partener şi nu există. Cool.

Nu vreau să par nesimţit, chiar sunt convins că există tot felul de indivizi pe aplicaţii. Nu le folosesc, aşa că nu ştiu. Însă aud de la clienţi şi cliente şi nu arată tocmai bine, chiar dacă există şi cazuri fericite. Aşa cum scria o doamnă la sondajul meu despre modul în care le abordează bărbaţii pe femei, sunt convins că diferenţa se face la doamne: şi anume dacă aleg să dea, sau nu, acces. Vaga mea bănuială este că adevărul este undeva la mijloc şi că multe chiar nu dau acces.

Aş fi tare curios să le analizez profilele – de la informaţiile despre ele şi până la poze, pentru a vedea exact de ce sunt accesate de anumiţi bărbaţi.

Fac pariu că există o explicaţie. Discuţia este interesantă şi stufoasă. Este extrem de important cum te prezinţi. Cum îţi porţi pielea.

6. Nu au activitate în social media.

Reţelele de socializare sunt pentru plictisiţi, pentru oameni care n-au o viaţă.

De fapt, este o formă de evitare a interacţiunilor. Este o formă de a sta departe de acţiune, cum s-ar spune. Şi, dacă vrei, o lipsă de abilităţi de a te adapta la lumea actuală. Nimeni nu spune că trebuie să vorbeşti cu toată lumea sau să răspunzi oricărui tip de mesaj. Nici vorbă! Însă este bine să fii acolo şi nu doar să ai cont, ci să te arăţi, să te prezinţi, să provoci (exact aşa) oportunităţi de a fi abordată.

Social media este o unealtă extrem de importantă în ziua de azi. Ne ajută să ne accesăm foarte repede. Şi nu văd nimic rău în asta.

7. Sunt de prea mult timp singure. Şi s-au obişnuit să fie aşa.

Imaginează-ţi că relaţionarea este un organ, că este un muşchi, dacă vrei. Ce se întâmplă cu muşchiul care nu e folosit? Se lăsă, se atrofiază. La fel se întâmplă şi cu relaţiile. Cu cât stai mai multă vreme singură, se poate întâmpla fie să pierzi contactul cu „piaţa", iar asta să te sperie, deci să eviţi contactul ulterior, fie să te obişnuieşti single şi să nu îţi doreşti să schimbi.

„Am tabieturile mele. Nu cred că pot accepta pe cineva care vine cu tabieturile lui."

Grijă mare la perioadele lungi de singurătate.

8. Nu apelează la prieteni.

— *Mi-e ruşine să îi întreb dacă ştiu vreun bărbat singur.*

— *De ce ruşine? Nu pentru asta sunt prieteni? Nu şi pentru asta?*

Serios, dacă nu ai încredere în aplicaţii, social media, sau site-uri de matrimoniale, poţi apela la prieteni. Nu cred că există cineva care să nu cunoască un bărbat singur. Mai ales pe epidemia asta de singurătate. Chiar nu cred. Şi asta mi se pare, de fapt, o formă de evitare. O frică. „Nu vreau să sufăr" — frica stă la baza tuturor acestor evitări.

9. Îi văd pe bărbaţi ca fiind fătălăi sau incapabili.

Este un adevărat trend, alimentat la greu şi de mass-media, cinematografie, publicitate, dar şi de sistemul de parenting care este centrat exclusiv pe deposedarea băiatului de orice calitate masculină. Dacă te uiţi atent în societate, meserii care le-ar putea oferi ghidaj băieţilor, cum ar fi: învăţământul, psihologia, sau medicina, sunt populate majoritar de femei. Ţin minte că fiica mea avea un singur prof bărbat. Mai mult, la formare în psihoterapie, în anul meu, am fost vreo 5-6 bărbaţi şi 17-18 femei. În schimb, la capitolul profesori, pot spune că raportul a fost invers. Numai că profii pe care i-am avut erau din garda veche, foarte puţini din zona nouă, semn evident de schimbare de trend.

Peste tot vezi femei puternice. Bărbaţi? Mai puţin, sau deloc. Nici la sport nu îi mai dau, iar atunci când o fac, îi dau la sporturi individuale, non-combat, de cele mai multe ori, deci iar nu au parte de mediu masculin sănătos, combativ, provocator. În schimb, părinţii sunt total neatenţi la anturajele copiilor lor. Şi ajung să afle, târziu, din păcate, fie că fură de prin magazine, fie că se droghează la greu.

În ziua de azi, copii de 16-17 ani ard nopţile ca pe chibrituri şi nimeni nu pare să le explice care sunt efectele pe termen lung ale acestor practici.

Bine că părinţii dorm liniştiţi. ☹

10. Nu îşi asumă propria singurătate (e vina fostului)

Pozând în victime. Şi îşi leagă discursul de punctul 8.

Bărbaţii nu mai sunt ce au fost.

Mda, cum zici tu. Problema este că neasumarea întăreşte simptomul, adică frica, sau tristeţea. Tu decizi cum îi spui. O despărţire nu este despre vină, ci despre viaţă. Dacă încă mai crezi în „everlasting love”, e treaba ta. Eu cred că există tot felul de tipuri de iubire şi nu ar trebui să rămânem blocaţi într-un tipar care, la ce speranţă de viaţă există azi, pare să nu mai suporte o singură relaţie de-a lungul întregii vieţii. Nu cred că e ceva aiurea să avem mai multe relaţii într-o viaţă.

11. Sunt dependente de independenţa lor.

Şi cred că bărbatul le va răpi acest statut. Nu cred nicio secundă aşa ceva. Este o cumplită eroare. Bărbatul nu este duşmanul, nu este piatra care se pune în calea roţii vieţii tale. Bărbatul poate fi un partener de nădejde, un sprijin, o sursă de plăcere şi umor, un umăr pe care să-ţi pui capul, mai ales în zilele grele; un confesor etc. Nu doar un penis sau un blocaj!

La prima întâlnire de cafenea, de la A 46 Venue, chiar am întrebat o doamnă:

— *Pentru ce ai nevoie de un bărbat?*

Răspunsul ei m-a şocat:

— *Pentru lucrurile pe care nu le pot face singură.*

— *OK, hai să-ţi traduc mesajul. Eu sunt un bărbat care munceşte, are banii lui, are unde să stea, plăteşte facturi, face cumpărături, călătoreşte fără probleme, cam unde îşi propune, ştie să gătească, să facă curat, să spele, să calce etc. Deci, de ce te-aş alege pe tine?*

S-a blocat! Cam aşa se traduce acest stil de a vedea lucrurile.

Pentru a nu fi doar un penis, condiţia este să îi dai voie să fie. Câtă vreme crezi că poţi să le faci pe toate de una singură, mi-e greu să cred că vreun bărbat va găsi loc lângă tine. Să-ţi dau un exemplu: într-o zi, un taximetrist a început să-mi povestească despre relaţia lui. Partenera îi reproşa că este imatur, dar, normal că există un dar, atunci când venea momentul ca el să-şi exercite rolul de bărbat – spre exemplu să repare ceva prin casă, sau să rezolve o problemă ce ţine de casă —, nu îl lăsa. Mare greşeală. Să te plângi că nu e bărbat, dar tu să nu-l laşi să fie.

Îmi pare rău când aud asemenea poveşti.

Pfiu! Am încheiat şi lista sabotajelor folosite de femei.

Hai să recunoaştem un adevăr crud – societatea actuală este dominată de frică, iar oamenii nu par să-şi dorească să mai interacţioneze. Aşa cum am spus mai devreme:

TEAMA DE SUFERINŢĂ ESTE INFINIT MAI MARE DECÂT CURIOZITATEA DE A CUNOAŞTE / EXPLORA PE CINEVA!

De aici şi cele trei răspunsuri: luptă, fugă sau evitare!

Oamenii trăiesc în cele mai multe momente în hiperexcitare, în zona aia de vigilenţă, de anxietate, de semipanică; prea puţini fiind interesaţi să citească sau să-şi dezvolte fereastra de toleranţă. Din cauza fricii am ajuns să trăim acest paradox cumplit: avem epidemie de singurătate, ca să nu îi spun pandemie, dar, în acelaşi timp, atât bărbaţii, cât şi femeile, se întreabă unde sunt bărbaţii / femeile.

Pare de râs, dar nu este, din păcate. Şi iar mă văd nevoit să-l citez pe Tony Robbins. Na, omul are dreptate, atunci când are. ☺

Şi spune aşa: „nu droguri precum cocaina, marijuana, LSD etc. dau cea mai mare dependenţă în rândul oamenilor, ci problemele!"

Mare adevăr! Mare de tot! Oamenii se folosesc de probleme, le provoacă, le caută şi se înfruptă din ele ori de câte ori au ocazia. Tabloul este cât se poate de dramatic, ştiu. Unora le place mult drama. Partea proastă este că şi psihologia participă la greu la acest tablou, abordarea fiind una la fel de dramatică: peste tot se vorbeşte despre vindecare (automat clienţii sunt bolnavi sau ceva este naşpa cu ei), traumă (nu doar din copilărie), diagnostic (tulburări de personalitate) etc.

Totul pare zugrăvit în gri / negru.

Ce văd prea puţin? Abordarea pozitivă, resursa pozitivă! În acest moment există prea puţin echilibru. Jur că vreau să văd colegi bucuroşi, colegi care să le „paseze" clienţilor energie mişto. Ştiu câţiva, ce-i drept.

Însă mi se pare că prea multă seriozitate întăreşte simptomul.

Psihologia românească are nevoie urgent de psihologie pozitivă. Ea există de mulţi ani peste ocean. Eu am făcut cursuri de psihologie pozitivă sau fericire, încă de acum 4-5 ani. Încă aştept ca şi aici să apară formări, sau măcar cursuri la facultate pe zona asta. Încă sper...

Diabet poţi să faci şi din colivă, nu doar din tort. ☺ Nu vreau să par fatalist, însă societatea asta are mare nevoie de pozitiv, de speranţă, de bucurie, de zâmbet şi, mai ales, de mişcare! Sunt principalii antidepresori.

Şi mai cred că toţi trebuie să punem umărul la această schimbare şi să învăţăm să ne adaptăm la ceea ce vine către noi. Adaptarea la schimbare este vitală, iar pentru a putea face faţă tuturor schimbărilor, foarte dese, de altfel, în ultima vreme: pandemie, război, cutremure şi alte tragedii, este nevoie să ne construim o viziune solidă despre viaţă, o reţea de relaţii semnificative şi să ne rezolvăm credinţele limitative, dar mai ales relaţia cu noi înşine. De aici pleacă cele mai multe dificultăţi pe care le văd în lucrul 1-1, de la relaţia sine-sine.

Modul în care te vezi, te tratezi, influenţează fundamental modul în care te prezinţi în relaţii şi te aşezi în lume. Tu decizi dacă vrei să fii victimă – uneori acest rol aduce beneficii secundare – sau un om care este deschis, comunicativ, stăpân pe sine, cu încredere că poate face faţă sarcinilor de zi cu zi, dar şi cu conştientizarea necesităţii ajutorului specializat, mai ales atunci când simte că a scăpat căruţa în lanul de grâu.

Din acest punct de vedere, cred că lucrurile încep să se schimbe, cred că bărbaţii încep, în sfârşit, să înţeleagă că au nevoie şi ei de terapie.

Şi, faţă de anii trecuţi, pot spune că 2023 a venit cu mai mulţi clienţi bărbaţi.

Nu este o situaţie pe care o întâlnesc doar eu. O văd şi la colegii mei, iar ăsta este un semn bun, un semn de sănătate socială, un semn că, uşor, uşor, fie şi mai încet, oamenii încep să înţeleagă faptul că nu sunt de tablă şi că, la ce nivel nebun de schimbare există în societate, e nevoie şi de păreri avizate din exterior.

Absenţa competenţelor de adaptare la schimbare, deci inflexibilitatea, este o chestiune de reparat, schimbat, pentru o bună funcţionare a indivizilor în societate.

Din păcate, de o bună bucată de timp, societatea este polarizată în alb / negru, pro / împotrivă, bun / rău, corect / greşit. Iar această stare de fapt s-a acutizat în pandemie şi, mai nou, cu războiul. Este o formă de inginerie socială extrem de periculoasă ce anulează orice idee de gândire critică şi induce, fie şi tacit, cenzura şi autocenzura. Rezultatul este, fără îndoială, inflexibilitatea, deci absenţa competenţelor necesare adaptării la schimbare. În acest sens, oamenii au ajuns să ia de bun tot ceea ce li se spune, fără să mai încerce vreo secundă să analizeze, sau să conteste, „narativul" oficial. Mi s-a întâmplat de nenumărate ori, în pandemie – când, deşi eram vaccinat, aduceam în discuţie idei şi rezultate ale unor studii ce contraziceau narativul oficial –, să mi se spună că fac propagandă anti-vax.

La fel şi în război, mi s-a spus de multe ori că, dacă am o altă părere despre anumite lucruri, aş fi propagandist rus. ☺ Cam la asta se rezumă ceea ce am spus mai devreme, la formarea unei societăţi polarizate, la şlefuirea unei realităţi descrise printr-o splendidă distorsiune cognitivă: gândirea de tip alb / negru, bun / rău.

Să nu cumva să crezi că lucrurile macro nu au impact asupra celor micro, adică asupra relaţiilor de zi cu zi. Eu cred că au un mare impact, chiar dacă mulţi oameni nu-şi dau seama de asta. Societatea se află într-o continuă schimbare, profund psihotică, din păcate şi nu este obligatoriu ca orice doctrină / schimbare să fie universal acceptată. Ceea ce mi se pare în regulă.

De aceea este important să învăţăm să ne adaptăm, să fim flexibili, să ne formăm un drum al nostru, fără a condamna, sau contesta, sau ataca alte idei / păreri / doctrine.

Invitaţia mea este să analizăm şi să vedem dacă ceva ni se potriveşte sau nu, fără să înghiţim pe nemestecate. Nu tot ce are ambalaj strălucitor este sănătos sau bun. Adaptarea se leagă, după părerea mea, cu autoobservarea şi asumarea.

Nu prea ai cum să spui că eşti o persoană asumată, fără să ai o bună capacitate de autoobservare. Cum să-ţi asumi ceva, câtă vreme tu nu ai capacitatea să vezi cum participi la propria viaţă, la ceea ce ţi se întâmplă?

Şi, din acest punct de vedere, aş spune că foarte mulţi oameni se uită doar în afară, complet nerealist, căutând vinovaţi doar în jur, nu şi în interior.

Observ – definesc – particip. Mai ţii minte?

Hai să-ţi dau un exemplu: să presupunem că eşti o persoană care are o oarecare poziţie socială, în comparaţie cu persoanele apropiate (mai ales cele din familie).

Fără să ţii cont de diferenţe, te porţi cu cei apropiaţi ca şi cum ei ar fi, sau ar face, exact ca tine. Numai că, ce să vezi? Oamenii ăia sunt extrem de impulsivi şi reactivi. Şi, în loc să fie capabili să ducă o discuţie argumentată, iau totul personal, nivelul lor de agresivitate crescând până la cer, deci până la abuz fizic. Aici vorbesc despre relaţia părinţi-copil, frate-frate, frate-soră, cuplu etc.

Degeaba îmi spui că ei nu sunt la nivelul tău; câtă vreme nu ai nici capacitatea şi nici intenţia de a te adapta condiţiilor de mediu, degeaba te plângi că ei au reacţionat violent. Faptul că TU crezi că, dacă TU vezi lucrurile într-un anumit fel, şi ceilalţi ar trebui să vadă la fel, este o chestiune ce ţine de propria inflexibilitate, de propria eroare cognitivă, de absenţa propriilor competenţe de autoobservare.

Practic, dacă ar fi să analizăm tabloul, tu eşti o persoană care evaluează incorect mediul, se poartă ca atare şi suportă consecinţele.

O persoană care este flexibilă şi care are capacitatea de autoobservare este capabilă să prevină asemenea situaţii, inclusiv de natură conflictuală, fizic, alegând să nu lanseze discuţii ce pot fi interpretate ca fiind atacuri sau, de ce nu, modalităţi de a-i trata pe cei din jur superior. Care este diferenţa dintre o persoană flexibilă şi una inflexibilă? Una funcţionează exclusiv pe prevenţie şi rezolvare de probleme, cealaltă funcţionează în dramă. Atunci când iei o decizie fără să evaluezi corect şi realist situaţia / mediul, te poţi pune în situaţii dificile.

La o minimă analiză, nu faci altceva decât să te plimbi prin triunghiul dramatic: provoci reacţia celorlalţi, deci abuzezi; ei reacţionează, deci te abuzează, iar tu ajungi în postura de victimă! Se rezolvă vreo problemă dintr-o asemenea situaţie?

Nu!

Atunci când ajungi victimă, cauţi un salvator. Uneori, pe acest rol este invitat terapeutul. Însă el va avea obligaţia de a-ţi oglindi acest tipar distorsionat de funcţionare, cu efectele lui evidente.

Altfel, nu va fi decât parte din drama ta. Un alt spectator sau participant!

Alt exemplu: să presupunem că eşti o femeie, să zicem divorţată şi îţi face cu ochiul un domn şarmant. Doar că el este puţin căsătorit. Dacă te arunci într-o poveste, fără să analizezi direcţia, variantele şi consecinţele, vei fi pusă în situaţii dificile – aici lista poate fi lungă –, deci vei putea să ajungi victimă, deşi ai avut de la bun început de ales. Punându-te în situaţii riscante, mă întreb, nu cumva te autoabuzezi? În situaţiile „complicate", capacitatea de autoobservare este vitală:

OK, ce-mi doresc eu de la povestea asta? Companie? Prietenie? Sex? Relaţie?

Ce fac dacă mă îndrăgostesc? (70% dintre femeile care aleg să înşele se îndrăgostesc de amanţi)

Ce fac dacă el nu va dori o relaţie cu mine şi voi afla când deja voi fi îndrăgostită? Pot să duc efectele? Cred că mă pot descurca? Dacă mergi la drum cu ideea „hai să vedem ce o să iasă", atunci ar fi bine să-ţi asumi suferinţa ulterioară. Nu te-ai adaptat unei situaţii complicate (nu de tine) şi nici nu te-ai autoobservat.

Să punem lupa pe acest tablou:

Observ – îmi place un bărbat căsătorit.

Definesc – mă mănâncă-n dos şi nu ştiu ce să fac.

Cum particip – mă bag fără să mă gândesc.

Tssss, riscant!

Analizez ce variante am şi caut să văd încotro poate să meargă situaţia.

Dacă observ că nu există viitor, prefer să previn, decât să combat. Dacă nu pot să gestionez o posibilă rămânere în zona de *fuck friends*, ceva ce nu îmi place / convine, mai bine nu mă bag.

Atenţie! Uneori, un orgasm costă mai mult decât un refuz!

Uneori, poate să coste luni întregi de chin şi, apoi, alte luni de terapie. Tu alegi!

Nu am nicio problemă cu alegerile asumate: „da, frate, ştiu că pot să ajung să sufăr şi îmi asum asta. Am o oportunitate şi mă bag! *All in*!"

Însă, din experienţă îţi spun, alegerile sunt extrem de rar asumate cu adevărat.

Ador relaţiile, îmi place să iubesc şi să fiu iubit, însă viaţa m-a învăţat o lecţie extraordinară: să nu mă bag în poveşti complicate deja de alţii. Să nu mă bag în poveştile lor. Ca atare, niciodată, dar niciodată, nu am fost interesat de vreo femeie combinată / măritată.

S-a întâmplat o singură dată să mă trezesc într-o asemenea situaţie – deoarece a fost sex şi nu mi s-a spus că mai există cineva, însă atunci când s-a pus întrebarea: „ce facem?", m-am retras elegant şi am degajat drumul. Niciodată, dar niciodată, vreo femeie din grupul meu – şi am gravitat prin câteva grupuri –, care era combinată sau măritată, nu a existat pentru mine din punct de vedere erotic. Ăsta este principiul meu de viaţă. Şi mi se pare un principiu sănătos.

Care a fost rezultatul acestui gen de abordare? Nu am avut complicaţii şi bătăi de cap. Am avut o viaţă liniştită, fără chestiuni interpretabile. Nu a fost nevoie să mă bag în poveşti complicate. Atunci când a fost cazul, mereu am găsit femei disponibile şi fără obligaţii, disponibile pentru a scrie împreună o poveste.

Asta înseamnă să ai capacitatea să evaluezi realist mediul şi să te autoobservi.

Uneori, fie şi din postura de victimă, nu suntem capabili să vedem că, de fapt, noi am fost cei care am provocat neplăceri şi situaţii complicate.

Întotdeauna ai de ales!

Dar pentru asta ai nevoie de:

1. *O viziune de viață ce trece dincolo de tine*
2. *Respect de sine*
3. *Un set de valori și principii sănătoase (aici are dreptate un prieten atunci când spune că unii clienți au nevoie de moralitate, nu de terapie)*
4. *Funcționare sănătoasă, deci respectarea angajamentelor*
5. *Limite sănătoase*

Iată că am ajuns la finalul acestei călătorii.

Deși nu-mi vine să mă opresc, te las cu această invitație la sănătate relațională, mai ales în relația cu tine, la o construcție solidă, cu valori și principii de viață bine conturate – aceste filtre care ne ajută să ne ținem departe de belele –, la o invitație de a învăța să fii flexibil/ă, adaptabil/ă și corect/ă.

Fără aceste lucruri nu putem avea o lume sănătoasă a relațiilor.

Fără aceste lucruri nu vom putea depăși funcționarea dramatică, ci o vom umfla, atrăgând în dramele noastre și mai mulți oameni, stadioane întregi de oameni.

Am speranța că, pe zi ce trece, oamenii încep să vadă că, dincolo de trecutul lor (traumele din copilărie), de modul în care au fost disciplinați, încep să își dorească să facă alegeri mai bune, sănătoase, atât pentru ei, cât și pentru ceilalți.

Acestea fiind spuse, închei cu un mesaj scurt:

Încearcă, pe cât posibil, să iubești cu sens! Chiar se poate!

Mulțumesc!

CUPRINS

BOOKZONE